Die strafrechtliche Bewertung der Präimplantationsdiagnostik nach dem Gesetz zum Schutze von Embryonen

Europäische Hochschulschriften

European University Studies

Publications Universitaires Européennes

Reihe II **Rechtswissenschaft**

Series II Law

Série II Droit

Band/Volume **5872**

Wilm Kristofer Kirschke

Die strafrechtliche Bewertung der Präimplantationsdiagnostik nach dem Gesetz zum Schutze von Embryonen

PL ACADEMIC RESEARCH

Bibliografische Information der Deutschen Nationalbibliothek
Die Deutsche Nationalbibliothek verzeichnet diese Publikation in der Deutschen Nationalbibliografie; detaillierte bibliografische Daten sind im Internet über http://dnb.d-nb.de abrufbar.

Zugl.: Gießen, Univ., Diss., 2015

D 26
ISSN 0531-7312
ISBN 978-3-631-67685-1 (Print)
E-ISBN 978-3-653-07159-7 (E-Book)
DOI 10.3726/978-3-653-07159-7

PL Academic Research ist ein Imprint der Peter Lang GmbH.
Peter Lang – Frankfurt am Main · Bern · Bruxelles · New York · Oxford · Warszawa · Wien

Diese Publikation wurde begutachtet.

www.peterlang.com

Vorwort

Die Bearbeitung der Arbeit wurde Mitte 2013 abgeschlossen, zur Veröffentlichung wurden allerdings noch ausgewählte später erschienene Werke aufgenommen.

Mein besonderer Dank gilt meiner Familie, insbesondere meinen Eltern, die mich langjährig auf vielfältige Weise – ideell, finanziell und beim Korrekturlesen – bei dem Unternehmen Promotion unterstützt haben.

Größter Dank gilt allerdings meinem Onkel, Professor Dr. Heribert Schumann, der stets ein offenes Ohr für mich hatte und mir fortwährend mit Rat und Tat zur Seite stand. Mit ihm konnte ich immer wieder Probleme diskutieren und Ideen austauschen. Ohne ihn wäre diese Arbeit so nicht möglich gewesen.

Zuletzt gilt meiner Freundin Birte mein besonderer Dank für ihre Unterstützung abseits der juristischen Arbeit und ihre enorme Geduld während der langwierigen Arbeiten.

Frankfurt, Juni 2016 *Wilm Kirschke*

Inhaltsverzeichnis

Abkürzungsverzeichnis

a.A.	anderer Ansicht
a.a.O.	am angegebenen Ort
Abs.	Absatz
AöR	Archiv des öffentlichen Rechts
Art.	Artikel
A.T.	allgemeiner Teil
Aufl.	Auflage
BÄK	Bundesärztekammer
Bd.	Band
Begr.	Begründer
BGBl.	Bundesgesetzblatt
BGH	Bundesgerichtshof
BGHSt	Entscheidungen des Bundesgerichtshofs in Strafsachen
BMG	Bundesministerium für Gesundheit
BR-Drs.	Drucksachen des Deutschen Bundesrates
BT-Drs.	Drucksachen des Deutschen Bundestages
BVerfG	Bundesverfassungsgericht
BVerfGE	Entscheidungen des Bundesverfassungsgerichts
bzw.	beziehungsweise
ca.	circa
DÄBl.	Deutsches Ärzte Blatt
ders.	derselbe
d.h.	das heißt
dies.	diesselbe
DÖV	Die Öffentliche Verwaltung
DRiZ	Deutscher Richterzeitung
EGMR	Europäischer Gerichtshof für Menschenrechte
Einf.	Einführung
EMRK	Europäische Menschenrechtskonvention
ESchG	Embryonenschutzgesetz / Gesetz zum Schutze von Embryonen
ET	Embryotransfer
et al.	und andere (lat.: et alii/aliae/alia)
f.	folgende
ff.	fortfolgende

FISH	Fluoreszenz-in-situ-Hybridisierung
Fn.	Fußnote
FS	Festschrift
GA	Goltdammer's Archiv für Strafrecht
GenDG	Gendiagnostikgesetz
GG	Grundgesetz
ggf.	gegebenenfalls
GuP	Gesundheit und Pflege, Rechtszeitschrift für das gesamte Gesundheitswesen
HLA	Humane Leukozytenantigene
HRRS	Onlinezeitschrift HRR Strafrecht
Hrsg.	Herausgeber
HStR	Handbuch des Staatsrechts der Bundesrepublik Deutschland
i.d.R.	in der Regel
i.S.	im Sinne
ISCS	Intrazytoplasmatische Spermieninjektion
IVF	In-Vitro-Fertilisation
i.V.m.	in Verbindung mit
J. Reproduktionsmed. Endokrinol	Journal für Reproduktionsmedizin und Endokrinologie
JA	Juristische Arbeitsblätter
JUS	Juristische Schulung
JR	Juristische Rundschau
JZ	Juristenzeitung
KJ	Kritische Justiz
MedR	Medizinrecht
m.w.N.	mit weiteren Nachweisen
NJ	Neue Justiz
NJW	Neue Juristische Wochenschrift
Nr.	Nummer
NStZ	Neue Zeitschrift für Strafrecht
PCR	Polymerase-Kettenreaktion
PGD	preimplantation genetic diagnosis (engl. Bezeichnung der PID)
PID	Präimplantationsdiagnostik
PKD	Polkörperdiagnostik
Rn.	Randnummer

Rz.	Randziffer
S.	Seite / Satz
sog.	sogenannte, sogenannten
StGB	Strafgesetzbuch
StZG	Stammzellgesetz
u.a.	unter anderem
umstr.	umstritten
Urt.	Urteil
v.	vom
vgl.	vergleiche
Vorb.	Vorbemerkung
z.B.	zum Beispiel
ZfL	Zeitschrift für Lebensrecht
Zit.	zitiert
ZRP	Zeitschrift für Rechtspolitik
ZStW	Zeitschrift für die gesamte Strafrechtswissenschaft

Literaturverzeichnis

Beck, Susanne: PID- moralisch unvertretbar oder „nur" regulierungsbedürftig? Überprüfung der Möglichkeit einer strafrechtlichen Regulierung der PID, in: Gethmann, Carl Friedrich/Huster, Stefan (Hrsg.), Recht und Ethik in der Präimplantationsdiagnostik, Paderborn 2010, S. 189–210.

Beckmann, Rainer: Präimplantationsdiagnostik und Embryonenschutzgesetz, ZfL 2009, 125–131.

–: Rechtsfragen der Präimplantationsdiagnostik, MedR 2001, S. 169–177.

–: Embryonenschutz und Grundgesetz, Überlegungen zur Schutzwürdigkeit extrakorporal gezeugter Embryonen, ZRP 1987, 80–86.

Beier, Henning M.: Assistierte Reproduktion, Zum Stand der Therapieverfahren in der Bundesrepublik Deutschland 1997, München 1997.

–: Zur Forschung an menschlichen embryonalen Stammzellen und Embryonen, Reproduktionsmedizin 1-2002, 25–32.

Beitz, Ulrike: Zur Reformbedürftigkeit des Embryonenschutzgesetzes, eine medizinisch-ethisch-rechtliche Analyse anhand moderner Fortpflanzungstechniken, Frankfurt am Main 2009.

Bender, Ernst: Verständigungsversuche über die Würde des Menschen, NJW 2001, 2147–2148.

Bioethikkommission Rheinland Pfalz: Stellungnahme Präimplantationsdiagnostik April 2011, im Internet abzurufen unter: http://www.mjv.rlp.de/Ministerium/Bioethik/binarywriterservlet?imgUid=2863050a-bc2e-bf21-e506-18a7077fe9e3&uBasVariant=11111111-1111-1111-1111-111111111111 (zuletzt abgerufen am 08.04.2013).

Böcher, Urs Peter: Präimplantationsdiagnostik und Embryonenschutz, zu den Problemen der strafrechtlichen Regelung eines neuen medizinischen Verfahrens, Göttingen 2004.

Böckenförde-Wunderlich, Barbara: Präimplantationsdiagnostik als Rechtsproblem, ärztliches Standesrecht, Embryonenschutzgesetz, Verfassung, Tübingen 2002.

Böckenförde, Barbara: Bericht über das Symposium des Bundesgesundheitsministeriums zum Thema „Fortpflanzungsmedizin in Deutschland" vom 24. bis 26. Mai 2000 in Berlin, MedR 2000, 417–418.

Brohm, Winfried: Forum – Humanbiotechnik, Eigentum und Menschenwürde, JuS 1998, 197–205.

Brunhöber, Beatrice: In dubio pro libertate: die Strafbarkeit der Präimplantationsdiagnostik als rechtsstaatliches Problem, Anmerkung zu BGH 5 StR 386/09, Urteil vom 6. Juli 2010 (HRRS 2010, Nr. 774), HRRS 2010, 412–417.

Bundesärztekammer: Memorandum zur Präimplantationsdiagnostik (zit. als: BÄK, Memorandum PID), im Internet abzurufen unter: http://www.bundesaerztekammer.de/downloads/Memorandum-PID_ENDFASSUNG_71052011.pdf (zuletzt abgerufen am 08.04.2013).

–: (Muster-)Richtlinie assistierte Reproduktion, DÄBl. 2006, S. A 1393 f., im Internet abzurufen unter: http://www.bundesaerztekammer.de/downloads/AssRepro.pdf (zuletzt abgerufen am 01.02.2013).

Bundesministerium für Gesundheit: Referentenentwurf zur Präimplantationsdiagnostikverordnung, im Internet abzurufen unter: http://www.bmg.bund.de/fileadmin/dateien/Downloads/Gesetze_und_Verordnungen/Laufende_Verfahren/P/PID/Referentenentwurf_PID_Verordnung_120711.pdf (zuletzt abgerufen am 08.04.2013).

Bundesrat: Verordnung zur Regelung der Präimplantationsdiagnostik (Präimplantationsdiagnostikverordnung – PIDV), BR-Drs. 717/12 vom 14.11.2012, im Internet abzurufen unter: http://dipbt.bundestag.de/dip21/brd/2012/0717-12.pdf (zuletzt abgerufen am 08.04.2013)

Bundestag: Beschlussempfehlung und Bericht des Ausschusses für Gesundheit (14. Ausschuss), BT-Drs. 17/6400, 30.06.2011, abzurufen unter: http://dipbt.bundestag.de/dip21/btd/17/064/1706400.pdf (zuletzt abgerufen am 08.04.20130).

Caesar, Peter (Hrsg.; ehemaliger Justizminister des Landes Rheinland-Pfalz): Präimplantationsdiagnostik, Thesen zu den medizinischen, rechtlichen und ethischen Problemstellungen, Bericht der Bioethik-Kommission des Landes Rheinland-Pfalz vom 20. Juni 1999 (zit. als: Bioethikkommission Rheinland Pfalz, Präimplantationsdiagnostik Bericht 1999), im Internet abzurufen unter: http://www.mjv.rlp.de/Ministerium/Bioethik/binarywriterservlet?imgUid=106abd7c-3ef6-474c-956e-c7e7d5805b52&uBasVariant=11111111-1111-1111-1111-111111111111 (zuletzt abgerufen am 08.04.2013).

Czerner, Frank: Die Kodifizierung der Präimplantationsdiagnostik (PID) in § 3a ESchG im Ensemble pränataldiagnostischer und schwangerschaftsbezogener Untersuchungen des Fötus, MedR 2011, 783–789.

Dederer, Hans-Georg, Zur Straflosigkeit der Präimplantationsdiagnostik, – Anmerkungen zu BGH, Urt. v. 6.7.2010 – 5 StR 386/09-, MedR 2010, 819–822.

Deutsch, Erwin/Spickhoff, Andreas: Medizinrecht, Arztrecht, Arzneimittelrecht, Medizinprodukterecht und Transfusionsrecht, 6. Auflage, Berlin 2008.

Deutscher Bundestag (Hrsg.): Schlussbericht der Enquete-Kommission „Recht und Ethik der modernen Medizin", BT-Drs. 14/9020, 14. 05. 2002, im Internet abzurufen unter: http://dip21.bundestag.de/dip21/btd/14/090/1409020.pdf (zuletzt abgerufen am 08.04.2013).

–: Zweiter Zwischenbericht der Enquete-Kommission Recht und Ethik der modernen Medizin, Teilbericht Stammzellforschung, BT-Drs. 14/7546, 21.11.2001, im Internet abzurufen unter: http://dip21.bundestag.de/dip21/btd/14/075/1407546.pdf (zuletzt abgerufen am 08.04.2013).

Deutscher Ethikrat: Stellungnahme Präimplantationsdiagnostik, BT-Drs. 17/5210, 03.03.2011 (zit. als: *Deutscher Ethikrat, BT-Drs. 17/5210*), im Internet abzurufen unter: http://dipbt.bundestag.de/dip21/btd/17/052/1705210.pdf (zuletzt abgerufen am 08.04.2013).

Djie, Susanne: Präimplantationsdiagnostik aus rechtlicher Sicht, Aachen 2001.

Dreier, Horst: Stufungen des vorgeburtlichen Lebensschutzes, ZRP 2002, 377–383.

Duttge, Gunnar: Die Präimplantationsdiagnostik zwischen Skylla und Charybdis, GA 2002, 241–258.

Erbs, Georg/Kohlhaas, Max (Hrsg.): Kommentar, Strafrechtliche Nebengesetze, 191. Ergänzungslieferung, München 2012 (zit. als: *Bearbeiter*, in: Erbs/Kohlhaas).

Erlinger, Rainer: Strafrechtliche Würdigung der Präimplantationsdiagnostik: Zum Streitstand, in: Christian Dierks (Hrsg.), Rechtsfragen der Präimplantationsdiagnostik, Berlin 2007, S. 65–82.

Faßbender, Kurt: Präimplantationsdiagnostik und Grundgesetz, Ein Beitrag zur Verfassungsrechtlichen und -dogmatischen Strukturierung der aktuellen Diskussion, NJW 2001, 2745–2753.

Feige, A./Gröbe, H.: Assistierte Reproduktion, Folgen und Risiken für Mutter und Kind, Reproduktionsmedizin 2002, 153–162.

Ferdinand, Petra: Pränatal- und Präimplantationsdiagnostik aus verfassungsrechtlicher Sicht, Frankfurt am Main 2010.

Fink, Udo: Der Schutz des menschlichen Lebens im Grundgesetz – zugleich ein Beitrag zum Verhältnis des Lebensrechts zur Menschenwürdegarantie, Jura 2000, 210–216.

Fischer, Thomas: Strafgesetzbuch und Nebengesetze, 60. Auflage, München 2012.

Frister, Helmut/Lehmann, Maja Caroline: Die gesetzliche Regelung der Präimplantationsdiagnostik, JZ 2012, 659–667.

Frister, Helmut: Die »Dreierregel« im Embryonenschutzgesetz, GuP 2012, 10–13.

Frommel, Monika: Rechtslage der Reproduktionsmedizin in Deutschland, J. Reproduktionsmed. Endokrinol 2010, 96–105.

–: Der Streit um die Auslegung des Embryonenschutzgesetzes, in: Neumann, Ulfried/Herzog, Felix (Hrsg.): Festschrift für Winfried Hassemer, Heidelberg 2010, S. 831–848 (zit. als: *Frommel*, in: Hassemer-FS).

–: Deutscher Mittelweg in der Anwendung des Embryonenschutzgesetzes mit einer an den aktuellen wissenschaftlichen Kenntnisstand orientierten Auslegung der für die Reproduktionsmedizin zentralen Vorschrift des § 1 Abs. 1 Nr. 5 ESchG, J. Reproduktionsmed. Endokrinol 2007, 4 (1), 27–33.

–: Auslegungsspielräume des Embryonenschutzgesetzes, J. Reproduktionsmed. Endokrinol 2004, 104–111.

–: Die Menschenwürde des Embryos in vitro, KJ 2002, 411–426.

–: Stufungen des vorgeburtlichen Lebensschutzes (Echo zu Dreier, ZRP 2002, 377), ZRP 2002, 530–531.

–: Ethische, verfassungsrechtliche und strafrechtliche Problematik, „Das Recht der Fortpflanzungsmedizin im 21. Jahrhundert", Zeitschrift Reproduktionsmedizin 2002, 158–168 (zit. als: *Frommel*, Reproduktionsmedizin).

Geilen, Gerd: Zum Strafschutz an der Anfangsgrenze des Lebens, ZStW 1991, 829–850.

Geppert, Klaus: Zur Abgrenzung von Vorsatz und Fahrlässigkeit, insbesondere bei Tötungsdelikten, Jura 2001, 55–59.

Giwer, Elisabeth: Rechtsfragen der Präimplantationsdiagnostik, eine Studie zum rechtlichen Schutz des Embryos im Zusammenhang mit der Präimplantationsdiagnostik unter besonderer Berücksichtigung grundrechtlicher Schutzpflichten, Berlin 2001.

Göllner, Eva: Aktuelle strafrechtliche Fragestellungen zur Präimplantationsdiagnostik, eine Darstellung der deutschen Rechtslage vor dem Hintergrund möglicher Alternativverfahren und unter besonderer Berücksichtigung der Rechtslage in Italien, Berlin 2009.

Gropp, Walter: Strafrecht Allgemeiner Teil, 3. Auflage, Berlin 2005.

–: Der Embryo als Mensch: Überlegungen zum pränatalen Schutz des Lebens und der körperlichen Unversehrtheit, GA 2000, 1–18.

Günther, Hans L./Taupitz, Jochen/Kaiser, Peter (Hrsg.): Embryonenschutzgesetz, Juristischer Kommentar mit medizinisch-naturwissenschaftlichen Einführungen, Stuttgart 2008 (zit. als: *Bearbeiter*, in: Günther/Taupitz/Kaiser).

Henking, Tanja: Präimplantationsdiagnostik – Neues Gesetz, neue Probleme, ZRP 2012, 20–23.

Herdegen, Matthias: Die Menschenwürde im Fluss des bioethischen Diskurses, JZ 2001, 773–779.

Heun, Werner, Embryonenforschung und Verfassung – Lebensrecht und Menschenwürde der Embryos, JZ (Juristenzeitung) (2002), 517.

Hilgendorf, Eric: Ektogenese und Strafrecht, MedR 1994, 429–432.

Hillgruber, Christian: Dürfen wir die Präimplantationsdiagnostik zulassen?, ZfL 2011, 47–51.

–: Das Vor- und Nachleben von Rechtssubjekten, Über den Anfang und das Ende der Rechtsfähigkeit im öffentlichen Recht, JZ 1997, 975–981.

Hoerster, Norbert: Das angebliche Menschenrecht des Embryos auf Leben, JR 1995, 51–53.

Hörnle, Tatjana: Präimplantationsdiagnostik als Eingriff in das Lebensrecht des Embryos?, GA 2002, 659–665.

Hübner, Marlis/Pühler, Wiebke: Die neuen Regelungen zur Präimplantationsdiagnostik – wesentliche Fragen bleiben offen, MedR 2011, 789–796.

Hufen, Friedhelm: Erosion der Menschenwürde?, JZ 2004, 313–318.

–: Präimplantationsdiagnostik aus verfassungsrechtlicher Sicht, MedR 2001, 440–451.

Huwe, Juliane: Strafrechtliche Grenzen der Forschung an menschlichen Embryonen und embryonalen Stammzellen, eine Untersuchung zu ESchG und StZG unter besonderer Berücksichtigung internationalstrafrechtlicher Bezüge, Hamburg 2006.

Ipsen, Jörn: Zur Zukunft der Embryonenforschung, NJW 2004, 268–270.

–: Der „verfassungsrechtliche Status" des Embryos in vitro, Anmerkungen zu einer aktuellen Debatte, JZ 2001, 989–996.

Isensee, Josef/Kirchhof, Paul (Hrsg.): Handbuch des Staatsrechts der Bundesrepublik Deutschland, Band 7, Freiheitsrechte, 3. Auflage, Heidelberg 2009 (zit. als *Bearbeiter*, in: HStR VII).

–: Handbuch des Staatsrechts der Bundesrepublik Deutschland, Band 9, Allgemeine Grundrechtslehren, 3. Auflage, Heidelberg 2011 (zit. als: *Bearbeiter*, in: HStR IX).

Jarass, Hans D.: Grundrechte als Wertentscheidung bzw. objektivrechtliche Prinzipien in der Rechtsprechung des Bundesverfassungsgerichts, AöR 1985, 363–397.

Jarass, Hans D./Pieroth, Bodo: Grundgesetz für die Bundesrepublik Deutschland, Kommentar, 12. Auflage, München 2012.

Jescheck, Hans-Heinrich/Weigend, Thomas: Lehrbuch des Strafrechts, Allgemeiner Teil, 5. Auflage, Berlin 1996.

Heintschel-Heinegg, Bernd von (Hrsg.): Beck'scher Online-Kommentar StGB, Stand 01.12.2012, Edition 21 (zitiert: *Bearbeiter*, in: BeckOK StGB).

Jungfleisch, Frank: Fortpflanzungsmedizin als Gegenstand des Strafrechts?, Eine Untersuchung verschiedenartiger Regelungsansätze aus rechtsvergleichender und rechtspolitischer Perspektive, Berlin 2005.

Keller, Rolf: Klonen, Embryonenschutzgesetz und Biomedizin-Konvention, Überlegungen zu neuen naturwissenschaftlichen und rechtlichen Entwicklungen, in: *Eser, Albin/Schittenhelm, Ulrike/Schumann, Heribert* (Hrsg.), Festschrift für Theodor Lenckner zum 70. Geburtstag, München 1998, S. 477–494.

Kindhäuser, Urs Konrad/Neumann, Ulfrid/Paeffgen, Hans-Ullrich (Hrsg.): Strafgesetzbuch, Nomos Kommentar, 3. Auflage, Baden-Baden 2010 (zitiert: *Kindhäuser/Neumann/Paeffgen*, Strafgesetzbuch).

Kloepfer, Michael: Humangentechnik als Verfassungsfrage, JZ 2002, 417–428.

Koch, Hans-Georg, Disziplinspezifische Vornahmen: Intrinsische und extrinsische Statusbestimmung des extrakorporalen Embryos, Vermittlung und Kombinatorik der verschiedenen Kriterien, in: *Maio, Giovanni* (Hrsg.), Der Status des extrakorporalen Embryos, Perspektiven eines interdisziplinären Zugangs, Stuttgart 2007, S. 47–64.

Kollek, Regine: Präimplantationsdiagnostik, Embryonenselektion, weibliche Autonomie und Recht, Tübingen 1999.

Kreß, Hartmut: Biomedizin und Zellbiologie am Lebensbeginn, Gefährdung der Menschenwürde oder Bewährungsprobe für ethische Rationalität?, in: *Kreß, Hartmut/Racké, Kurt* (Hrsg.): Medizin an den Grenzen des Lebens, Lebensbeginn und Lebensende in der bioethischen Kontroverse, Münster 2002, S. 172–199 (zit. als: *Kreß*, in: Medizin an den Grenzen des Lebens).

Krey, Volker/Esser, Robert: Deutsches Strafrecht, Allgemeiner Teil, Studienbuch in systematischer-induktiver Darstellung, 5. Auflage, Stuttgart 2012.

Kruse, Melanie: Die Einordnung des Embryos in die geltende Wertesystematik, das rechtliche Schicksal der embryonalen Stammzellforschung, des therapeutischen und des reproduktiven Klonens, Hamburg 2009.

Kühl, Kristian: Strafrecht, Allgemeiner Teil, 7. Auflage, München 2012.

Kunz-Schmidt, Susanne: Präimplantationsdiagnostik (PID) – der Stand des Gesetzgebungsverfahrens und der aktuellen Diskussion, NJ 2011, 231–239.

Lackner, Karl/Kühl, Kristian (Begr./Hrsg.): Strafgesetzbuch, Kommentar, 27. Auflage, München 2011 (zitiert: *Lackner/Kühl*).

Lanzerath, Dirk: Präimplantationsdiagnostik – zentrale Fakten und Argumente, in: Analysen & Argumente – aus der Konrad Adenauer Stiftung, Berlin, Ausgabe 85, November 2010.

Laufs, Adolf: Präimplantationsdiagnostik – Juristische Überlegungen, in: *Bundesministerium für Gesundheit* (Hrsg.), Fortpflanzungsmedizin in Deutschland, wissenschaftliches Symposium des Bundesministeriums für Gesundheit in

Zusammenarbeit mit dem Robert-Koch-Institut vom 24. bis 26. Mai 2000 in Berlin, Baden-Baden 2001, S. 204–208.

–: Fortpflanzungsmedizin und Menschenwürde, NJW 2000, 2716–2718.

Laufs, Adolf/Katzenmeier, Christian/Lipp, Volker: Arztrecht, 6. Auflage, München 2009 (zit. als: *Laufs/Katzenmeier/Lipp*).

Laufs, Adolf/Kern, Bernd-Rüdiger (Hrsg.): Handbuch des Arztrechts, 4. Auflage, München 2010 (zit. als: *Bearbeiter*, in: Laufs/Kern).

Lee, Jung-Ho: Die aktuellen juristischen Entwicklungen in der PID und Stammzellforschung in Deutschland, Eine Analyse der BGH-Entscheidung zur PID, Gesetzesnovellierung des ESchG und EuGH-Entscheidung zur Grundrechtsfähigkeit des Embryos in vitro, Frankfurt am Main 2013.

Lehmann, Michaela: Die In-vitro-Fertilisation und ihre Folgen, Eine verfassungsrechtliche Analyse, Frankfurt am Main 2007.

Leopoldina (Nationale Akademie der Wissenschaft): Ad-hoc-Stellungnahme – Präimplantationsdiagnostik (PID) – Auswirkungen einer begrenzten Zulassung in Deutschland, Januar 2011, im Internet abzurufen unter: http://www.leopoldina.org/uploads/tx_leopublication/201101_natEmpf_PID-DE.pdf (zuletzt abgerufen am 08.04.2013).

Losch, Bernhard: Lebensschutz am Lebensbeginn – Verfassungsrechtliche Probleme des Embryonenschutzes, NJW 1992, 2926–2932.

Lück, Simon Alexander: Zur strafrechtlichen Neugestaltung der Präimplantationsdiagnostik in Deutschland, Frankfurt am Main 2013.

Lungstras, Anne Barbara: Die Präimplantationsdiagnostik verbieten oder erlauben?, Ein Blick auf die Debatte um den Embryo in vitro, NJ 2010, 485–492.

Mangoldt, Hermann von/Klein, Friedrich/Starck, Christian: Kommentar zum Grundgesetz, Band I, Präambel, Artikel 1–19, 6. Auflage, München 2010 (zit. als: *Bearbeiter*, in: Mangoldt/Klein/Starck, Bd. I).

Maunz, Theodor/Dürig, Günter (Begr.): Grundgesetz Kommentar, Band I – Texte – Art. 1–5, Loseblattsammlung, München, Stand August 2012 (zit. als: *Bearbeiter*, in: Maunz/Dürig).

Merkel, Reinhard: Embryonenschutz, Grundgesetz und Ethik – Über verfassungsrechtliche Missverständnisse und moralische Grundlagen im Streit um die Forschung an embryonalen Stammzellen, DRiZ 2002, 184–191.

Middel, Annette, Verfassungsrechtliche Fragen der Präimplantationsdiagnostik und des therapeutischen Klonens, Baden-Baden 2006.

Mildenberger, Elke H., Der Streit um die Embryonen – Warum ungewollte Schwangerschaften, Embryoselektion und Embryonenforschung grundsätzlich unterschiedlich behandelt werden müssen, MedR 2002, 293–300.

Montag, M./van der Ven, H., Grundlagen der In-vitro-Fertilisation und Embryonenkultivierung, Reproduktionsmedizin 4–2002, 147–152.

Müller-Terpitz, Ralf, Der Schutz des pränatalen Lebens, Eine verfassungs-, völker- und gemeinschaftsrechtliche Statusbetrachtung an der Schwelle zum biomedizinischen Zeitalter, Tübingen 2007.

Nationaler Ethikrat: Genetische Diagnostik vor und während der Schwangerschaft, Stellungnahme, 2003, im Internet abzurufen unter: http://www.ethikrat.org/dateien/pdf/Stellungnahme_Genetische-Diagnostik.pdf (zuletzt abgerufen am 08.04.2013).

Neidert, Rudolf, „Entwicklungsfähigkeit" als Schutzkriterium und Begrenzung des Embryonenschutzgesetzes, Inwieweit ist der Single-Embryo-Transfer zulässig?, MedR 2007, 279–286.

–: Embryonenschutz im Zwiespalt zwischen staatlichem Gesetz und ärztlicher Lex artis, ZRP 2006, 85–87.

–: Das überschätzte Embryonenschutzgesetz – was es verbietet und nicht verbietet, ZRP 2002, 467–471.

–: Sollen genetische Analysen am frühen Embryo zugelassen werden? Präimplantationsdiagnostik in juristischer Sicht, in: *Kreß, Hartmut/Racké, Kurt* (Hrsg.): Medizin an den Grenzen des Lebens, Lebensbeginn und Lebensende in der bioethischen Kontroverse, Münster 2002, S. 33–61 (zit. als: *Neidert*, in: Medizin an den Grenzen des Lebens).

–: Präimplantationsdiagnostik: Zunehmendes Lebensrecht, DÄBl. 2000, 97 (51–52), A-3483 / B-2927 / C-2605.

–: Brauchen wir ein Fortpflanzungsmedizingesetz?, MedR 1998, 347–353.

Oduncu, Fuat S./Schroth, Ulrich/Vossenkuhl, Wilhelm (Hrsg.): Stammzellenforschung und therapeutisches Klonen, Göttingen 2002 (zit. als: *Bearbeiter*, in: Oduncu/Schroth/Vossenkuhl).

Pieroth, Bodo/Schlink, Bernhard: Staatsrecht, Grundrechte, 28. Auflage, Heidelberg 2012.

Prütting, Dorothea, Die Präimplantationsdiagnostik – ein Umbruch im Familienrecht?, in: *Knothe, Hans-Georg/Kohler, Jürgen* (Hrsg.), Status Familiae, Festschrift für Andreas Wacke zum 65. Geburtstag, am 28. April 2001, München 2001, S. 375–387 (zit. als: *Prütting*, in: Status Familiae).

Prütting Dorothea (Hrsg.): Fachanwaltskommentar Medizinrecht, 2. Auflage, Köln 2012 (zit. als: *Bearbeiter*, in: FAKomm-MedR).

Ransiek, Andreas: Das unechte Unterlassungsdelikt (zweiter Teil), JuS 2010, 585–589.

Ratzel, Rudolf/Heinemann, Nicola: Zulässigkeit der Präimplantationsdiagnostik nach Abschnitt D, IV Nr 14 Satz 2 (Muster-)Berufsordnung – Änderungsbedarf?, MedR 1997, 540–543.

Ratzel, Rudolf/Luxenburger, Bernd (Hrsg.), Handbuch Medizinrecht, 2. Auflage, Bonn 2011 (zit. als: *Bearbeiter*, in: Ratzel/Luxemburger).

Reimann, Ruth: Der gesetzliche Schutz extrakorporaler Embryonen und seine Bedeutung für ihren Status, ZfL 2004, 2–7.

Reiß, Marc: Eine Zellentnahme ohne Berührung – Zutreffendes und Widersprüchliches in der Entscheidung des BGH zur Strafbarkeit der Präimplantationsdiagnostik, Anmerkung zu BGH 5 StR 386/09, HRRS 2010, 418–423.

Reiß, Marc: Rechtliche Aspekte der Präimplantationsdiagnostik, Unter besonderer Berücksichtigung der Rechte der von einem Verbot betroffenen Paare, Frankfurt am Main 2005.

Renzikowski, Joachim: Die strafrechtliche Beurteilung der Präimplantationsdiagnostik, NJW 2001, 2753–2758.

Roxin, Claus: Strafrecht Allgemeiner Teil, Band 1, Grundlagen, Der Aufbau der Verbrechenslehre, 4. Auflage, München 2006.

–: Strafrecht Allgemeiner Teil, Band 2, Besonderer Erscheinungsformen der Straftat, München 2003.

Roxin, Claus/Schroth, Ulrich (Hrsg.): Handbuch des Medizinstrafrechts, 4. Auflage, Stuttgart 2010 (zit. als: *Bearbeiter*, in: Roxin/Schroth).

Ruso, Berit/Thöni, Magdalena: Quo vadis Präimplantationsdiagnostik?, Die rechtlichen Rahmenbedingungen und aktuelle Tendenzen im Bereich der Präimplantationsdiagnostik in Deutschland, MedR 2010, 74–78.

Rüthers, Bernd/Höpfner, Clemens: Analogieverbot und subjektive Auslegungsmethode, JZ 2005, 21–25.

Schmidt-Bleibtreu, Bruno/Hofmann, Hans/Hopfauf, Axel (Hrsg.): Kommentar zum Grundgesetz, 12. Auflage, Köln 2011 (zit. als: *Bearbeiter*, in: Schmidt-Bleibtreu/Hofmann/Hopfauf).

Schmidt-Jortzig, Edzard: Systematische Bedingungen der Garantie unbedingten Schutzes der Menschenwürde in Art. 1 GG, – unter besonderer Berücksichtigung der Probleme am Anfang des menschlichen Lebens -, DÖV 2001, 925–932.

Schneider, Susanne: Rechtliche Aspekte der Präimplantations- und Präfertilisationsdiagnostik, Susanne Schneider, Frankfurt am Main 2002.

–: Auf dem Weg zur gezielten Selektion – Strafrechtliche Aspekte der Präimplantationsdiagnostik, MedR 2000, 360–364.

Schönke, Adolf/Schröder, Horst (Begr.): Strafgesetzbuch Kommentar, 28. Auflage, München 2010 (zit. als: *Bearbeiter*, in: Schönke/Schröder).

Schreiber, Hans-Ludwig: Das Menschenwürdeprinzip in der Diskussion über Embryonenforschung, Klonen und Präimplantationsdiagnostik, in: *Bernsmann, Klaus/Ulsenheimer, Klaus (Hrsg.)*: Bochumer Beiträge zu aktuellen Strafrechtsthemen, Vorträge anlässlich des Symposions zum 70. Geburtstag von Gerd Geilen am 12./13.10.2001, S. 157–170 (zit. als: *Schreiber*, in: Bochumer Beiträge).

Schreiber, Hans-Ludwig: Von richtigen rechtlichen Voraussetzungen ausgehen, DÄBl. 2000, 97(17): A-1135 / B-969 / C-909.

Schroeder, Friedrich-Christian, Neuartige Absichtsdelikte, in: Eser, Albin/Schittenhelm, Ulrike/Schumann, Heribert (Hrsg.): Festschrift für Theodor Lenckner zum 70. Geburtstag, München 1998, S. 333–348 (zit. als: *Schroeder*, in: Lenckner FS).

Schroth, Ulrich: Urteilsanmerkung zu BGH 5 StR 386/09 (06.07.2010), NJW 2010, 2676–2677.

–: Die Präimplantationsdiagnostik im Lichte des Strafrechts, NStZ 2009, 233–238.

–: Forschung mit embryonalen Stammzellen und Präimplantationsdiagnostik im Lichte des Rechts, JZ 2002, 170–179.

–: Forschung mit embryonalen Stammzellen und Präimplantationsdiagnostik im Lichte des Rechts, in: *Oduncu, Fuat S./Schroth, Ulrich/Vossenkuhl, Wilhelm* (Hrsg.): Stammzellenforschung und therapeutisches Klonen, Göttingen 2002, S. 249–281 (zit. als: *Schroth*, in: Oduncu/Schroth/Vossenkuhl).

Schumann, Heribert: Zur Wiederbelebung des „voluntativen" Vorsatzelements durch den BGH, – Zugleich Anmerkung zu dem Urteil des BGH vom 15-11-1987, 3 StR 449/87 -, JZ 1989, 427–434.

Schumann, Eva: Anmerkung zur Entscheidung des BGH, Urteil vom 06.07.2010 -5 StR 386/09- Zur Präimplantationsdiagnostik, MedR 2010, 848–851.

Sendler, Horst: Menschenwürde, PID und Schwangerschaftsabbruch, NJW 2001, 2148–2150.

Spickhoff, Andreas (Hrsg.): Medizinrecht, Kommentar, München 2011 (zit. als: *Bearbeiter*, in: Spickhoff).

Starck, Christian: Verfassungsrechtliche Grenzen der Biowissenschaft und Fortpflanzungsmedizin, JZ 2002, 1065–1072.

Steinke, Verena/Rahner, Nils/Middel, Annette/Schräer, Angela: Präimplantationsdiagnostik, medizinisch-naturwissenschaftliche, rechtliche und ethische Aspekte, Freiburg 2009.

Sternberg-Lieben, Detlev: Fortpflanzungsmedizin und Strafrecht, NStZ 1988, 1–6.

Tag, Brigitte: Reproduktionsmedizin und Präimplantationsdiagnostik im Spiegel des Strafrechts, in: *Kämmerer, Annette/Speck, Agnes* (Hrsg.), Geschlecht und Moral, Heidelberg 1999, S. 87–106 (zit. als: *Tag*, in: Kämmerer/Speck).

Taupitz, Jochen: Embryonenforschung zwischen wissenschaftlicher Freiheit und rechtlicher Verantwortung, in: *Kreß, Hartmut/Racké, Kurt* (Hrsg.): Medizin an den Grenzen des Lebens, Lebensbeginn und Lebensende in der bioethischen Kontroverse, Münster 2002, S. 17–32 (zit. als: *Taupitz*, in: Medizin an den Grenzen des Lebens).

Tinneberg, Hans-Rudolf: Möglichkeiten der Eizellgewinnung, in: *Tinneberg, Hans-Rudolf/Ottmar, Christoph (Hrsg.)*: Moderne Fortpflanzungsmedizin, Stuttgart 1995, S. 113–116.

Tinneberg, Hans-Rudolf/Michelmann, Hans Wilhelm/Naether, Olaf G. J.: Lexikon der Reproduktionsmedizin, Stuttgart 2007.

Tolmein, Oliver: Primplantationsdiagnose – neues Gesetz schafft Wertungswidersprüche, GuP 2011, 161–166.

Ulsenheimer, Klaus: Arztstrafrecht in der Praxis, 4. Auflage, Heidelberg 2008.

Vogt, Britta: Methoden der künstlichen Befruchtung, „Dreierregel" versus „Single Embryo Transfer": Konflikt zwischen Rechtslage und Fortschritt der Reproduktionsmedizin in Deutschland im Vergleich mit sieben europäischen Ländern, Frankfurt am Main 2008.

Weschka, Marion: Präimplantationsdiagnostik, Stammzellforschung und therapeutisches Klonen, Berlin 2008.

Wessels, Johannes/Beulke, Werner: Strafrecht, Allgemeiner Teil, Die Straftat und ihr Aufbau, 42. Auflage, Heidelberg 2012.

Wietersheim, Eva Marie von: Strafbarkeit der Präimplantationsdiagnostik, PID de lege lata und de lege ferenda, Baden-Baden 2014.

Winter, Stefan F.: Was ist Genmedizin? – Eine Einführung, in: *Winter, Stefan F./Fenger, Hermann/Schreiber, Hans-Ludwig* (Hrsg.): Genmedizin und Recht, Rahmenbedingungen und Regelungen für Forschung, Entwicklung, Klinik, Verwaltung, München 2001, Rn. 1–115.

Witzigmann, Tobias: Mögliche Funktionen und Bedeutungen des Absichtsbegriffs im Strafrecht, JA 2009, 488–493.

Wuermeling, Hans-Bernhard: Die Ratio des Embryonenschutzgesetzes, ZfL 2006, 15–17.

1. Teil Einleitung

Die durch den wissenschaftlichen Fortschritt in der Medizin ermöglichte Verfügbarkeit menschlicher Embryonen im Reagenzglas wirft existenzielle Fragen über den Menschen, das menschliche Leben und den praktischen Umgang des Menschen mit solch hohen Gütern, folglich mit sich selbst, auf. Als Teil dessen betrifft die Präimplantationsdiagnostik das menschliche Leben in seinen frühsten Stadien. Deren Ergebnis stellt als Entscheidungsgrundlage die Weichen über seine Existenz. Die Präimplantationsdiagnostik betrifft eine Grundentscheidung über den Umgang mit menschlichem Leben. Daraus folgt, dass das Thema auf vielen verschiedenen Ebenen, etwa im juristischen Bereich im Verfassungs- und Strafrecht, aber auch in der Ethik, der Moraltheologie, der Philosophie und der Anthropologie, diskutiert wird. Der „richtige" Umgang mit der Präimplantationsdiagnostik ist dabei in nahezu allen Bereichen zum Teil heftig umstritten. Hinzu kommt, dass das Thema einen sich rasant weiterentwickelnden wissenschaftlichen Bereich (Reproduktionsmedizin und Gentechnik) betrifft. Dies macht das Thema höchst interessant, stellt aber insbesondere das Strafrecht zugleich vor große Probleme. Denn auf der einen Seite steht das Bestimmtheitsgebot, das gerade im Strafrecht besonders wichtig ist. Auf der anderen Seite aber können zu konkrete Bestimmungen vom medizinisch-wissenschaftlichen Fortschritt schnell überholt und als veraltet angesehen werden. In diesen Fällen stellt sich die Frage, ob die Norm im Wege der Auslegung noch zulässigerweise auf den neuen Sachverhalt angewandt werden kann, oder ob man den Rahmen einer zulässigen Auslegung verlässt oder eine unzulässige Analogie vornimmt.

Zusätzlich geht es für die an einer Präimplantationsdiagnostik Beteiligten um sehr viel. Auf der einen Seite steht der Wunsch, ein gesundes Kind bzw. überhaupt ein Kind bekommen zu können. Auf der anderen Seite sieht das Embryonenschutzgesetz als Strafgesetz Freiheitsstrafen mit einem Strafrahmen von bis zu fünf Jahren oder Geldstrafen vor.

Die Präimplantationsdiagnostik ist, seitdem es diese gibt[1], höchst umstritten. Durch die sich immer weiterentwickelnden Möglichkeiten und Berichte über Erfolge und Fortschritte im Ausland wurde auch in Deutschland immer wieder über die Präimplantationsdiagnostik diskutiert. Auslöser für die intensive öffentliche Debatte und letztlich auch für den Erlass des Präimplantationsdiagnostikgesetzes

---

1 Erstmals wurde die Präimplantationsdiagnostik 1989 im Ausland durchgeführt, vgl. Deutscher Ethikrat, BT-Drs. 17/5210, S. 3.

war schließlich ein Urteil des Bundesgerichtshofs zur Präimplantationsdiagnostik vom 06.07.2010. Nach der durch das Urteil ausgelösten großen medialen Aufmerksamkeit stand der Gesetzgeber unter Druck und hat mit hoher Geschwindigkeit das neue Gesetz zur Präimplantationsdiagnostik erlassen. Für kaum ein Gesetzgebungsverfahren war das öffentliche Interesse so groß, wie in diesem Fall. Ob dies zu Fehlern, Ungenauigkeiten oder Unstimmigkeiten in der Vorschrift geführt hat, muss untersucht werden.

Als Spiegel der großen Aufmerksamkeit und Problematik dieses Themas gibt es in vielen Bereichen, rechtswissenschaftlich insbesondere im Verfassungsrecht, dort mit dem Schwerpunkt auf der Frage nach der Würde des Embryos (in vitro), eine nahezu unüberschaubare Anzahl von Veröffentlichungen. Spezielle Werke, die den Schwerpunkt auf die strafrechtliche Bewertung der Präimplantationsdiagnostik nach dem Embryonenschutzgesetz legen, bzw. Werke, die das Embryonenschutzgesetz gerade in Bezug auf die Präimplantationsdiagnostik ausführlich behandeln, gibt es dagegen in weit geringerer Zahl. Die Arbeit legt deshalb den Fokus auf das Embryonenschutzgesetz und will alle Vorschriften des Gesetzes, die die Präimplantationsdiagnostik betreffen, untersuchen.

Thema der Arbeit ist deshalb die strafrechtliche Bewertung der Präimplantationsdiagnostik nach dem Gesetz zum Schutz von Embryonen.

Untersucht werden soll, ob die Präimplantationsdiagnostik unter das Embryonenschutzgesetz a.F. gefasst werden konnte und ob und in wieweit sie nach dem geltenden Embryonenschutzgesetz verboten oder zugelassen ist. Eine wesentliche Frage, die beantwortet werden soll, ist die, ob die neu erlassene Regelung (§ 3a ESchG) wirklich erforderlich war oder die Präimplantationsdiagnostik nicht bereits durch die „alten" Vorschriften ausreichend und angemessen geregelt wurde. Daran anschließend soll hinterfragt werden, ob § 3a ESchG ordentlich umgesetzt wurde, bereits bestehende Probleme beseitigt wurden, sich die Norm in das Embryonenschutzgesetz einfügt und nicht zu neuen Problemen führt.

Um den Einstieg in die Materie zu erleichtern und um eine angemessene Bewertung des Embryonenschutzgesetz zu ermöglichen, werden zunächst die medizinischen Grundlagen und der verfassungsrechtliche Rahmen knapp und einführend behandelt. Der Hauptteil der Arbeit zeichnet dann die Entwicklung der Diskussion um die Präimplantationsdiagnostik nach. Um die Frage beantworten zu können, ob das neue Gesetz erforderlich war, geht die Arbeit chronologisch vor. Die Abhandlung beginnt mit den „alten" Vorschriften des Embryonenschutzgesetzes, die nach wie vor Geltung beanspruchen und der Untersuchung, ob diese Vorschriften, die aus dem Jahre 1990 stammen, die Präimplantationsdiagnostik tatsächlich – angemessen – regeln können. Dann wird das

Urteil des Bundesgerichtshofs, das letztlich der Auslöser des neuen Gesetzes war und die zuvor angesprochene Frage, beschränkt auf einen speziellen Einzelfall, beantworten musste, behandelt. Zuletzt widmet sich die Arbeit der Analyse des neuen § 3a ESchG.

Einschränkung erfährt das Thema insoweit, als Gegenstand der Arbeit lediglich die Präimplantationsdiagnostik, die immer dem Ziel dient, eine Schwangerschaft herbeizuführen, und nicht etwa die Forschung an Embryonen in vitro an sich, ist. Außerdem beschränkt sich die Untersuchung auf das Embryonenschutzgesetz und eine strafrechtliche Bewertung und befasst sich nur am Rande mit der verfassungsrechtlichen Dimension der Problematik.

2. Teil Naturwissenschaftliche Grundlagen

Gegenstand dieser Arbeit ist die Untersuchung der Präimplantationsdiagnostik unter strafrechtlichen Gesichtspunkten. Unter „der Präimplantationsdiagnostik" versteht man die (invasive) Diagnostik an durch In-Vitro-Fertilisation entstandenen, kultivierten Embryonen vor dem Embryotransfer in die Gebärmutter hinsichtlich Veränderungen des Erbmaterials, die eine schwere Erkrankung zur Folge haben können.[2]

Wie sich aus dieser Beschreibung einer möglichen (speziellen) Erscheinungsform der Präimplantationsdiagnostik unschwer ergibt, ist es erforderlich, sich zunächst mit den naturwissenschaftlichen Grundlagen vertraut zu machen, um die Präimplantationsdiagnostik angemessen bewerten zu können.

I. Entstehung menschlichen Lebens – Die Befruchtung

Neues menschliches Leben beginnt mit der Befruchtung einer Eizelle.[3]

---

2 So definiert die Bundesärztekammer die Präimplantationsdiagnostik in ihrem Memorandum zur PID [BÄK, Memorandum PID, 2011, S. 3]. Diese Definition beschreibt allerdings nur eine mögliche (spezielle) Erscheinungsform der Präimplantationsdiagnostik. Allgemeiner kann man ausführen, dass die Präimplantationsdiagnostik es ermöglicht, Zellen eines außerhalb des Mutterleibs erzeugten Embryos, die diesem entnommen wurden, noch vor der Übertragung auf die Frau, auf bestimmte genetische Merkmale, Erbkrankheiten oder Chromosomenstörungen zu untersuchen (genauer dazu unter II.). Außerdem merkt die BÄK noch an, dass die Präimplantationsdiagnostik nur im weiteren Sinne ein pränatalmedizinisches Verfahren ist, da die Diagnostik vor der Einnistung des Embryos, d. h. vor dem Beginn der Schwangerschaft stattfindet.

3 Genaugenommen ist der Grundstein für die Entstehung neuen menschlichen Lebens schon früher, in der Entstehung und Reifung der Keimzellen, angelegt. Allerdings kommt es für die strafrechtliche Bewertung der Präimplantationsdiagnostik und für deren Verständnis nicht auf den genauen Ablauf und damit auf eine umfassende Darstellung der Keimzellreifung an. Vgl. zur Keimzellenreifung *Kaiser*, in: Günther/Taupitz/Kaiser, Einf. A Rn. 28 ff. Die Darstellungen des gesamten 2. Teils beschränkt sich auf einen Überblick der Vorgänge, die für diese Arbeit von Bedeutung sind. Hier soll keine vollständige und umfassende Wiedergabe der naturwissenschaftlichen Abläufe geleistet werden. Eine genaue Darstellung findet sich etwa bei *Beier*, S. 10 ff., 15 ff.

1. Die Befruchtung

Befruchtung beschreibt, grob zusammengefasst, die Vereinigung zweier durch Meiose entstandener haploider, also den einfachen Chromosomensatz tragender Keimzellen zu einer diploiden, demgemäß den doppelten Chromosomensatz tragenden Zelle.[4] Die Befruchtung ist kein plötzliches Ereignis, keine plötzlich erfolgende Zustandsveränderung, sondern ein Prozess, der aus verschiedenen nacheinander ablaufenden Schritten, die ineinander übergehen, besteht. Der gesamte Befruchtungsvorgang verläuft über eine Zeitspanne von etwa 20 bis 24 Stunden.[5]

Die Befruchtung (Konzeption) beginnt mit dem Zusammentreffen der Gameten (Keimzellen).[6] Diese verbinden sich dann, sodass durch eine Reaktion[7] das Eindringen des Spermiums in das Plasma der Eizelle ermöglicht wird.[8] Das Eindringen des Spermiums in die Eizelle wird Imprägnation genannt.[9] Es werden verschiedene Reaktionen in Gang gesetzt. Es formieren sich die zwei Vorkerne (Pronuklei).[10] Es beginnen wieder verschiedene Abläufe und Reaktionen. Dann wandern die haploiden Vorkerne aufeinander zu und der weibliche und der männliche Vorkern vereinigen sich schließlich zur ersten gemeinsamen Zellteilung des nunmehr wieder diploiden Genoms.[11] Dieser Abschluss der Befruchtung wird Kernverschmelzung (oder Konjugation) genannt.[12]

---

4 Deutscher Ethikrat, BT-Drs. 17/5210, S. 10 ff.; Leopoldina, Ad-hoc-Stellungnahme – PID, 2011, S. 8; *Taupitz*, in: Günther/Taupitz/Kaiser, § 8 Rn. 27; vgl. auch *Steinke/Rahner/Middel/Schräer*, Präimplantationsdiagnostik, S. 18 ff.

5 *Kaiser*, in: Günther/Taupitz/Kaiser, Einf. A. Rn. 38; nach der Leopoldina, Ad-hoc-Stellungnahme – PID, 2011, S. 8, 20 bis 22 Stunden.

6 *Kaiser*, in: Günther/Taupitz/Kaiser, Einf. A. Rn. 35.

7 Die sogenannte Akrosomreaktion ermöglicht durch die Ausschüttung von Enzymen, dass das Spermium in die Eizelle eindringen kann.

8 *Kaiser*, in: Günther/Taupitz/Kaiser, Einf. A. Rn. 35.

9 *Kaiser*, in: Günther/Taupitz/Kaiser, Einf. A. Rn. 36.

10 *Kaiser*, in: Günther/Taupitz/Kaiser, Einf. A. Rn. 36.

11 *Kaiser*, in: Günther/Taupitz/Kaiser, Einf. A. Rn. 36.

12 Die Darstellung beschränkt sich auf die Vorgänge, die für diese Arbeit von Bedeutung sind und soll keine vollständige Wiedergabe der naturwissenschaftlichen Abläufe bieten. *Müller-Terpitz* führt dazu aus: *„Genau genommen, kommt es zu einer solchen „Verschmelzung" der Vorkerne, dh. zur Bildung einer neuen, gemeinsamen Kernmembran, allerdings nicht. Vielmehr werden die bereits in je zwei Chromatiden geteilt vorliegenden Chromosomen sofort auf die sich bildende Teilungsspindel verteilt. Die Vereinigung der maternalen und paternalen DNA zu einer Einheit besteht also nur andeutungsweise*

2. Die Entwicklung des frühen Embryos

Nach dem Abschluss der Befruchtung bilden die Zellen des Embryos durch Mitose während der sogenannten Furchungsteilungen etwa alle zwölf bis 36 Stunden je zwei Tochterzellen, die Blastomeren genannt werden.[13] Der Embryo wandert, während er die Reihe von Zellteilungen durchläuft, den Eileiter hinunter. Bis etwa zum Acht-Zell-Stadium geht man davon aus, dass die embryonalen Zellen totipotent sind bzw. noch totipotent sein können.[14] Die Begriffe Toti- und Pluripotenz werden in der naturwissenschaftlichen Literatur nicht einheitlich verwendet. In der klassischen Embryologie bedeutet Totipotenz, dass die einzelne Zelle die Fähigkeit besitzt, sich zu einem ganzen Individuum zu entwickeln.[15] Das heißt, dass sich eine einzelne, dem Embryo entnommene Zelle unter geeigneten Umständen als eigener, genetisch identischer Embryo weiterentwickeln kann.[16] Das Embryonenschutzgesetz geht ebenfalls von dieser Bedeutung der Totipotenz aus und stellt die totipotenten Embryonalzellen dem Embryo gleich, § 8 Abs. 1 ESchG.[17] Ab dem 16-Zell-Stadium sind die Zellen sicher nicht mehr

---

und nur für sehr kurze Zeit. Dieser Vorgang, der auch als „Syngamie" bezeichnet wird, markiert das Ende der Befruchtung." [*Müller-Terpitz*, in: Spickhoff, ESchG § 8 Rn. 1.].

13 Deutscher Ethikrat, BT-Drs. 17/5210, S. 4.

14 Vgl. BÄK, Memorandum PID, S. 3; *Beier*, Reproduktionsmedizin, 1–2002, 25, 26 ff.; die Leopoldina, Ad-hoc-Stellungnahme – PID, 2011, S. 8, führt aus, dass die Zahl der totipotenten Blastomeren im Acht-Zell-Stadium bereits signifikant abgenommen hat und nach Experimenten bei Säugetieren nur noch ein oder zwei Blastomere totipotent sind. Es gibt noch weitere gewichtige Stimmen, die daran zweifeln, dass alle Blastomere tatsächlich bis zum Acht-Zell-Stadium totipotent sind, vgl. *Frommel*, J. Reproduktionsmed. Endokrinol 2007, 27 ff.; *Mildenberger*, MedR 2002, 293, 296; *Ruso/Thöni*, MedR 2010, 74, 76.

15 Nationaler Ethikrat, S. 18 f.; andere Definitionen von Totipotenz umfassen beispielsweise die Fähigkeit einer Zelle, sich in alle drei embryonalen Keimblätter oder in alle Zelltypen eines Organismus zu differenzieren; Enquete-Kommission, Zweiter Zwischenbericht, BT-Drs. 14/7546, S. 15.

16 Deutscher Ethikrat, BT-Drs. 17/5210, S. 4.

17 Anzumerken ist, dass Embryonen am dritten Tag unterschiedliche Zellzahlen aufweisen können (i.d.R. zwischen sechs und zehn). Dies liegt daran, dass die Zellteilungen der Blastomeren nicht immer synchron verlaufen und Blastomeren absterben können und somit gar nicht mehr zu weiteren Zellzyklen beitragen, ohne dass das Entwicklungspotenzial des Embryos dadurch insgesamt beeinträchtigt wird. Daraus folgt, dass es ohne ständige Überwachung (z.B. mittels Videoanalyse) nicht möglich ist, mit Sicherheit zu sagen, welche dieser Zellen schon vier (entsprechend dem Entwicklungsstand des 16-Zell-Stadiums) und welche erst drei (Acht-Zell-Stadium) Zellteilungen durchlaufen haben [Deutscher Ethikrat, BT-Drs. 17/5210, S. 4].

toti-, sondern nur noch pluripotent. Das bedeutet, dass die Zelle wohl noch alle Zell- und Gewebetypen bilden kann, aber aus ihr allein nicht mehr ein lebensfähiges ganzes Individuum entstehen kann.[18]

Ab etwa dem 5. Furchungsstadium bilden die außen liegenden Blastomeren zelluläre Haftstrukturen aus, welche die Räume zwischen den Zellen dicht verschließen.[19] Die außen liegenden Zellen bilden damit das erste embryonale Gewebe, eine einfache Zellschicht, das sogenannte Epithel. Man spricht vom Morulastadium.[20] In weiteren Zellteilungen entsteht etwa am 5. Tag nach der Befruchtung, wenn die Morula in den Uterus eintritt, die Blastozyste, ein Bläschen aus ca. 120 Zellen, das einen flüssigkeitsgefüllten Hohlraum enthält. Die äußeren Zellen bezeichnet man als Trophoblast, sie bilden später ausschließlich das embryonale Hüll- und Nährgewebe.[21] Aus der kleineren Gruppe von inneren Zellen, die Embryoblast genannt werden, entwickelt sich der eigentlichen Embryo.[22]

Etwa in der Spanne vom sechsten Tag nach der Befruchtung bis zum 14. Tag nistet sich die Blastozyste im Uterus ein.[23] Der Embryo entwickelt sich dabei von der Implantation bis zur Geburt in vollständiger Abhängigkeit von der Physiologie seiner Mutter.[24] Die vorherigen Phasen der Befruchtung bis zur Blastozystenbildung sind hingegen nicht von der engen natürlichen Verbundenheit mit der Mutter abhängig, sondern können auch außerhalb des mütterlichen Organismus ablaufen und eröffnen so die Möglichkeit von präimplantativen Untersuchungen.[25]

---

18 Leopoldina, Ad-hoc-Stellungnahme – PID, 2011, S. 8.

19 Dieses Stadium, in dem die Struktur insgesamt dichter wirkt, wird auch „Compaction-Stadium" genannt, Leopoldina, Ad-hoc-Stellungnahme – PID, 2011, S. 8 f.

20 Leopoldina, Ad-hoc-Stellungnahme – PID, 2011, S. 9.

21 Vgl. Leopoldina, Ad-hoc-Stellungnahme – PID, 2011, S. 9.

22 Vgl. Leopoldina, Ad-hoc-Stellungnahme – PID, 2011, S. 9.

23 Die Blastozyste entwickelt sich im Uterus der Mutter, sie schlüpft aus der zone pellucida (eine nicht-zelluläre Hülle), es folgen die Anheftung und schließlich die Nidation in die Gebärmutterschleimhaut [Vgl. Leopoldina, Ad-hoc-Stellungnahme – PID, 2011, S. 9]. Ab diesem Zeitpunkt unterfällt der Embryo dem Schutzregime des Strafgesetzbuches (§§ 218 ff. StGB).

24 Leopoldina, Ad-hoc-Stellungnahme – PID, 2011, S. 9.

25 Vgl. Nationaler Ethikrat, S. 15 f.

3. Zusammenfassung

Zusammenfassend kann man also folgende Schritte von der Befruchtung der Eizelle im Eileiter bis zur Nidation des Embryos (Blastozyste) in die Gebärmutterwand nach bis zu 14 Tagen in zeitlicher Abfolge festhalten:

- die Keimzellen sind getrennt voneinander,
- die Eizelle und die Samenzellen kommen zusammen, die Befruchtungskaskade beginnt,
- die Samenzelle dringt in die Eizelle ein (Imprägnation),
- die beiden Vorkerne bilden sich und bewegen sich auf einander zu,
- die Vorkerne vereinigen sich (Kernverschmelzung),
- die erste Teilung beginnt,
- aus der Teilung geht das Zweizellstadium hervor, dann das Vierzell-, dann das Achtzellstadium (ca. Tag 3 bis 4); die Zellen des Embryos werden Blastomeren genannt, bis zum Achtzellstadium wird von der Totipotenz der Zellen ausgegangen,
- nach der nächsten Teilung kommt es zum 16-Zell-Stadium, es entstehen bereits äußere und innere Zellen und die Zellen sind nur noch pluripotent,
- die Struktur der Zellen verdichtet sich, die äußeren embryonalen Zellen bilden das Epithel (Morulastadium),
- nach weiteren Teilungen bildet der Embryo, der jetzt als Blastozyste bezeichnet wird, eine innere Zellmasse (Embryoblast) und eine äußere (Trophoblast),
- die Blastozyste entwickelt sich weiter und nistet sich schließlich in der Gebärmutter ein (Nidation).

4. Die medizinische und juristische Terminologie

Anzumerken ist, dass die medizinische, die juristische[26] und die umgangssprachliche Terminologie mitunter voneinander abweichen.[27] So wird die Eizelle nach der medizinischen Terminologie ab der Kernverschmelzung als Zygote bezeichnet und der Befruchtungsvorgang gilt erst mit Beginn der ersten Zellteilung, dem Furchungsvorgang als beendet.[28] Die weiteren Teilungsstadien des frühen

---

26 Speziell die juristische Terminologie des Embryonenschutzgesetzes.

27 Vgl. *Montag/van der Ven*, Reproduktionsmedizin 4–2002, 147, 147 f.

28 Vgl. Leopoldina, Ad-hoc-Stellungnahme – PID, 2011, S. 8; *Montag/van der Ven*, Reproduktionsmedizin 4–2002, 147, 149; *Vogt*, S. 26 f.

Embryos werden wissenschaftlich im 2- bis ca. 16-Zell-Stadium als Furchungsstadien, dann als Morula und Blastozyste bezeichnet.[29]

Das Embryonenschutzgesetz kennt die Ausdrücke Zygote, Furchungsstadium, Morula und Blastozyste nicht, sondern spricht von der befruchteten Eizelle[30] und dem Embryo.[31] Befruchtete Eizelle meint dabei die unter Befruchtung stehende Eizelle[32], das Vorkernstadium.[33] Bei der befruchteten Eizelle kommt es entscheidend darauf an, dass sich die Vorkerne noch nicht vereint haben, sondern das weibliche und das männliche Erbgut noch getrennt voneinander vorliegen.[34] Den Abschluss der Befruchtung bildet nach dem Embryonenschutzgesetz die Kernverschmelzung, also die Vereinigung der beiden Vorkerne. Ab diesem Zeitpunkt gilt die befruchtete entwicklungsfähige menschliche Eizelle als Embryo (vgl. § 8 Abs. 1 ESchG).[35] Auch die einem Embryo entnommene totipotente Zelle, die sich bei Vorliegen der dafür erforderlichen weiteren Voraussetzungen zu teilen und zu einem Individuum zu entwickeln vermag, gilt nach § 8 Abs. 1 ESchG als Embryo. § 8 ESchG legt den Embryobegriff lediglich normativ für das Embryonenschutzgesetz und somit den Beginn des strafrechtlichen Schutzes fest.[36]

Im allgemeinen Sprachgebrauch wird darüber hinaus oft bereits die Zygote als Embryo bezeichnet[37] und die Befruchtung auf die Kernverschmelzung reduziert.

Diese Arbeit orientiert sich freilich an der juristischen Terminologie des Embryonenschutzgesetzes.

---

29 *Montag/van der Ven*, Reproduktionsmedizin 4–2002, 147, 148.

30 Im anglo-amerikanischen auch *Präembryo* genannt.

31 Vgl. *Vogt*, S. 27; Gesetzentwurf der Bundesregierung zum Embryonenschutzgesetz, BT-Drs. 11/5460, S. 9; *Günther*, in: Günther/Taupitz/Kaiser, § 1 Abs. 2 Rn. 1 f.

32 „Unter Befruchtung stehend" meint dabei, dass der Befruchtungsvorgang begonnen hat, aber noch nicht abgeschlossen ist.

33 Vgl. *Vogt*, S. 27; Gesetzentwurf der Bundesregierung zum Embryonenschutzgesetz, BT-Drs. 11/5460, S. 9; *Günther*, in: Günther/Taupitz/Kaiser, § 1 Abs. 2 Rn. 1 f. Das Vorkernstadium wird auch Zwei-Pronuclei-Zelle / 2-PN-Zelle genannt.

34 Vgl. *Montag/van der Ven*, Reproduktionsmedizin 4–2002, 147, 149; so auch *Vogt*, S. 27.

35 § 8 Abs. 1 ESchG lautet: „*Als Embryo im Sinne dieses Gesetzes gilt bereits die befruchtete, entwicklungsfähige menschliche Eizelle vom Zeitpunkt der Kernverschmelzung an, ferner jede einem Embryo entnommene totipotente Zelle, die sich bei Vorliegen der dafür erforderlichen weiteren Voraussetzungen zu teilen und zu einem Individuum zu entwickeln vermag.*"

36 *Taupitz*, in: Günther/Taupitz/Kaiser, § 8 Rn. 3.

37 Vgl. *Kaiser*, in: Günther/Taupitz/Kaiser, Einf. A Rn. 37.

II. Die Präimplantationsdiagnostik

Die Präimplantationsdiagnostik[38] ermöglicht es, Zellen eines außerhalb des Mutterleibs erzeugten Embryos,[39] die diesem entnommen wurden, noch vor der Übertragung auf die Frau, auf bestimmte genetische Merkmale, Erbkrankheiten oder Chromosomenstörungen zu untersuchen.[40] Auf Grundlage der gewonnenen Ergebnisse wird eine Entscheidung über den Transfer des Embryos auf die Frau getroffen. Der Begriff Präimplantationsdiagnostik umfasst dabei den gesamten Vorgang von der künstlichen Befruchtung, über die Weiterkultivierung des Embryos, die Entnahme und Untersuchung von Zellen des Embryos bis hin zur Transplantationsentscheidung und entweder dem anschließenden Embryotransfer, einer Kryokonservierung[41] oder dem Verwerfen des Embryos.[42] Der Embryo selbst wird durch eine ordnungsgemäße Zellentnahme nicht geschädigt, die entnommenen Zellen werden bei der genetischen Untersuchung allerdings zerstört.[43]

1. Anwendungsbereich / Indikationen

Grundlage jeder Präimplantationsdiagnostik ist, wie schon im Begriff selbst angelegt, immer der Zweck, eine Schwangerschaft herbeizuführen. Dabei werden mit der Präimplantationsdiagnostik allerdings immer noch weitere Interessen verfolgt. Nur zur Behandlung von Fertilitätsstörungen bedürfte es keiner Präimplantationsdiagnostik, denn die Vornahme einer einfachen In-Vitro-Fertilisation

---

38 Kurz PID, international wird die englische Abkürzung PGD (preimplantation genetic diagnosis) verwendet.

39 Der Embryo außerhalb des Mutterleibs wird als *extrakorporal* oder *in vitro* (im Reagenzglas) bezeichnet. Der Embryo im Mutterleib wird dagegen als *in vivo* oder, wenn er sich bereits in der Gebärmutter befindet, *in utero* bezeichnet.

40 Enquete-Kommission, Schlussbericht, BT-Drs. 14/9020, S. 27. Von PID wird aber auch gesprochen, wenn nach gewünschten Merkmalen, etwa dem Geschlecht, bestimmten Immunitätsmustern (Stichwort: Rettungsgeschwister) oder ähnlichem gesucht wird. So wird im Ausland die PID auch zum „*family balancing*“ eingesetzt, also um etwa nach drei Töchtern noch gezielt eine Sohn zu bekommen. Solche Zwecke der PID werden in Deutschland allerdings – zurzeit – nicht diskutiert. Das Embryonenschutzgesetz und speziell § 3a ESchG verbieten solche Zwecke (vgl. insgesamt Teil 4).

41 Dazu unter „7.“ mehr.

42 Vgl. etwa auch *Neidert*, DÄBl. 2000, 97, A 3483.

43 Leopoldina, Ad-hoc-Stellungnahme – PID, 2011, S. 14; Deutscher Ethikrat, BT-Drs. 17/5210, S. 4.

oder intrazytoplasmatischen Spermieninjektion würde ausreichen.[44] Die Präimplantationsdiagnostik dient vielmehr dem weiteren Zweck, bestimmte erwünschte oder unerwünschte genetische Merkmale, Erbkrankheiten oder Chromosomenstörungen bei dem Embryo zu erkennen bzw. auszuschließen.

Als *Indiktionen für die Anwendung der PID* kann man demnach einerseits den Verdacht auf unerwünschte genetische Merkmale, auf monogenetische Krankheitsanlagen[45] sowie auf Chromosomenstörungen und andererseits die Identifikation erwünschter genetischer Merkmale unterscheiden.[46]

a) Monogene Erbkrankheiten

Eine monogen vererbte Krankheitsanlage ist eine Mutation, die sich lediglich in einem einzelnen Gen lokalisieren lässt und die bei dem Träger zu einer genetischen Erkrankung führen kann.[47] Die Vererbung erfolgt dabei nach den mendelschen Regeln entweder rezessiv, dominant oder x-chromosomal.[48] Mutationen können dabei in jedem Gen entstehen, sodass die Anzahl monogen bedingter Erbkrankheiten sehr groß ist.[49] Die Krankheiten, die rezessiv oder x-chromosomal vererbt werden, sind in ihrer Symptomatik oft sehr schwer und führen oft bereits im Kindes- oder Jugendalter zum Tod.[50]

---

44 Dazu unter „2." mehr.

45 Auch monogene Krankheitsanlagen genannt.

46 BÄK, Memorandum PID, S. 3; Deutscher Ethikrat, BT-Drs. 17/5210, S. 5 ff. Mitunter werden noch weitere Indikationen einer PID genannt, etwa das Altersrisiko (wenn also die Frau schon „höheren Alters" ist), wenn zusätzlich Fertilitätsprobleme bestehen und ohnehin eine In-Vitro-Fertilisation (IVF) durchgeführt wird oder die angestrebte Verbesserung der Erfolgsaussichten einer IVF bei Fertilitätsstörungen ohne Krankheitsbezug, vgl. Enquete-Kommission, Schlussbericht, BT-Drs. 14/9020, S. 86 ff.

47 Deutscher Ethikrat, BT-Drs. 17/5210, S. 5; *Steinke/Rahner/Middel/Schräer*, Präimplantationsdiagnostik, S. 38 f. Monogen und monogenetisch sind synonym.

48 Deutscher Ethikrat, BT-Drs. 17/5210, S. 5 f. Der Mensch hat 23 Chromosomenpaare, dabei wird zwischen den Autosomen (Chromosomen 1 bis 22), die nicht an der Bestimmung des Geschlechts beteiligt sind, und den Gonosomen, auch Geschlechtschromosomen (Chromosomenpaar 23: X- und Y-Chromosom) genannt, unterschieden. Vgl. zur genaueren Darstellung insgesamt die Ausführungen des Deutschen Ethikrates, aaO; vgl. auch *Kollek*, S. 75 ff.

49 Deutscher Ethikrat, BT-Drs. 17/5210, S. 6: bisher sind mehrere Tausend monogene Erbkrankheiten näher charakterisiert worden.

50 Deutscher Ethikrat, BT-Drs. 17/5210, S. 6.

b) *Chromosomenstörungen*

Bei den Chromosomenstörungen gibt es numerische und strukturelle, sowie erblich und nicht erblich bedingte.[51] Bei einer numerischen Chromosomenstörung, auch Aneuploidie genannt, stimmt die Anzahl der Chromosomen nicht.[52] Für ein bestimmtes Chromosom liegen dabei im Genom nicht zwei, sondern nur eine (Monosomie) oder gleich drei Kopien (Trisomie) vor.[53] Bei strukturellen Chromosomenstörungen befinden sich bestimmte Abschnitte eines Chromosoms an anderen Orten (Translokation).[54]

Bei den numerischen Chromosomenstörungen führen alle autosomalen Monosomien und die meisten Trisomien zur Fehlgeburt.[55] Es gibt aber auch einige Trisomien (etwa die Trisomie 21, das Down-Syndrom) und auch einige gonosomale Aneuploidien (etwa das Klinefelter-Syndrom oder das Turner-Syndrom), die nicht letal verlaufen, also nicht zur Fehlgeburt führen.[56] Die überwiegende Anzahl der strukturellen Chromosomenstörungen ist letal.[57]

c) *Gewünschte genetische Merkmale*

Die Präimplantationsdiagnostik kann auch dazu genutzt werden, den Embryo vor der Implantation auf bestimmte gewünschte genetische Merkmale hin zu untersuchen.[58] Allerdings werden die meisten körperlichen und geistigen Merkmale, die in Betracht kommen könnten (etwa Körpergröße, Haar- und Augenfarbe, Intelligenz usw.) von so vielen verschiedenen Genen, Umwelteinflüssen und Lebensbedingungen beeinflusst, dass eine gezielte Auswahl unmöglich ist.[59] Nur in einfacher gelagerten Fällen ist eine positive Auswahl durchführbar.

Möglich ist etwa die Geschlechtsbestimmung des Embryos, die nicht nur dazu dienen kann, geschlechtsgebundene Krankheiten auszuschließen, sondern

---

51 Nationaler Ethikrat, S. 38; BÄK, Memorandum PID, S. 3.

52 *Kaiser*, in: Günther/Taupitz/Kaiser, Einf. A Rn. 88.

53 Deutscher Ethikrat, BT-Drs. 17/5210, S. 6; *Kaiser*, in: Günther/Taupitz/Kaiser, Einf. A Rn. 88.

54 Deutscher Ethikrat, BT-Drs. 17/5210, S. 6.

55 Deutscher Ethikrat, BT-Drs. 17/5210, S. 6.

56 Vgl. Deutscher Ethikrat, BT-Drs. 17/5210, S. 6.

57 Deutscher Ethikrat, BT-Drs. 17/5210, S. 6.

58 Anzumerken ist allerdings, dass in Deutschland als zulässige Indikationen der Präimplantationsdiagnostik lediglich die Erkennung einer schwerwiegenden Erbkrankheit oder einer schwerwiegenden Schädigung des Embryos diskutiert wurden und schließlich nach § 3a ESchG auch zugelassen sind.

59 Deutscher Ethikrat, BT-Drs. 17/5210, S. 7.

(vor allem im außereuropäischen Ausland) auch zum sogenannten *social sexing* und *family balancing* eingesetzt wird.[60] Das bedeutet, dass ohne Krankheitsbezug das Geschlecht des Embryos ausgewählt werden soll, etwa um nach drei Söhnen auch eine Tochter zu bekommen.

Möglich ist ferner eine HLA-Typisierung.[61] Dies ist eine Gewebetypisierung zum Abgleich der Immunsysteme von Spender und Empfänger bei Gewebetransplantationen.[62] Im Rahmen der Präimplantationsdiagnostik geht es darum, einen Embryo auszuwählen, der für ein erkranktes Geschwisterkind als Spender von Gewebe in Frage kommt (sog. Rettungsgeschwister).

2. Assistierte Reproduktionstechniken – IVF und ICSI

Eine Präimplantationsdiagnostik setzt zwangsläufig eine künstliche, also mittels technischer Hilfsmittel durchgeführte Befruchtung voraus.[63] Als sogenannte *assistierte Reproduktionstechniken*, d.h. als Methoden zur künstlichen Befruchtung,[64] kommen im Falle einer Präimplantationsdiagnostik die In-Vitro-Fertilisation (IVF)[65] und die intrazytoplasmatische Spermieninjektion (ICSI) in Betracht.[66] Bei beiden Methoden wird der Embryo im Reagenzglas, also extrakorporal erzeugt.[67] Zunächst müssen dazu Eizellen und Spermien gewonnen werden. Spermien werden üblicherweise durch Masturbation gewonnen.[68] Eizellen werden der Frau in der Regel durch Punktion der Eibläschen (Follikel)

---

60 Enquete-Kommission, Schlussbericht, BT-Drs. 14/9020, S. 87 f.; Deutscher Ethikrat, BT-Drs. 17/5210, S. 7.

61 Enquete-Kommission, Schlussbericht, BT-Drs. 14/9020, S. 87; *Steinke/Rahner/Middel/Schräer*, Präimplantationsdiagnostik, S. 40 f. „HLA" steht für „Humane Leukozytenantigene".
Komplexes

62 Deutscher Ethikrat, BT-Drs. 17/5210, S. 57.

63 Deutscher Ethikrat, BT-Drs. 17/5210, S. 8.

64 *Müller-Terpitz*, in: Spickhoff, ESchG § 1 Abs. 1 Nr. 2 Rn. 10.

65 Lat. für „Befruchtung im Glas".

66 Vgl. *Lanzerath*, S. 4. Beiden Methoden folgt, werden sie allein, also nicht im Rahmen einer Präimplantationsdiagnostik durchgeführt, zwingend ein Embryotransfer, also das Einbringen der befruchteten Eizelle bzw. des Embryos in die inneren weiblichen Genitalorgane, vgl. *Kaiser*, in: Günther/Taupitz/Kaiser, Einf. A Rn. 186; ausführlicher zur IVF insgesamt und zur ICSI: *Beier*, S. 22 ff., 26.

67 Vgl. BÄK, (Muster-)Richtlinie assistierte Reproduktion, DÄBl. 2006, S. A 1393 f.

68 Außerdem können Spermien aus dem Hoden und dem Nebenhoden durch Punktion gewonnen werden, vgl. *Kaiser*, in: Günther/Taupitz/Kaiser, Einf. A Rn. 189, 191; Enquete-Kommission, Schlussbericht, BT-Drs. 14/9020, S. 31 f.

entnommen.[69] Um mehrere Eizellen zu gewinnen, werden die Eierstöcke der Frau im Vorfeld hormonell stimuliert.[70] Dies führt zu einer Überproduktion von Eizellen. Dies ist insgesamt für die Frau eine sehr belastende und nicht risikolose Prozedur.[71] Bevor die Eizellen und die Spermien zusammengeführt werden, wird das Sperma noch aufbereitet.

Bei der In-Vitro-Fertilisation handelt es sich genaugenommen um eine zwar künstlich herbeigeführte, aber natürlich erfolgende Befruchtung.[72] Die Eizelle wird mit dem aufbereiteten Sperma in einem Reagenzglas zusammengebracht, wo die Samenzelle eigenständig in die Eizelle eindringt und so eine spontane natürliche Befruchtung stattfindet. Anders sieht dies bei der *intrazytoplasmatischen Spermieninjektion* aus. Bei der ICSI wird ein einzelnes Spermium unter mikroskopischer Sicht mittels eines Mikromanipulators in die vorbereitete Eizelle injiziert, um die Befruchtung herbeizuführen.[73]

Wurde die Befruchtung durch Zusammenführen der Keimzellen erst in Gang gesetzt, läuft die extrakorporale Befruchtung und frühe Entwicklung des Embryos bis zur Blastozyste genauso wie die oben beschriebene (natürliche) Befruchtung und Entwicklung in vivo ab.[74]

3. Zellentnahme

Liegt eine der vorgenannten Indikationen vor und wurde ein Embryo künstlich erzeugt, so gibt es verschiedene Verfahren bzw. Möglichkeiten, um an das „Material" für die Präimplantationsdiagnostik zu gelangen. Es besteht die Möglichkeit, bei dem extrakorporalen Embryo eine Blastomeren- oder eine

69 Vgl. dazu Deutscher Ethikrat, BT-Drs. 17/5210, S. 8; *Schneider*, S. 35; *Beier*, S. 22; *Tinneberg*, S. 113 ff.; zur Unterscheidung der verschiedenen Methoden („*laparaskopische*" oder „*sonographisch kontrollierte Follikelpunktion*") vgl. auch Enquete-Kommission, Schlussbericht, BT-Drs. 14/9020, S. 31.

70 Enquete-Kommission, Schlussbericht, BT-Drs. 14/9020, S. 30 f.

71 Vgl. zu den Risiken etwa *Feige/Gröbe*, Reproduktionsmedizin, 2002, 153 ff.; *Schneider*, S. 36 ff.; Deutscher Ethikrat, BT-Drs. 17/5210, S. 8 ff.

72 *Müller-Terpitz*, in: Spickhoff, ESchG § 1 Rn. 10; vgl. auch *Tinneberg/Michelmann/Naether*, Lexikon der Reproduktionsmedizin, Stichwort: Künstliche Befruchtung, S. 115.

73 *Kaiser*, in: Günther/Taupitz/Kaiser, Einf. A Rn. 191.; die Europäische Gesellschaft für menschliche Reproduktion und Embryologie (ESHRE) fordert die ICSI als Standardverfahren bei der Präimplantationsdiagnostik anzuwenden [Enquete-Kommission, Schlussbericht, BT-Drs. 14/9020, S. 32].

74 Ein Unterschied besteht also „lediglich" im Ort (in vitro und in vivo) und darin, dass der extrakorporale Embryo, um sich einnisten zu können, natürlich zuerst implantiert werden muss.

Blastozystenbiopsie durchzuführen. Der Begriff *Biopsie* steht für die Entnahme und Untersuchung von Gewebe aus einem lebenden Organismus, hier dem Embryo.

Die *Blastomerenbiopsie* ist die weltweit am häufigsten verwendete Methode.[75] Dabei werden dem Embryo in der Regel am dritten Tag nach der Befruchtung, er befindet sich zu diesem Zeitpunkt ungefähr im Acht-Zell-Stadium (Blastomerenstadium), ein bis zwei Zellen entnommen.[76] Zu diesem Zeitpunkt sind die Zellen des Embryos noch totipotent bzw. man kann nicht sicher ausschließen, dass die Zellen noch totipotent sind.[77] Anzumerken ist, dass dies in Deutschland problematisch ist, da die totipotente Zelle gemäß § 8 ESchG dem Embryo gleichgestellt wird und die Zelle (also der Embryo im Sinne des Embryonenschutzgesetzes) durch die Untersuchung zerstört wird.[78] Allerdings ist eine Blastomerenbiopsie nach aktuellen medizinischen Erkenntnisstand auch am vierten Tag nach der Befruchtung, also zu einem Zeitpunkt, an dem die Blastomeren sicher nicht mehr totipotent sind, möglich.[79] Eine Blastomerenbiopsie an noch totipotenten Zellen (bzw. an Zellen, bei denen die Möglichkeit der Totipotenz besteht), kann demnach umgangen werden.[80]

Bei der *Blastozysten-* oder *Trophoblastbiopsie* werden dem Embryo etwa am fünften Tag, der Embryo befindet sich mittlerweile im Blastozystenstadium,

---

75 Diese Methode wird bisher ausschließlich im Ausland und nicht in Deutschland angewandt.

76 Deutscher Ethikrat, BT-Drs. 17/5210, S. 5.

77 Deutscher Ethikrat, BT-Drs. 17/5210, S. 4.

78 Auch wenn hier im naturwissenschaftlichen Teil noch keine rechtliche Bewertung vorgenommen werden soll, ist hier ein Hinweis auf die Rechtslage angebracht; vgl. dazu genauer den 4. Teil.

79 Leopoldina, Ad-hoc-Stellungnahme – PID, 2011, S. 14. Eine Blastomerenbiopsie am vierten Tag findet somit noch vor der Kompaktierung des Morulastadiums statt. Dies ist deshalb relevant, da in dem Morulastadium, anders als in den Stadien davor und wieder danach, die Zellentnahme komplizierter ist und nicht sicher ausgeschlossen werden kann, dass auch durch eine ordnungsgemäße Zellentnahme die umliegenden Zellen geschädigt werden, da die Struktur insgesamt sehr kompakt und gefestigt ist [Leopoldina, aaO.].

80 Die pluripotente Zelle ist dem Embryo nicht nach dem Embryonenschutzgesetz gleichgestellt.

mehrere Trophoblastzellen entnommen.[81] Die in diesem Stadium entnommen Zellen sind nicht mehr toti-, sondern pluripotent.[82]

Nach dem heutigen Erkenntnisstand der Wissenschaft besteht für den Embryo durch eine der soeben genannten sachgemäß durchgeführten Biopsien weder ein Verletzungsrisiko, noch ist die Einnistung in die Gebärmutter nach dem Transfer gestört.[83]

4. Zelluntersuchung

Hat man nun eine der vorgenannten Biopsien durchgeführt, so gibt es wieder verschiedene Verfahren um die genetischen Auffälligkeiten zu ermitteln, wie etwa die *Polymerase-Kettenreaktion* (PCR) oder die *Fluoreszenz-in-situ-Hybridisierung* (FISH).[84] Für die (straf-) rechtliche Bewertung der Präimplantationsdiagnostik kommt es allerdings nicht entscheidend auf die unterschiedlichen diagnostischen Methoden an, da die embryonalen Zellen, egal ob mittels PCR oder FISH untersucht, zerstört werden. Dementsprechend wird hier nicht weiter auf diese Verfahren eingegangen.[85]

5. Kultivierung des Embryos in vitro

Damit sich der Embryo vor, während und nach der Untersuchung für die spätere Übertragung weiterentwickeln kann, muss dieser extrakorporal kultiviert werden. Dazu muss der Embryo „lediglich" geeigneten Kultivierungsbedingungen ausgesetzt werden.[86] Die Entwicklung und die Zellteilungen vollziehen sich bis zum Blastozystenstadium auf natürliche Weise ohne sonstige äußere Beeinflussung.[87] Allerdings erreichen nach derzeitigem Erkenntnisstand nur etwa 50 % der in vitro kultivierten Embryonen überhaupt das Blastozystenstadium.[88] Außerdem

81 Auch in diesem Stadium schadet die fachgerechte Zellentnahme dem Embryo nicht; vgl. insgesamt Leopoldina, Ad-hoc-Stellungnahme – PID, 2011, S. 14.

82 Deutscher Ethikrat, BT-Drs. 17/5210, S. 5.

83 BÄK, Memorandum PID, S. 3.

84 Deutscher Ethikrat, BT-Drs. 17/5210, S. 7.

85 Zur genaueren Darstellung dieser Methoden vgl. Deutscher Ethikrat, BT-Drs. 17/5210, S. 7.

86 Zur Embryokultur vgl. etwa Enquete-Kommission, Schlussbericht, BT-Drs. 14/9020, S. 32 f.

87 Vgl. *Günther*, in: Gütnher/Taupitz/Kaiser, § 2 Rn. 61.

88 Deutscher Ethikrat, BT-Drs. 17/5210, S. 5.

stirbt die Blastozyste in vitro selbst unter optimalen Kultivierungsbedingungen ohne die Nidation, also die Übertragung auf eine Frau, nach wenigen Tagen ab.[89]

6. Embryotransfer / Verwerfung des Embryos

Hat die Untersuchung der Zellen des Embryos ergeben, dass der Embryo gesund ist, so wird dieser, wenn die Frau zustimmt, auf diese übertragen.[90]

Die Transplantation des Embryos auf die Frau wird Embryotransfer (ET) genannt. Der Embryotransfer erfolgt mittels eines dünnen flexiblen Katheters durch die Scheide (den Cervikkanal) in die Gebärmutterhöhle, den Gebärmutterhals oder in die Eileiter (EIFT = embryo intra Fallopian tube transfer = intratubarer Embryotransfer), damit sich der Embryo in utero einnisten kann und eine Schwangerschaft beginnt.[91] Früher wurden pro Zyklus bis zu drei Embryonen auf eine Frau übertragen. Nach dem heutigen Stand der Wissenschaft sollten aber maximal zwei Embryonen auf die Frau übertragen werden, da die Übertragung von drei Embryonen nicht mehr als eine *lex artis*-Behandlung zu bewerten ist und das Risiko einer Drillingsgeburt, im Gegensatz zu einer Zwillingsgeburt, wohl als nicht mehr vertretbar gilt.[92]

Die Wahrscheinlichkeit, dass es nach einer In-Vitro-Fertilisation samt Embryotransfer tatsächlich zu einer Schwangerschaft kommt, die über die 20. Woche hinaus hält, liegt zwischen 15 und 20, maximal 30%.[93] Ähnlich sehen die Erfolgsaussichten nach Vornahme einer Präimplantationsdiagnostik aus.[94]

---

89 Vgl. *Göllner*, S. 45; *Böcher*, S. 98.

90 Die Transplantationsentscheidung liegt nicht beim Arzt, sondern bei der Frau, vgl. § 4 Abs. 1 Nr. 2 ESchG.

91 Enquete-Kommission, Schlussbericht, BT-Drs. 14/9020, S. 33; *Kaiser*, in: Günther/Taupitz/Kaiser, Einf. A 193.

92 *Frommel*, J. Reproduktionsmed. Endokrinol 2007, 27, 30.

93 *Schneider*, S. 38; *Kaiser*, in: Günther/Taupitz/Kaiser, Einf. A Rn. 194; Nationaler Ethikrat, S. 16 f.; *Taupitz* führt aus, dass von 100 befruchteten Eizellen es nur etwa 30 schaffen, sich zu implantieren [in: Günther/Taupitz/Kaiser, § 8 Rn. 19]. Dabei muss man sich vor Augen halten, dass die Gründe des Scheiterns einer Schwangerschaft vielfältig sein können. Es kann bereits die künstliche Befruchtung scheitern, der frühe Embryo kann sein Wachstum in jedem Entwicklungsstadium einstellen, der Nidationsversuch kann erfolgslos bleiben oder die Schwangerschaft scheitert, wie in einer Reihe von Fällen, in irgendeinem Stadium. Auch das Alter der Frau spielt eine wichtige Rolle (je älter die Frau, desto geringer die Chance einer erfolgreichen Schwangerschaft), vgl. Nationaler Ethikrat, aaO.

94 Nach Angaben des Deutschen Ethikrates, BT-Drs. 17/5210, S. 8 ff., wurde im Jahre 2009 eine Befruchtung mittels IVF oder ICSI 49.604-mal durchgeführt. In 47.379 Fällen

Führt die Untersuchung der Zellen des Embryos zu einem positiven Befund, so wird der Embryo nicht auf die Frau übertragen, sondern „verworfen". Dies kann durch das reine Nichtweiterkultivieren und Abwarten erfolgen. Wie oben bereits angesprochen, stirbt die Blastoszyste ohne Übertragung auf die Frau nach wenigen Tagen ab. Ist der Embryo abgestorben, wird er entsorgt. Der Embryo kann aber auch „sofort" entsorgt und dadurch abgetötet werden. Der Inhalt der Petrischale wird dann weggeschüttet, bevor der Embryo abgestorben ist.

7. Kryokonservierung

Die *Kryokonservierung* bezeichnet das Einfrieren des Embryos oder allgemein von Zellen oder von Gewebe in flüssigem Stickstoff bei -196°C, zum Zwecke der späteren Reaktivierung.[95]

III. Abgrenzung zu anderen Verfahren

Die *Pränataldiagnostik* (PND) ist eine medizinische Untersuchung des Ungeborenen während der Schwangerschaft, um Erkrankungen oder Schädigungen des ungeborenen Kindes erkennen zu können.[96] Die PND wird also zu einem späteren Zeitpunkt (ab der Nidation als Beginn der Schwangerschaft) als die Präimplantationsdiagnostik (vor der Nidation und damit vor Beginn einer Schwangerschaft), durchgeführt. Dabei wird zwischen der allgemeinen PND, die heutzutage fester Bestandteil der Vorsorgeuntersuchung einer Schwangerschaft ist, und einer gezielten PND unterschieden.[97] Letztere ist auf das Erkennen einer bestimmten schwerwiegenden fetalen Krankheit, für die bei den Eltern ein

---

war die Befruchtung erfolgreich, es entstanden also Embryonen, deren Transfer in 45.671 Fällen erfolgte. Daraus entstanden 13.175 klinische Schwangerschaften, was 28,8 % entspricht. Die Geburtenrate pro Embryotransfer lag nur bei etwa 19 %. Der Deutsche Ethikrat referiert außerdem, dass laut Bericht der Europäischen Gesellschaft für menschliche Reproduktion und Embryologie (ESHRE) die klinische Schwangerschaftsrate nach einer PID im Ausland im Jahre 2007 bei 32 % pro Embryotransfer (23 % pro Eizellentnahme) und die Geburtenrate 26 % pro Embryotransfer (19 % pro Eizellentnahme) beträgt, Tendenz leicht steigend. Insofern bewegen sich die Schwangerschaftsraten pro Embryotransfer nach PID in der gleichen Größenordnung wie nach IVF ohne PID [Deutscher Ethikrat, BT-Drs. 17/5210, S. 10].

95 *Kaiser*, in: Günther/Taupitz/Kaiser, Einf. A 195; Enquete-Kommission, Schlussbericht, BT-Drs. 14/9020, S. 33 ff.; vgl. auch weiterführend *Frommel*, J. Reproduktionsmed. Endokrinol 2010, 96, 100 f.

96 Nationaler Ethikrat, S. 19 f.

97 *Kaiser*, in: Günther/Taupitz/Kaiser, Einf. A Rn. 131 ff.

hohes Risiko besteht, gerichtet.[98] Außerdem muss zwischen nicht-invasiven, etwa der Ultraschalluntersuchung, und invasiven pränataldiagnostischen Methoden, beispielsweise der Fruchtwasserentnahme mittels Punktion, unterschieden werden.[99] Im Anschluss an eine PND stellt sich unter Umständen die Frage eines Schwangerschaftsabbruchs, der nach den §§ 218 ff. StGB strafrechtlich zu beurteilen ist.

Die *Polkörperdiagnostik* (*PKD*) setzt früher als die eigentliche Präimplantationsdiagnostik bzw. früher als die Blastomeren- und Blastozystenbiopsie an.[100] Auch die PKD ist ein extrakorporales Verfahren. Bei der sog. *Polkörperbiopsie* wird vor Abschluss der Befruchtung in vitro, kurz nach dem Eindringen des Spermiums in die Eizelle (Imprägnation), noch bevor die Zellkerne, also das mütterliche und das väterliche Erbgut verschmelzen, eine Biopsie der Polkörper der Eizelle durchgeführt.[101] Die Polkörper haften an der Eizelle und werden in der Regel abgebaut. Bei der Polkörperdiagnostik werden ein oder beide Polkörper der Eizelle noch vor der Kernverschmelzung entnommen und zur genetischen Diagnose verwendet.[102]

Die Polkörperdiagnostik hat den Vorteil, dass zum Zeitpunkt der Untersuchung noch kein Embryo im Sinne des Embryonenschutzgesetzes gegeben ist.

Die Diagnostik ist allerdings im Vergleich zur Blastomeren- und Blastozystenbiopsie auch nachteilig. Die Polkörperdiagnostik ist zeitlich begrenzt, da die Untersuchung, die erst nach Ausstoßung des zweiten Polkörpers beginnt, abgeschlossen sein muss, bevor die Kernverschmelzung erfolgt ist.[103] Außerdem fehlt die Möglichkeit, chromosomale Veränderungen, die erst nach der Polkörperbildung auftreten, zu diagnostizieren.[104] Zudem beschränkt sich die genetische Diagnose auf das mütterliche Genom, sodass das väterliche Erbmaterial unberücksichtigt bleibt.[105]

---

98 *Kaiser*, in: Günther/Taupitz/Kaiser, Einf. A Rn. 131 ff.

99 Nationaler Ethikrat, S. 20 ff.; *Kaiser*, in: Günther/Taupitz/Kaiser, Einf. A Rn. 139 f.

100 Auch bei der PKD handelt es sich allerdings um eine präimplantative Diagnostik; sie wird teilweise als Sonderfall der Präimplantationsdiagnostik bezeichnet, vgl. etwa Deutscher Ethikrat, BT-Drs. 17/5210, S. 3.

101 Als Polkörper bezeichnet man ein Nebenprodukt (eine Zellstruktur) der Eizelle, die im Rahmen der Meiose entsteht. Der ersten Polkörper wird kurz vor dem Einsprung gebildet, der zweite Polkörper wird kurz nach der Imprägnation ausgestoßen [Nationaler Ethikrat, S. 29 f.]. Vgl. insgesamt *Kollek*, S. 31 ff.

102 Deutscher Ethikrat, BT-Drs. 17/5210, S. 3.

103 Nationaler Ethikrat, S. 29 f.

104 Deutscher Ethikrat, BT-Drs. 17/5210, S. 5; Nationaler Ethikrat, S. 30.

105 Nationaler Ethikrat, S. 30.

Ein *präimplantatives genetisches Screening* (PGS)[106] ist eine Chromosomendiagnostik zur Erfassung von Aneuploidien.[107] Das PGS ist eine präimplantative Untersuchung die in vitro erfolgt und somit eine besondere Form der Präimplantationsdiagnostik darstellt. Von einem PGS spricht man, wenn nicht gezielt nach einer Krankheit oder Störung, sondern ohne ein bekanntes spezifisches Risiko nach chromosomalen Veränderungen beim Embryo gesucht wird, etwa weil schon mehrere Fehlgeburten vorangegangen sind oder die Mutter über 35 Jahre alt ist.[108] Das PGS wird daher vor allem in der In-vitro-Infertilitätsbehandlung durchgeführt, um die Geburtenrate zu erhöhen. Allerdings ist die Wirksamkeit der Methode umstritten.[109]

106 Auch Aneuploidie- oder Embryo-Screening genannt.
107 Deutscher Ethikrat, BT-Drs. 17/5210, S. 4 und Glossar S. 55.
108 Deutscher Ethikrat, BT-Drs. 17/5210, S. 4 f.
109 Deutscher Ethikrat, BT-Drs. 17/5210, S. 10.

3. Teil Status des menschlichen Embryos

Zunächst soll eine kurze Einführung zum *Status des menschlichen Embryos* erfolgen. Es gibt eine nahezu unüberschaubare Vielzahl von Werken zu diesem Thema mit den unterschiedlichsten Ansätzen und Zielsetzungen, die sich keineswegs nur auf juristischem Gebiet bewegen, sondern vor allem auch *interdisziplinär* sind und insbesondere ethische, philosophische und moraltheologische Überlegungen einbeziehen. Das Thema wird dementsprechend nicht nur unter der Überschrift des *verfassungsrechtlichen*, sondern auch des *moralischen Status des Embryos* diskutiert. Dabei ist allerdings zu beachten, dass ethische, philosophische und theologische Ansätze nicht ohne Weiteres als Ausdruck der geltenden Rechtsordnung ausgegeben und deckungsgleich auf das Verfassungsrecht übertragen werden können.[110] Andererseits kann man die moralische Ebene auch nicht völlig ausblenden, geht es hier doch um einen Bereich, der weniger von objektiven Kriterien, als vielmehr von den ethischen, moralischen, weltanschaulichen und religiösen Grundeinstellungen des Betrachters abhängt.[111] Hinzu kommt, dass sich im geltenden Recht die Moral einer Gesellschaft weitgehend spiegelt und die Rechtssetzung sowie die Rechtspraxis von der herrschenden Moralauffassung geprägt sind.[112]

Der dem Embryo zugesprochene Status diktiert in diesem Sinne dem Gesetzgeber die grundrechtlichen Vorgaben, die dieser bei der Regelung der Materie, die den menschlichen Embryo betrifft, zu beachten hat.

I. Verfassungsrechtlicher Status des Embryos (Art. 1 Abs. 1 Satz 1 und Art. 2 Abs. 2 Satz 1 GG)

Auf der verfassungsrechtlichen Ebene wird konkret diskutiert, ob bzw. ab wann dem pränatalen Embryo (in vivo wie in vitro) überhaupt Grundrechtsschutz zukommt (normativer Schutzbeginn), in welchem Umfang ihm dieser Schutz gegebenenfalls zukommt und ob der frühe Embryo selbst Grundrechtsträger ist.[113]

---

110 *Günther*, in Günther/Taupitz/Kaiser, Einf. B Rn. 5.

111 Vgl. *Ulsenheimer*, § 7 Rn. 358h.

112 Vgl. Deutscher Ethikrat, BT-Drs. 17/5210, S. 13.

113 *Müller-Terpitz*, in: HStR VII, § 147 Rn. 12 ff.; Deutscher Ethikrat, BT-Drs. 17/5210, S. 11 ff.; Enquete-Kommission, Zweiter Zwischenbericht, BT-Drs. 14/7546 S. 35; vgl. auch *Frommel*, KJ 2002, 11, 20 ff.; *Schneider*, S. 108; *Schneider* merkt noch an, dass eine klare Differenzierung dieser verschiedenen Aspekte oftmals nicht vorgenommen

Dabei kommt es entscheidend auf die Grundrechte aus Art. 1 Abs. 1 Satz 1 GG (Schutz der Menschenwürde) und aus Art. 2 Abs. 2 Satz 1 GG (Recht auf Leben) an.[114] Art 1 Abs. 1 GG spricht von der *„Würde des Menschen“* und Art. 2 Abs. 2 Satz 1 GG spricht davon, dass *„jeder“* das Recht auf Leben hat. Art. 1 und Art. 2 GG erfassen damit unstreitig alle geborenen Menschen.[115] Fraglich ist aber, ob der ungeborene Mensch, insbesondere der Embryo in vitro, in seinen frühsten Entwicklungsformen auch erfasst wird.[116] Dies ist normativ zu bestimmen und höchst umstritten.

Entscheidend für die Beantwortung der Frage nach dem Würde- und Lebensschutz des Embryos ist, ab welchem Zeitpunkt und in welcher Intensität man die Schutzwürdigkeit des Embryos annimmt. Im Übrigen ist das verfassungsrechtlich umstrittene Problem,[117] ob der frühe Embryo in vitro grundrechtsberechtigt oder lediglich objektiv vom Schutz der Grundrechte erfasst ist, für den hiesigen Überblick und für die grundsätzliche Frage, ob der frühe Embryo von Art. 1 und Art. 2 GG geschützt wird, sowie für die inhaltlichen Reichweite des grundrechtlichen Schutzes des Embryos, erst einmal irrelevant und kann voerst vernachlässigt werden.[118]

---

wird, was dazu führt, dass die ohnehin kaum überschaubare Anzahl von Werken noch schwerer untersucht werden kann [aaO. Fn. 401]. Anzumerken ist, dass die Grundrechte in ihrer klassischen Funktion Abwehrrechte gegen den Staat sind [BVerfGE 7, 198, 204; *Jarass*, AöR, 1985, 363, 364; *Pieroth/Schlink*, S. 21 ff.]. Allerdings haben Grundrechte auch eine objektiv-rechtliche Dimension, aus der sich eine Schutzpflicht des Staates für alle grundrechtlich geschützten Rechtsgüter ableiten lässt [BVerfGE, NJW 2000, 2658, 2659; *Jarass*, AöR 1985, 363, 364 ff.; vgl. etwa auch *Herdegen*, in: Maunz/Dürig, Art. 1 Abs. 3 Rn. 12 ff.; *Pieroth/Schlink*, S. 24 ff.].

114 Zusätzlich wird zum Teil das Recht auf Diskriminierungsschutz aus Art. 3 Abs. 3 Satz 2 GG angeführt; Deutscher Ethikrat, BT-Drs. 17/5210, S. 11 ff.

115 BVerfGE 87, 207, 228;

116 Vgl. insoweit auch *Böckenförde-Wunderlich*, S. 183 ff.; *Schneider*, S. 107 ff.; 201 ff.

117 Vgl. etwa *Kruse*, S. 96 ff.; *Schneider*, S. 92 ff.; *Rüfner*, HStR IX, § 196 Rn. 17.

118 Denn eine staatliche Schutzpflicht vermittelt zugleich ein subjektives Recht [*Schneider*, S. 97 f.]; *Böckenförde-Wunderlich* merkt noch an, dass die Frage nach der Grundrechtsträgerschaft des Embryos nur für die Frage relevant sei, ob die Rechte des Embryos gerichtlich geltend gemacht werden können [S. 184, Fn. 156; so auch *Beitz*, S. 43]. Die Frage ist darüber hinaus auch dafür relevant, ob der Staat „lediglich“ objektiv-rechtliche Schutzpflichten gegenüber dem Embryo innehat, der Staat also „nur“ zu einem adäquaten Schutzkonzept verpflichtet ist, bei dessen Umsetzung der Staat einen großzügigen gesetzlichen Ermessensspielraum hat, oder ob ein subjektives Recht auf Schutz besteht [etwa *Schneider*, aaO., S. 92 ff., 96 ff.; *Frommel*, Reproduktionsmedizin, 4–2002, 158, 169 ff.]. Vgl. insgesamt zur Grundrechtsträgerschaft des

II. Urteile des Bundesverfassungsgerichts zum Schwangerschaftsabbruch

Das Bundesverfassungsgericht hat sich in zwei viel beachteten und zum Teil scharf kritisierten Urteilen zum Schwangerschaftsabbruch mit dem Status des Embryos befassen müssen.[119] Dabei hat das Bundesverfassungsgericht aufgrund des konkreten Entscheidungsgegenstandes allerdings nur Aussagen zum Embryo in utero nach der Nidation getroffen und entschieden, dass der Embryo in vivo ab der Nidation als selbständiges Rechtsgut unter dem Schutz der Verfassung (Art. 2 Abs. 2 Satz 1 und Art. 1 Abs. 1 GG) steht.[120] Und es hat für das ungeborene Leben ab Beginn einer Schwangerschaft (ab Nidation) ausgeführt: „*Wo menschliches Leben existiert, kommt ihm auch Menschenwürde zu*".[121] Allerdings hat es auch ausgeführt, dass die Schutzpflicht ihren Grund wohl in Art. 1 Abs. 1 GG hat, aber ihr Gegenstand und ihr Maß durch Art. 2 Abs. 2 GG näher bestimmt werden.[122] Es hat dem ungeborenen Leben ab Nidation einen starken Schutz gewährt, ohne allerdings genau darzulegen, inwieweit Art. 1 Abs. 1 GG bei dem Embryo einschlägig ist, da es auf Art. 2 Abs. 2 Satz 1 GG ausgewichen ist.[123] Das Gericht hat dabei außerdem offengelassen, ob einem Embryo vor der Nidation der grundrechtliche Schutz (der Menschenwürde und des Lebens) zuteil wird. Es hat lediglich ausgeführt: „*Es bedarf keiner Entscheidung, ob, wie es Erkenntnisse der medizinischen Anthropologie nahelegen, menschliches Leben*

Embryos: *Herdegen*, in: Maunz/Dürig, Art. 1 Abs. 1 Rn. 59–79; *Steiner*, in: Spickhoff, GG Art. 1 Rn. 5 ff.; *Frommel*, aaO., 170 ff.

119 BVerfGE 39, 1 ff.; 88, 203 ff.; kritisch u.a. *Kruse*, S. 96 ff.; *Dreier*, ZRP 2002, 377, 378; *Faßbender*, NJW 2001, 2745, 2748 f.; *Merkel*, DRiZ 2002, 184, 185 ff.; *Mildenberger*, MedR 2002, 293, 297 f.

120 BVerfGE 39, 1, 36 ff.; 88, 203, 251 ff. So heißt es im ersten Leitsatz des ersten Urteils (BVerfGE 88, 203): „*Das sich im Mutterleib entwickelnde Leben steht als selbständiges Rechtsgut unter dem Schutz der Verfassung (Art. 2 II 1, Art. 1 I GG).* (…)" Und im ersten Leitsatz des zweiten Urteils (BVerfGE 39, 1): „*Das Grundgesetz verpflichtet den Staat, menschliches Leben, auch das ungeborene, zu schützen. Diese Schutzpflicht hat ihren Grund in Art. 1 I GG; ihr Gegenstand und – von ihm her – ihr Maß werden durch Art. 2 II GG näher bestimmt. Menschenwürde kommt schon dem ungeborenen menschlichen Leben zu.* (…)".

121 BVerfGE 88, 203, 251 f.

122 BVerfGE 88, 203, 251.

123 Wie stark der Schutz also genau ausfällt und ob das ungeborene Leben damit als Grundrechtsträger oder nur als von der objektiven Wertordnung des Grundgesetzes geschützt anzusehen ist, bleibt offen. Vgl. dazu *Kruse*, S. 96 ff.; *Herdegen*, JZ 2001, 773, 774; *Schneider*, S. 93, 96 ff.

bereits mit der Verschmelzung von Ei und Samenzelle entsteht."[124] Das BVerfG hat damit durchaus Aussagen getroffen, die für einen starken Schutz auch des Embryos vor der Nidation sprechen könnten. Allerdings hat er auch das Fristen- und Beratungsmodell zum Schwangerschaftsabbruch ausdrücklich gebilligt, § 218a StGB, nachdem dem Embryo vor der Nidation gar kein Schutz und nach der Einnistung auch kein absoluter Schutz gewährt wird. Aus den Entscheidungen des BVerfG lassen sich demzufolge keine eindeutigen Schlussfolgerungen für den Status des frühen Embryos vor der Nidation ziehen.

III. Ansichten in der Literatur

In der Literatur gibt es unzählige Ansätze, die die Frage nach der Schutzwürdigkeit des frühen Embryos und dem Beginn des schützenswerten menschlichen Lebens an sich stellen, um herauszufinden, ob und inwiefern dem frühen Embryo (auch dem Embryo in vitro) der Schutz der Menschenwürde aus Art. 1 Abs. 1 Satz 1 GG und das Recht auf Leben, Art. 2 Abs. 2 Satz 1 GG, zusteht.[125]

Im Wesentlichen werden zwei Grundpositionen vertreten.[126] Beiden Positionen ist gemeinsam, dass sie dem menschlichen Leben von Beginn an eine gewisse

---

124 BVerfGE 88, 203, 251.

125 Eine umfassende Wiedergabe aller Meinungen ist hier nicht möglich. Einen Überblick geben der Deutscher Ethikrat, BT-Drs. 17/5210, S. 13 ff. und die Enquete-Kommission, Zweiter Zwischenbericht, BT-Drs. 14/7546 S. 30 ff.; vgl. auch etwa *Huwe*, S. 6 ff.

126 Vgl. etwa *Böckenförde*, MedR 2000, 417 f. Von diesen beiden Grundpositionen gibt es jedoch viele Abweichungen und verschiedene Ausprägungen. Für einen vollen Würdeschutz des menschlichen Embryos ab Abschluss der Befruchtung sind etwa: *Fink*, Jura 2000, 210, 215 f.; *Brohm*, JuS 1998, 197, 203 ff.; *Böckenförde-Wunderlich*, S. 147 ff.,161 ff., 230 ff.; *Schneider*, S. 161 (für Art. 2 II 1 GG) und S. 215, 223 (Art. 1 I 1 GG); *Lehmann*, S. 38 f.; *Müller-Terpitz*, S. 131 ff., 291 ff.; *ders.*, in: HStR VII, § 147 Rn. 1, 10, 12 ff.; *Ferdinand*, S. 179 f., 188 f.; *Starck*, JZ 2002, 1065, 1065 ff., 1069 f.; *ders.*, in: Mangoldt/Klein/Starck, Bd. I, Art. 1 I, Rn. 18 ff., 44, 48, 92, 95; *Müller-Franken*, in: Schmidt-Bleibtreu/Hofmann/Hopfauf, Kommentar zum Grundgesetz, Vorb. zu Art. 1 Rn. 23 f.; *Steiner*, in: Spickhoff, GG Art. 1 Rn. 7; vgl. auch *Hillgruber*, ZfL 2011, 47 ff.; *Reimann*, ZfL 2004, 2 ff.; *Kreß*, in: Medizin an den Grenzen des Lebens, S. 172, 183 ff.; *Djie*, S. 9 ff., 42 ff., 109 ff.; **dagegen** sind unter anderem: *Herdegen*; in: Maunz/Dürig, Art. 1 Abs. 1, Rn. 59 ff.; *ders.*, JZ 2001, 773 ff., 778; *Hufen*, JZ 2004, 313, 315; *Dreier*, ZRP 2002, 377 ff., 383; *Losch*, NJW 1992, 2926, 2930; *Göllner*, S. 59; *Schmidt-Jortzig*, DÖV 2001, 925, 927 ff., 930; *Bender*, NJW 2001, 2147, 2147 f.; *Schroth*, in: Roxin/Schroth, S. 558 ff., der dem Embryo erst ab Nidation den Schutz der Menschenwürde zuspricht; *Taupitz*, in: Medizin an den Grenzen des Lebens, S. 17, 23 ff.;

Schutzwürdigkeit zusprechen.[127] Unterschiedlich wird nur beurteilt, ab wann sie menschliches Leben annehmen und in welcher Intensität die Schutzwürdigkeit ausgeprägt ist.[128] Nach der einen Ansicht kommt dem menschlichen Embryo ab dem Abschluss der Befruchtung die volle Schutzwürdigkeit und Menschenwürde zu, die auch einem erwachsenen Menschen zukommt, da bereits ab diesem Zeitpunkt ein Mensch vorhanden sei.[129] Nach der anderen Ansicht kommt dem menschlichen Embryo lediglich ein abgestufter Schutz zu.[130] Das heißt, dass die volle Schutzwürdigkeit, die dem Menschen als Subjekt und Person geschuldet ist, erst ab einem späteren, bestimmten Stadium des Menschen anzunehmen ist und dem menschlichen Embryo in seinen frühen Entwicklungsstadien ein nur gradueller Schutz zukommt.[131] Dieser Schutz beginnt nach der vorwiegend vertretenen Ausprägung dieser Ansicht ebenfalls mit der Kernverschmelzung als Abschluss der Befruchtung,[132] das Maß der Schutzwürdigkeit folgt dabei jedoch den Stufen der Entwicklung.

Der Beginn des Schutzes und der Schutzumfang sind für Art. 1 Abs. 1 Satz 1 und Art. 2 Abs. 2 Satz 1 GG jeweils gesondert zu untersuchen.

Nahezu allgemein anerkannt ist, dass das Recht auf Leben aus Art. 2 Abs. 2 Satz 1 GG jedem menschlichen Leben von Beginn an zusteht.[133] Wann menschliches Leben jedoch beginnt, ist umstritten, aber es wird überwiegend auf die

---

Koch, S. 47 ff.; *Hoerster*, JR 1995, 51, 51 ff.; *Jarass/Pieroth*, Art. 1 Rn. 9, 21, Art. 2 Rn. 82, 85, 102 f.; *Ipsen*, JZ 2001, 989, 991 ff., der davon ausgeht, dass der Embryo kein Grundrechtsträger ist, sondern nur von der Schutzpflicht des Staates erfasst wird und dass der Embryo in vivo und in vitro gleich zu behandeln sind; ähnlich *Weschka*, S. 147 ff., die dem menschlichen Embryo die Grundrechtsträgerschaft abspricht, aber dennoch von einer gewissen Schutzwürdigkeit ausgeht.

127 Deutscher Ethikrat, BT-Drs. 17/5210, S. 13.

128 Enquete-Kommission, Zweiter Zwischenbericht, BT-Drs. 14/7546 S. 34; Deutscher Ethikrat, BT-Drs. 17/5210, S. 13.

129 Deutscher Ethikrat, BT-Drs. 17/5210, S. 13 ff.; Enquete-Kommission, Zweiter Zwischenbericht, BT-Drs. 14/7546 S. 30 f.

130 Enquete-Kommission, Zweiter Zwischenbericht, BT-Drs. 14/7546 S. 31 f.

131 Enquete-Kommission, Zweiter Zwischenbericht, BT-Drs. 14/7546 S. 31 f.; Deutscher Ethikrat, BT-Drs. 17/5210, S. 13 ff.

132 Andere Ausprägungen dieser Ansicht gehen hingegen davon aus, dass die Schutzwürdigkeit erst zu einem (mitunter viel) späteren Zeitpunkt beginnt, etwa erst mit Nidation, mit Individuation, mit Ausbildung des zentralen Nervensystems, mit Beginn der Hirntätigkeit, mit extrauteriner Überlebensfähigkeit, mit Geburt oder (selten) sogar noch später [vgl. Enquete-Kommission, Zweiter Zwischenbericht, BT-Drs. 14/7546 S. 32; *Beitz*, S. 27 ff.].

133 Deutscher Ethikrat, BT-Drs. 17/5210, S. 11.

Kernverschmelzung als Abschluss der Befruchtung abgestellt.[134] Dies soll wohl auch für den Embryo in vitro gelten.[135] In welchem Umfang das Recht auf Leben dem Embryo ab Kernverschmelzung zukommt, ist, wie schon gesagt, wiederum umstritten. Zu beachten ist dabei allerdings, dass, unabhängig vom gewährten Schutzumfang, das Recht auf Leben nicht unbeschränkt gewährleistet wird, sondern gemäß Art. 2 Abs. 2 Satz 3 GG durch Gesetz eingeschränkt werden kann.[136] Ein Eingriff in Art. 2 Absatz 2 Satz 1 GG kann somit gerechtfertigt sein, wenn eine Abwägung ergibt, dass andere hochrangige Rechtsgüter dem Recht auf Leben vorgehen, also der Schutz anderer Rechtsgüter einen Eingriff erlaubt.[137] Der gewährte Schutzumfang beeinflusst allerdings das Ergebnis der Abwägung im Einzelfall.

Höchst umstritten und demnach zentraler Streitpunkt des verfassungsrechtlichen Status des Embryos ist, ob und inwieweit der Embryo dem Schutz der Menschenwürde aus Art. 1 Abs. 1 Satz 1 GG unterfällt.[138] Die Menschenwürde ist, im Gegensatz zu dem Recht auf Leben, einer Abwägung mit anderen Rechtsgütern

---

134 Deutscher Ethikrat, BT-Drs. 17/5210, S. 11.

135 *Frommel*, die darauf abstellt, dass dies eine überzeugende Mehrheit annimmt, aber durchaus auch gute Gründe dafür sprechen, den Embryo in vitro erst ab Nidation zu schützen oder bereits im Vorkernstadium eine zu schützende Position anzunehmen, Reproduktionsmedizin, 4–2002, 158, 169 f.

136 Solche Gesetze sind etwa §§ 218 ff. StGB oder insgesamt das ESchG und neuerdings insbesondere § 3a ESchG.

137 Als solche Rechtsgüter kommen im Falle einer Präimplantationsdiagnostik die Menschenwürde der Mutter (Art. 1 Abs. 1 GG), das Recht auf Leben und körperliche Unversehrtheit der Mutter (Art. 2 Abs. 2 Satz 1. GG) sowie das allgemeine Persönlichkeitsrecht der Mutter (Art. 2 Abs. 1 GG) und in anderen Bereichen noch die Freiheit der Wissenschaft und Forschung (Art. 5 Abs. 3 Satz 1 GG) in Betracht; Deutscher Ethikrat, BT-Drs. 17/5210, S. 11 f.

138 Vgl. für viele *Herdegen*, JZ 2001, 773, 774 f., m.w.N. in Fn. 10; *Huwe*, S. 6 ff. Bei Art. 1 Abs. 1 GG ist zusätzlich umstritten, ob es sich dabei überhaupt um ein Grundrecht, also ein subjektives Recht, oder „nur" um ein objektives Verfassungsprinzip handelt. Das BVerfG und die h.M. gehen davon aus, dass Art. 1 Abs. 1 GG ein echtes Grundrecht ist [vgl. etwa BVerfGE 1, 332, 343; 12, 113, 123; 15, 283, 286; 109, 133, 149 f.; für viele *Herdegen*, in: Maunz/Dürig, Art. 1 Abs. 1 Rn. 29 m.w.N. in Fn. 6]. Herdegen führt dementsprechend aus: „*Das Meinungsbild reicht von der strengen Negierung einer eigenen Würdehaftigkeit vorgeburtlichen Lebens über einen gestuften, entwicklungsabhängigen Würdeschutz im pränidativen Stadium bis hin zu einem abwägungsfreien Würdeanspruch aller Formen menschlichen Lebens.*"; in: Maunz/Dürig, Art. 1 Abs. 1 Rn. 60.

nicht zugänglich, sie ist „unantastbar".[139] Dabei ist insbesondere umstritten, was „*Mensch*" im Sinne des Art. 1 Abs. 1 Satz 1 GG bedeutet. Fraglich ist, ob jegliches menschliches Leben schon *Mensch* im Sinne von Art. 1 Abs. 1 Satz 1 GG ist, ob also der Beginn des menschlichen Lebens entsprechend Art. 2 Abs. 2 Satz 1 GG auch den Beginn des Würdeschutzes umschreibt oder ob weitere Voraussetzungen erfüllt sein müssen, um als Mensch im Sinne von Art. 1 Abs. 1 Satz 1 GG zu gelten. Im Anschluss daran stellt sich die Frage, ob die Menschenwürde abgestuft, also etwa bei dem frühen Embryo vor Nidation in einem geringeren Maße als bei einem Embryo nach Nidation oder einem geborenen Menschen, vorhanden sein kann. Außerdem stellt sich bei all dem noch die für die Präimplantationsdiagnostik relevante Frage, ob der Embryo in vitro genauso geschützt wird wie der Embryo in utero.

Die oben bereits erwähnte erste Ansicht geht davon aus, dass ab der Kernverschmelzung menschliches Leben entsteht, dem von Beginn an auch der volle Schutz der Menschenwürde zukommt. Für diese Ansicht wird insbesondere angeführt, dass *das menschliche Leben* und *die Würde des Menschen* nicht voneinander getrennt werden können, da der Embryo sich nicht *zum Menschen*, sondern *als Mensch* entwickle und somit aufgrund seines Menschseins als Mensch (im Sinne von Art. 1 Abs. 1 Satz 1 GG) anerkannt werden müsse.[140] Zur Begründung dieser Ansicht werden die sogenannten SKIP-Argumente (Spezies-, Kontinuums-, Identitäts- und Potentialitätsargument) vorgebracht.[141] Nach dem Speziesargument ist allein die biologische Zugehörigkeit des Embryos zur Art Mensch ausschlaggebend. Die Menschenwürde umfasst danach den Embryo schlicht aufgrund seines Menschseins.[142] Das Kontinuitätsargument verweist darauf, dass sich der Embryo von der Kernverschmelzung an nicht zum Menschen, sondern als Mensch entwickelt. Die Entwicklung des Menschen verlaufe ab Abschluss der Befruchtung kontinuierlich, also ohne zeitlich klar definierbare Einschnitte, die eine qualitative Änderung des Status des Embryos begründen könnten.[143] Das Identitätsargument stellt darauf ab, dass der frühe Embryo und der spätere erwachsene Mensch identisch sind

139 Deutscher Ethikrat, BT-Drs. 17/5210, S. 12.

140 Etwa *Hillgruber*, ZfL 2011, 47, 48 ff.; *ders.*, JZ 1997, 975; vgl. auch *Böckenförde-Wunderlich*, S. 164 ff.

141 Vgl. Deutscher Ethikrat, BT-Drs. 17/5210, S. 13 f.; vgl. auch *Lungstras*, NJ 2010, 485, 487 ff.

142 Vgl. Deutscher Ethikrat, BT-Drs. 17/5210, S. 14.

143 Deutscher Ethikrat, BT-Drs. 17/5210, S. 14.

und demnach eine moralische Identitätsbeziehung zwischen ihnen bestehe.[144] Schließlich bestehe ab der Kernverschmelzung die Potenz des Embryos, sich zu einem erwachsenen Menschen zu entwickeln und menschliche Fähigkeiten auszubilden (Potentialitätsargument).

Die zweite oben bereits erwähnte Grundposition (abgestuftes Schutzkonzept) geht hingegen davon aus, dass der biologische Beginn des menschlichen Lebens nicht mit dem Beginn des vollen Würdeschutzes gleichzusetzen sei, sondern dem Embryo erst ab einem späteren Zeitpunkt seiner Entwicklung (als der Kernverschmelzung) der volle Schutz der Menschenwürde zuteil wird.[145] Zuvor sei der Embryo aber nicht schutzlos gestellt, sondern es komme ihm ein abgestufter Schutz zu, da es sich auch nach dieser Ansicht bereits um schützenswertes artspezifisches menschliches Leben handele.[146] Das Recht auf Leben und die Würde des Menschen sei danach keinesfalls stets kongruent.[147] Für die Begründung der Menschenwürde reicht nach dieser Ansicht nicht das Bestehen des artspezifischen menschlichen Lebens an sich, sondern es komme auf das individualspezifische Leben an, denn erst dieses individuelle menschliche Lebewesen habe einen Wert, aus dem sich ein Schutzanspruch um seiner selbst willen ergibt.[148] Würde man nur auf das Bestehen des reinen genetischen Erbprogramms abstellen, so würde man alle weiteren Faktoren, die die menschliche Entwicklung und den Menschen an sich ausmachen, unbeachtet lassen.[149] Zu der Frage, ab wann der Embryo den vollen Schutzumfang von Art. 1 Abs. 1 Satz 1 GG genießt, gibt es verschiedene Vorschläge. Als wichtige oder entscheidende Stufen der Embryonalentwicklung werden die Nidation, die Individuation (Ausschluss der Zwillingsbildung), die Ausbildung des zentralen Nervensystems, der Beginn der Hirntätigkeit, die extrauterine Überlebensfähigkeit oder die Geburt genannt.[150]

Gegen den Zeitpunkt der Kernverschmelzung als einzig entscheidende Entwicklungsstufe spricht nach dieser Ansicht, dass beispielsweise die genetische Ausstattung des Embryos bereits einige Stunden vorher im Vorkernstadium

---

144 Deutscher Ethikrat, BT-Drs. 17/5210, S. 14.

145 Vgl. etwa *Schmidt-Jortzig*, DÖV 2001, 925, 929 f.

146 Vgl. Deutscher Ethikrat, BT-Drs. 17/5210, S. 18.

147 *Di Fabio*, in: Maunz/Dürig, Art. 2 Abs. 2 Satz 1 Rn. 14.

148 Deutscher Ethikrat, BT-Drs. 17/5210, S. 17.

149 So auch *Schmidt-Jortzig*, DÖV 2001, 925,928 ff., 930, „*»Mensch« im Sinne des Art. 1 Abs. 1 GG ist in toto eben mehr als die Summe seiner Gene, mehr auch als ein totipotenter Zellverband*".

150 Vgl. Enquete-Kommission, Zweiter Zwischenbericht, BT-Drs. 14/7546 S. 32; Deutscher Ethikrat, BT-Drs. 17/5210, S. 17; *Beitz*, S. 27 ff.

festgelegt wird.[151] Auch besitzt bereits die imprägnierte Eizelle die gleiche, von der ersten Ansicht oben beschriebene Potentialität, sodass der Anspruch der ersten Ansicht, die Kernverschmelzung sei der einzig und exklusiv entscheidende Moment, nicht nachvollziehbar sei. Vielmehr gebe es verschiedene wichtige Entwicklungsstufen, an denen sich der stetig steigende Schutz orientiert. Außerdem stehe für den Embryo in vitro die Potenzialität als Argument an sich in Frage, da der extrakorporale Embryo (oder das extrakorporale Vorkernstadium) ohne die Übertragung auf eine Frau durch den Arzt aus sich heraus kein Entwicklungspotenzial aufweist.[152] Weiterhin besteht erst ab dem Ausschluss einer möglichen Zwillingsbildung individuelles, einzigartiges Leben eines bestimmten Embryos.[153]

Für einen abgestuften Schutz des frühen Embryos wird zusätzlich der ansonsten bestehende unüberwindbare Widerspruch zur Pränataldiagnostik und zu den Regelungen des Abtreibungsrechts (§§ 218 ff. StGB) angeführt.[154] Ein Schwangerschaftsabbruch nach erfolgter Pränataldiagnostik ist straflos bzw. zulässig und weit verbreitet. Vor der Nidation ist der Embryo in vivo überhaupt nicht geschützt.[155] Es wäre unter Gesichtspunkten der Wertungskonsistenz insoweit widersprüchlich, eine nach medizinischem Fortschritt mögliche Diagnostik zu einem früheren Zeitpunkt unter Strafandrohung zu verbieten, während sie in einem späteren Entwicklungsstadium des Embryos nach der Übertragung

---

151 Deutscher Ethikrat, BT-Drs. 17/5210, S. 17 f.; deshalb sei nicht nachzuvollziehen, warum gerade auf die Kernverschmelzung und nicht auf die Vorkernbildung als entscheidende Entwicklungsstufe abgestellt wird.

152 Deutscher Ethikrat, BT-Drs. 17/5210, S. 18; denn ohne die Transplantation auf eine Frau stirbt der Embryo in vitro selbst bei optimalen Bedingungen bereits nach wenigen Tagen ab.

153 Deutscher Ethikrat, BT-Drs. 17/5210, S. 18.

154 Vgl. etwa *Ipsen*, JZ 2001, 989, 995. Nach § 218 Abs. 1 Satz 2 StGB ist der Embryo in utero vor der Nidation gar nicht geschützt und auch nach der Nidation kann der Embryo in den ersten 12 Wochen nach Beratung ohne Grund, bzw. nach den Indikationen des § 218a Abs. 2 und 3 StGB sogar bis zum Einsetzen der Eröffnungswehen (sogenannter Spätabbruch) abgetrieben werden.

155 Vgl. § 218 Abs. 1 Satz 2 StGB.

zulässig wäre.[156] Aufgrund der gebotenen Wertungskonsistenz, so die weitere Argumentation, sind der Embryo in vivo und in vitro gleich zu behandeln.[157]

IV. Anmerkungen zum Status des Embryos, Zur Präimplantationsdiagnostik und der Menschenwürde

Zusammenfassend lässt sich festhalten, dass ein Einvernehmen zwischen den Vertretern der beiden Lager nicht herzustellen und der verfassungsrechtliche Status des Embryos in vitro insgesamt nicht streitfrei zu bestimmen ist.[158]

Unabhängig von dem Streit, ab wann und in welcher Intensität der frühe Embryo vom Schutz der Menschenwürde umfasst ist, stellt sich jedoch die Frage, ob die Präimplantationsdiagnostik überhaupt einen Eingriff in die Menschenwürde aus Art. 1 Abs. 1 Satz 1 GG darstellt.[159] Ein Eingriff in die Menschwürde wäre, da diese unantastbar ist, stets verfassungswidrig.

Bei der Präimplantationsdiagnostik werden kranke Embryonen verworfen. Dies ist ein Eingriff in das Recht auf Leben aus Art. 2 Abs. 2 Satz 1 GG.[160] Fraglich ist, ob dies darüber hinaus auch eine Verletzung der Menschenwürde darstellt. Es gibt Stimmen, die meinen, dass ein Eingriff in das Recht auf Leben gleichbedeutend mit einem Eingriff in Art. 1 Abs. 1 Satz 1 GG sei, da das Leben die *„vitale Basis der Menschenwürde“*[161] sei. In das Recht auf Leben kann allerdings, anders als bei Art. 1 Abs. 1 Satz 1 GG, gemäß Art. 2 Abs. 2 Satz 3 GG, aufgrund eines

---

156 *Ipsen*, JZ 2001, 989, 995. Vertreter des vollen Würdeschutzes des Embryos ab Kernverschmelzung wenden gegen dieses Argument ein, dass man nicht vom einfachen Recht auf das Verfassungsrecht schließen dürfe. Dagegen lässt sich allerdings vorbringen, dass das BVerfG in seinen beiden Urteilen zum Schwangerschaftsabbruch das Fristen- und Beratungsmodell ausdrücklich als verfassungskonform bestätigt hat. Außerdem wird eingewandt, dass zwischen der Situation einer Pränatal- und der einer Präimplantationsdiagnostik ein wesentlicher Unterschied bestehe, weil bei letzterer der Konflikt, der zu einem Schwangerschaftsabbruch führe, noch nicht vorhanden sei. Dem wird entgegengehalten, dass die beiden Situationen durchaus ähnlich seien und der Konflikt im Fall der PID nur antizipiert sei [zusammenfassend und m.w.N. *Huwe*, S. 17 ff.].

157 *Ipsen*, JZ 2001, 989, 993 f.

158 Deutscher Ethikrat, BT-Drs. 17/5210, S. 13; Enquete-Kommission, Zweiter Zwischenbericht, BT-Drs. 14/7546 S. 34.

159 Auch hier soll nur ein kurzer Problemaufriss erfolgen, da die Arbeit keine verfassungsrechtliche Bewertung der Präimplantationsdiagnostik vornehmen will, sondern eine strafrechtliche.

160 A.A. *Hörnle*, GA 2002, 659, 661 ff.

161 BVerfGE 39, 1, 42.

Gesetzes, gerechtfertigt eingegriffen werden. Diese Einschränkungsmöglichkeit würde leer laufen, wenn sie über den Weg einer dann immer zugleich bestehenden Würdeverletzung doch untersagt wäre. So hat auch das BVerfG ausgeführt, dass der Schutz des Lebens nicht in dem Sinne geboten ist, dass dieses gegenüber jedem anderen Rechtsgut ausnahmslos Vorrang genösse.[162] Das Gericht hat damit klargestellt, dass ein Eingriff in Art. 2 Abs. 2 Satz 1 GG nicht gleichbedeutend mit einem Eingriff und damit einer Verletzung des Art. 1 Abs. 1 Satz 1 GG ist.[163]

Ein Eingriff in das Recht auf Leben ist daher immer zunächst an Art. 2 Abs. 2 Satz 1 GG zu messen und nur unter besonderen weiteren Umständen zusätzlich an Art. 1 Abs. 1 Satz 1 GG.[164] Die Würde des Menschen wird nur verletzt, wenn besondere Unwertelemente hinzukommen, die insbesondere in der Finalität der jeweiligen Verletzungshandlung liegen können, und der Mensch dadurch zum Objekt fremdnütziger Zwecke gemacht und auf diesem Weg instrumentalisiert wird (sog. Objektformel).[165] Soll die Präimplantationsdiagnostik zur Aufklärung von schwerwiegenden Krankheiten oder Schädigungen des Embryos durchgeführt werden, um einem Paar, das eine genetische Vorbelastung aufweist, zu ermöglichen, einen gesunden Embryo für die Herbeiführung einer Schwangerschaft zu erhalten,[166] so lässt sich durchaus gut vertreten, dass der Embryo dadurch nicht zum Objekt fremdnütziger Zwecke gemacht und nicht instrumentalisiert, sondern ein Zweck am Embryo selbst, nämlich der Zweck guter Gesundheit des Embryos, verfolgt wird.[167] In diesen Fällen kann man vertreten, dass eine Präimplantationsdiagnostik nicht die Menschenwürde verletzt, sodass

---

162 BVerfGE 88, 203, 253 ff.

163 So auch für viele *Frommel*, Reproduktionsmedizin, 4–2002, 158, 174; *Böckenförde-Wunderlich*, S. 160 f.; *Herdegen*, JZ 2001, 773, 775.

164 *Böckenförde-Wunderlich*, S. 161.; *Herdegen*, JZ 2001, 773, 775.

165 *Herdegen*, JZ 2001, 773, 775; *ders.*, in: Maunz/Dürig, Art. 1 Abs. 1 Rn. 36.

166 So etwa der zulässige Fall einer Präimplantationsdiagnostik nach dem neu in das Embryonenschutzgesetz eingefügte § 3a Abs. 2 ESchG (siehe unter *Teil 6*).

167 Dies gilt auch, wenn in der Konsequenz daraus ein kranker Embryo verworfen wird; so auch der BGH im Urteil v. 6.7.2010, 5 StR 386/09, Rn. 35; *Steiner*, in: Spickhoff, GG Art. 1 Rn. 7; ähnlich *Hofmann*, in: Schmidt-Bleibtreu/Hofmann/Hopfauf, Kommentar zum Grundgesetz, Art. 1 Rn. 21 ff., 27, 28 ff.; *Di Fabio*, in: Maunz/Dürig, Art. 2 Abs. 2 Satz 1 Rn. 30 f.; *Herdegen* weist deshalb darauf hin, dass das Problem der Menschenwürde des Embryos in vitro – entgegen der Vielzahl von Publikationen –für die Präimplantationsdiagnostik von untergeordneter Bedeutung ist [JZ 2001, 773, 776 f.]; a.A. für viele etwa *Schneider*, S. 215, 223. Anders ist die Präimplantationsdiagnostik freilich zu bewerten, wenn beispielsweise ein „Designer-Baby“ erzeugt werden soll, also die Eltern etwa – ohne jeglichen Krankheitsbezug – ein blondes

deren Durchführung auch möglich wäre, wenn dem frühen Embryo ab Kernverschmelzung der volle Schutz der Menschenwürde zukäme. Der Gesetzgeber muss, da er mit § 3a ESchG die Präimplantationsdiagnostik in den vorgenannten Grenzen zugelassen hat, entweder ebenfalls davon ausgegangen sein, dass die Menschenwürde nicht berührt wird, oder er muss dem Embryo in vitro den absoluten Schutz der Menschenwürde abgesprochen haben. Die Präimplantationsdiagnostik ist dann, wenn eine Verletzung der Menschenwürde ausscheidet, nur an Art. 2 Abs. 2 Satz 1 GG zu messen, in den, unabhängig vom Umfang und etwaigen Abstufungen des gewährten Schutzes, aufgrund eines Gesetzes gerechtfertigt eingegriffen werden kann (Art. 2 Abs. 2 Satz 3 GG). Mit dem Embryonenschutzgesetz (und nunmehr speziell § 3a ESchG) gibt es ein solches Gesetz.

---

blauäugiges Mädchen wünschen. So auch *Herdegen*, in: Maunz/Dürig, Art. 1 Abs. 1 Rn. 113; *Di Fabio*, aaO., Rn. 31.

4. Teil Strafbarkeit der Präimplantationsdiagnostik nach dem ESchG – ohne Berücksichtigung von § 3a ESchG[168]

Will man die Präimplantationsdiagnostik strafrechtlich bewerten, so muss man sich näher mit dem Gesetz zum Schutz von Embryonen auseinandersetzen.[169] Zu beachten ist dabei, dass die Präimplantationsdiagnostik in der ursprünglichen Fassung des Embryonenschutzgesetzes aus dem Jahr 1991 nicht ausdrücklich geregelt war.[170] Nur beiläufig wird im Gesetzentwurf zum Embryonenschutzgesetz unter der Begründung zu „§ 6 – Klonen" erwähnt, dass wegen der damals nicht abzusehenden und befürchteten Risiken und Gefahren einer Biopsie für den Embryo „*derzeit kein Anlaß, Ausnahmen von dem strafrechtlichen Verbot – etwa für eine Präimplantationsdiagnostik – in Erwägung zu ziehen*" [171] bestehe. Zum Zeitpunkt des Gesetzgebungsverfahrens und des Inkrafttretens des Embryonenschutzgesetzes[172] wurde die Präimplantationsdiagnostik erst allmählich im Ausland entwickelt und in Deutschland noch gar nicht durchgeführt. Zur damaligen Zeit war die Vornahme einer Präimplantationsdiagnostik nur an totipotenten Zellen des Embryos möglich, mit der Folge, dass der Gesetzgeber eine Blastomeren- oder Blastozystenbiopsie an pluripotenten Zellen gar nicht vor

---

168 § 3a ESchG wird bei der Bearbeitung im Rahmen des 4. Teils der Arbeit nicht berücksichtigt, sondern gesondert in Teil 6 behandelt.

169 Das Strafgesetzbuch schützt das ungeborene Leben in seinen §§ 218 ff. erst ab der Nidation (in utero) und erfasst somit nicht den Embryo in vitro. Das Gendiagnostikgesetz gilt ausdrücklich nur „*für genetische Untersuchungen* (…) *während der Schwangerschaft*" (§ 2 Abs. 1 GenDG), erfasst die Präimplantationsdiagnostik also ausdrücklich nicht. Das Stammzellgesetz will die Gewinnung, den Import und die Verwendung von embryonalen Stammzellzellen zu Forschungszwecken regeln, die Präimplantationsdiagnostik zielt hingegen nicht auf die Gewinnung von embryonalen Stammzellen, sondern auf die Herbeiführung einer Schwangerschaft ab.

170 Vgl. für viele *Duttge*, in GA 2002, 241, 244.

171 Gesetzentwurf der Bundesregierung zum Embryonenschutzgesetz, BT-Drs. 11/5460, S. 11 f.

172 Das Embryonenschutzgesetz ist vom 13. Dezember 1990 und am 1. Januar 1991 in Kraft getreten.

Augen hatte.[173] Eine Präimplantationsdiagnostik war damals noch nicht mit den heutigen Mitteln und Möglichkeiten möglich.

Nach einem Grundsatzurteil des Bundesgerichtshofs vom 6. Juli 2010[174] zur Präimplantationsdiagnostik hat der Gesetzgeber mittlerweile § 3a ins Embryonenschutzgesetz eingefügt, der die Präimplantationsdiagnostik regelt.[175] Gleichwohl ist zunächst zu untersuchen, ob die Präimplantationsdiagnostik auch schon einen der älteren Tatbestände erfüllt, da dies bereits lange umstritten und Gegenstand der Entscheidung des Bundesgerichtshofs war und die älteren Tatbestände nach wie vor Geltung beanspruchen und Auswirkungen auf § 3a ESchG haben können.[176]

Eine angemessene Bewertung der Präimplantationsdiagnostik nach den *alten* Vorschriften des Embryonenschutzgesetzes erfordert eine genaue Würdigung und Auslegung des Embryonenschutzgesetzes unter Beachtung der neueren Entwicklungen und Möglichkeiten der Humangenetik und Fortpflanzungsmedizin.[177]

Um eine angemessene Auslegung und damit das richtige Verständnis der Normen zu ermöglichen, ist es zudem wichtig, das ESchG in seiner Gesamtheit

---

173 Vgl. dazu Unterrichtung durch die Bundesregierung, Kabinettsbericht zur künstlichen Befruchtung beim Menschen, BT-Drs. 11/1856, S. 7 f.; Gesetzentwurf der Bundesregierung zum Embryonenschutzgesetz, BT-Drs. 11/5460, S. 11 f.; BGH, Urt. v. 06.07.2010, 5 StR 386/09, Rz. 22, 35; *Kaiser*, in: Günther/Taupitz/Kaiser, Einf A Rn. 197; *Böckenförde-Wunderlich*, S. 128.

174 5 StR 386/09; dazu näher unten unter „5. Teil".

175 § 3a ESchG (nichtamtliche Überschrift: Präimplantationsdiagnostik) ist am 8. Dezember 2011 in Kraft getreten; dazu näher unten unter „6. Teil § 3a ESchG – Präimplantationsdiagnostik".

176 So stellt sich für den Fall, dass durch eine Handlung mehrere Vorschriften des Embryonenschutzgesetzes verletzt sind, die Frage nach dem Konkurrenzverhältnis. Die Bewertung der Strafbarkeit der Präimplantationsdiagnostik nach § 3a ESchG erfolgt gesondert im 6. Teil der Arbeit.

177 Der Gang der folgenden Untersuchung orientiert sich an dem Verlauf der Präimplantationsdiagnostik, die mehrere Handlungen umfasst, die potentiell gegen das Embryonenschutzgesetz verstoßen könnten. Bei der Präimplantationsdiagnostik werden als mögliche Tathandlungen einem *durch In-Vitro-Fertilisation erzeugtem*, in vitro weiter *kultiviertem* Embryo eine oder zwei Zellen *entnommen*, dann werden diese Zellen *untersucht*, durch die Untersuchung *verbraucht* und schließlich wird je nach Befund der Restembryo *übertragen* oder *verworfen*. Außerdem kann es infolge von unvorhergesehenen Komplikationen bei der Frau, die eine Übertragung des Embryos zu diesem Zeitpunkt unmöglich machen, zur *Kryokonservierung* des Embryos kommen. (Vgl. dazu insgesamt den „2. Teil: Medizinische Grundlagen".

zu erfassen. Dementsprechend folgt eine kurze Einleitung zu den Ziel- und Schutzrichtungen des ESchG.

I. Das Embryonenschutzgesetz

Das Gesetz zum Schutz von Embryonen vom 13. Dezember 1990[178] ist am 1. Januar 1991 in Kraft getreten.[179] Der Gesetzgeber musste auf die Risiken und Gefahren, die durch die neuen technischen Möglichkeiten zur extrakorporalen Befruchtung, die Fortschritte in der Humangenetik und das Zusammenwirken der beiden Felder entstanden waren und in der Geburt des ersten extrakorporal gezeugten Kindes im Jahre 1978 in England, *Louise Brown*, fassbar wurden, reagieren.[180] So wurde es möglich, auf extrakorporal erzeugte Embryonen, als Objekte medizinischer und wissenschaftlicher Tätigkeit, unmittelbar zuzugreifen.[181] Entscheidendes Ziel des Gesetzes ist es laut Gesetzentwurf vom 25. Oktober 1989, jeder Manipulierung menschlichen Lebens durch neue Fortpflanzungstechniken bereits im Vorfeld zu begegnen.[182] Dazu sollen die Grenzen der Anwendung von In-Vitro-Fertilisation und Gentechnologie beim Menschen rechtlich festgelegt werden, wobei strafrechtliche Verbote nur dort vorgesehen sind, wo sie unter Berücksichtigung der Wertentscheidungen der Verfassung zum Schutz besonders hochrangiger Rechtsgüter unverzichtbar erscheinen.[183]

Nach *Taupitz* steht daher auch nicht der Schutz des Embryos im Mittelpunkt des Embryonenschutzgesetzes, sondern vielmehr die Verhinderung von Missbräuchen im Bereich der Reproduktionsmedizin und Humangenetik, was sich durch den Schutz eher „vor" Embryonen in einigen Bestimmungen zeige.[184]

Der Gesetzgeber von damals musste dabei weitreichende Entscheidungen in einem grundrechtssensiblen Bereich treffen, dabei kollidierende Verfassungswerte

---

178 BGBl. I, 2746.

179 Und wurde durch Art. 22 des Gesetzes vom 23. Oktober 2001 geändert (BGBl. I, 2702).

180 *Keller*, in: Lenckner FS, S. 480 ff.; *Günther* in: Günther/Taupitz/Kaiser, Vor § 1 Rn. 1; Taupitz, in: Günther/Taupitz/Kaiser, Einf. B Rn. 3; vgl. insgesamt auch den Bericht der sog. Benda-Kommission, auf dem das Embryonenschutzgesetz größtenteils basiert (BMFT In-Virto-Fertilisation).

181 Günther/*Taupitz*/Kaiser, Einf. B Rn. 1. Die Präimplantationsdiagnostik stellt dabei einen Schnittpunkt zwischen Humangenetik und Fortpflanzungsmedizin dar [*Winter*, S. 48 Rn. 105].

182 BT-Drs. 11/5460, S. 1, 6 A. I.

183 BT-Drs. 11/5460, S. 1, 6 A. II, III, 7 A. V.

184 *Taupitz*, in: Günther/Taupitz/Kaiser, Einf B Rn. 20 f.

gegeneinander abwägen und dies, ohne dass sich damals abschätzen lies, wie und vor allem wie schnell sich die In-Vitro-Fertilisation und die Gentechnologie weiterentwickeln würden.[185]

Zum Zeitpunkt des Erlasses des Embryonenschutzgesetzes fehlte dem Bund die Kompetenz gemäß Art. 74 GG[186] für den Bereich der Fortpflanzungsmedizin.[187] Für den Bereich des Strafrechts lag (und liegt) die Gesetzgebungskompetenz hingegen beim Bund (Art. 74 Abs. 1 Nr. 1 GG). Das Embryonenschutzgesetz ist demnach als strafrechtliches Nebengesetz konzipiert.[188] Es regelt, wie für das gesamte Strafrecht charakteristisch, die Materie nur fragmentarisch und trägt damit dem ultima-ratio-Prinzip des Strafrechts Rechnung. Für das Embryonenschutzgesetz gelten gemäß Art. 1 Abs. 1 EGStGB ergänzend die Vorschriften und Grundsätze des Allgemeinen Teils des Strafgesetzbuches sowie nach § 2 OWiG die allgemeinen Bestimmungen des OWiG (für § 12 ESchG).[189] Das Embryonenschutzgesetz enthält demgegenüber spezielle Verbotsmaterien.

Das ESchG verfolgt mehrere Zwecke im Zusammenhang mit der extrakorporalen Erzeugung menschlichen Lebens. Es will dabei einerseits Missbräuche im Zusammenhang mit der künstlichen extrakorporalen Befruchtung und andererseits Missbräuche des erzeugten Embryos in vitro verhindern.[190] Der Gesetzgeber habe dabei, so der Gesetzentwurf, vor allem der Wertentscheidung des Grundgesetzes zugunsten der Menschenwürde und des Lebens, zugleich aber auch der Freiheit der Forschung als einer der Voraussetzungen jeder freiheitlichen Grundordnung, Rechnung zu tragen.[191] Das Embryonenschutzgesetz geht davon aus, dass bereits mit Abschluss der Befruchtung, d.h. mit der Kernverschmelzung innerhalb der befruchteten Eizelle, menschliches Leben entsteht.[192] Es gewährt menschlichen Embryonen einen starken Schutz vor ihrer Vernichtung

---

185 BT-Drs. 11/5460, S. 6 A. I.

186 Konkurrierende Gesetzgebungszuständigkeit.

187 Genauer die konkurrierende Gesetzgebungskompetenz für „die künstliche Befruchtung beim Menschen, die Untersuchung und die künstliche Veränderung von Erbinformationen (…)". Heute liegt die Kompetenz beim Bund, vgl. Art. 74 Abs. 1 Nr. 26 GG: Die konkurrierende Gesetzgebung erstreckt sich auf „die medizinisch unterstützte Erzeugung menschlichen Lebens, (…)".

188 *Höfling*, in: FAKomm-MedR, Vorbem. ESchG Rn.2; Günther/*Taupitz*/Kaiser, Einf B Rn. 17; *Günther*/Taupitz/Kaiser, Vor § 1 Rn. 8.

189 *Günther*, in: Günther/Taupitz/Kaiser, Vor § 1 Rn. 9.

190 *Günther*, in: Günther/Taupitz/Kaiser, Vor. § 1 Rn. 2.

191 BT-Drs. 11/5460, S. 6 A. I.

192 Was aus dieser Annahme aber im Hinblick auf das Verhältnis des frühen extrakorporalen Embryos und den Grundrechten (insbesondere Art. 1 Abs. 1 Satz 1 und

bzw. physischen Beeinträchtigung durch reproduktive, experimentelle oder sonstige manipulative Maßnahmen.[193] So verbietet das Embryonenschutzgesetz die Herbeiführung einer gespaltenen Mutterschaft,[194] die Befruchtung einer Eizelle zu einem anderen Zweck als der Herbeiführung einer Schwangerschaft,[195] die Herbeiführung höhergradiger Mehrlingsschwangerschaften,[196] die vorsätzliche Erzeugung überzähliger Embryonen,[197] die Unterstützung einer Ersatzmutterschaft,[198] die missbräuchliche Verwendung von Embryonen,[199] die Geschlechtswahl,[200] die eigenmächtige Befruchtung einer Eizelle (ohne Einwilligung der Frau und des Mannes) und die eigenmächtige Übertragung eines Embryos (ohne Einwilligung der Frau), sowie die wissentliche künstliche Befruchtung einer Eizelle mit dem Samen eines Verstorbenen,[201] die künstliche Veränderung menschlicher Keimbahnzellen,[202] das Klonen menschlicher Embryonen,[203] die Chimären- und Hybridbildung[204] sowie die Vornahme einer künstlichen Befruchtung, die Übertragung eines Embryos und die Konservierung eines Embryos, ohne Arzt zu sein[205].[206]

Das Schutzregime des ESchG endet im Übrigen mit Abschluss der Nidation. Ab diesem Zeitpunkt beginnt der Schutz des pränatalen Lebens durch die §§ 218 ff. StGB.[207]

Zusammenfassend ist festzuhalten, dass im weltweiten Vergleich Embryonen in Deutschland durch das Embryonenschutzgesetz sehr stark vor

---

Art. 2 Abs. 2 Satz 2 GG) folgt, bleibt offen; BT-Drs. 11/5460, S. 6 A. II.; *von Bülow*, in Genmedizin und Recht, S. 139, A. Rn. 334.

193 *Müller-Terpitz*, in : Spickhoff, ESchG Vorbem. Rn. 2.

194 Vgl. etwa § 1 Abs. 1 Nr. 1, Nr. 2 und Nr. 6, sowie § 1 Abs. 2 ESchG.

195 Vgl. § 1 Abs. 1 Nr. 2 ESchG.

196 Vgl. § 1 Abs. 1 Nr. 3 und Nr. 4 ESchG.

197 Vgl. § 1 Abs. 1 Nr. 4 und 5 ESchG.

198 Vgl. § 1 Abs. 1 Nr. 7 ESchG.

199 Vgl. § 2, § 1 Abs. 1 Nr. 2 und Nr. 6 ESchG.

200 Vgl. § 3 ESchG.

201 Vgl. § 4 ESchG.

202 Vgl. § 5 ESchG.

203 Vgl. § 6 ESchG.

204 Vgl. § 7 ESchG.

205 Vgl. § 9 ESchG.

206 Siehe auch Taupitz, in: Günther/Taupitz/Kaiser, Einf. B Rn. 21; *Schmidt*, in: Ratzel/Luxemburger, § 15 Rn. 99.

207 *Müller-Terpitz*, in: Spickhoff, ESchG Vorbem. Rn. 5; *Taupitz*, in: Günther/Taupitz/Kaiser, § 8 Rn. 6; vgl. auch BT-Drs. 11/5460, S. 7 A. IV.

Beeinträchtigungen durch reproduktive, experimentelle oder sonstige manipulative Maßnahmen geschützt werden.[208] Allerdings besteht kein umfassender Schutz im Sinne einer Lebenserhaltung um jeden Preis. Es gibt vielmehr auch Tatbestände im Embryonenschutzgesetz, die dazu verpflichten, Embryonen in bestimmten Situationen nicht auf eine Frau zu übertragen, also absterben zu lassen.[209]

II. Die künstliche Erzeugung eines Embryos / mehrerer Embryonen mit anschließender Präimplantationsdiagnostik

Einen ersten Anknüpfungspunkt für eine mögliche Strafbarkeit der Präimplantationsdiagnostik nach dem ESchG stellt bereits die künstliche Befruchtung einer Eizelle dar.[210] Dies zum einen dann, wenn diese unter dem Vorbehalt erfolgt, zunächst eine Präimplantationsdiagnostik an dem erzeugten Embryo durchzuführen und nur die Embryonen anschließend auf die Frau zu transferieren, die einen günstigen Befund aufweisen. Aber es stellt sich auch im Hinblick auf die Anzahl der befruchteten Eizellen bzw. erzeugten Embryonen die Frage, ob ein Verstoß gegen das ESchG vorliegt.

1. § 1 Abs. 1 Nr. 2 ESchG – Missbräuchliche Anwendung von Fortpflanzungstechniken

Nach § 1 Abs. 1 Nr. 2 ESchG *„wird bestraft, wer es unternimmt, eine Eizelle zu einem anderen Zweck künstlich zu befruchten, als eine Schwangerschaft der Frau herbeizuführen, von der die Eizelle stammt"*. Das Strafmaß beträgt Freiheitsstrafe bis zu drei Jahren oder Geldstrafe. Ziel der Vorschrift ist es, eine künstliche Befruchtung, zu jedem anderen Zweck als der Herbeiführung einer Schwangerschaft der „richtigen" Frau, zu verhindern.[211] Die Vorschrift verfolgt damit zwei Ziele: Zum einen eine künstliche Befruchtung lediglich zu dem Zweck der Herbeiführung einer Schwangerschaft zuzulassen, um letztlich zu vermeiden, dass Embryonen entstehen, die missbräuchlich verwendet werden können, und

208 Vgl. etwa *Müller-Terpitz*, in: Spickhoff, ESchG Vorbem. Rn. 2; *Taupitz*, in: Günther/Taupitz/Kaiser, Einf. B Rn. 12 ff.

209 So etwa § 6 Abs. 2 und § 7 Abs. 2 ESchG; vgl. *Taupitz*, in Günther/Taupitz/Kaiser, Einf. B Rn. 20.

210 Z.B. durch IVF oder ICSI, vgl. Teil 2 der Arbeit.

211 Vgl. *Günther*, in: Günther/Taupitz/Kaiser, § 1 Abs. 1 Nr. 2 Rn. 1.

zum anderen, eine künstliche Befruchtung, die wohl der Herbeiführung einer Schwangerschaft dient, aber zu einer gespaltenen Mutterschaft führen soll, auszuschließen.[212] Der Embryo soll also davor geschützt werden, physisch beeinträchtigt und zum Objekt fremdnütziger Zwecke gemacht zu werden. Der historische Gesetzgeber war bei Erlass des Embryonenschutzgesetzes davon ausgegangen, dass er bei seiner Abwägung vor allem der Wertentscheidung des Grundgesetzes zugunsten der Menschenwürde und des Lebens Rechnung zu tragen habe und dass mit der Kernverschmelzung innerhalb der befruchteten Eizelle menschliches Leben entsteht.[213] Außerdem führt der Gesetzgeber in der Begründung zu § 1 Abs. 1 Nr. 2 ESchG aus, dass es mit der in Art. 2 Abs. 2 Satz 1 GG getroffenen Entscheidung zugunsten des menschlichen Lebens kaum in Einklang zu bringen wäre, extrakorporal menschliche Eizellen zu befruchten, wenn deren Transfer auf eine Frau von vornherein ausgeschlossen oder überhaupt nicht beabsichtigt sei.[214] Geschütztes Rechtsgut der Vorschrift ist damit das menschliche Leben (Art. 2 Abs. 2 Satz 1 GG) und die Menschenwürde (Art. 1 Abs. 1 GG), soweit der Embryo durch Art. 1 Abs. 1 Satz 1 und Art. 2 Abs. 2 Satz 1 GG geschützt wird.[215]

Wird bereits bei der künstlichen Befruchtung einer Eizelle beabsichtigt, an dem erzeugten Embryo eine Präimplantationsdiagnostik durchzuführen, so könnte dies gegen § 1 Abs. 1 Nr. 2 ESchG verstoßen. Aus dieser Vorschrift könnte sich somit ein Verbot der Präimplantationsdiagnostik ergeben.

a) *Der objektive Tatbestand des § 1 Abs. 1 Nr. 2 ESchG*

Die künstliche Befruchtung einer menschlichen Eizelle ist Voraussetzung für die Verwirklichung des objektiven Tatbestands der Vorschrift.[216] Künstlich ist eine Befruchtung, wenn sie nicht durch Geschlechtsverkehr, sondern unter Hinzuziehung technischer Hilfsmittel bewirkt wird.[217] Die Kernverschmelzung selbst, als nach § 8 I ESchG maßgeblicher Zeitpunkt, muss nicht künstlich erfolgen, sondern nur künstlich herbeigeführt werden.[218] Die Eizelle ist die Keimzelle der

---

212 Vgl. *Günther*, aaO.

213 BT-Drs. 11/5460, S. 6 I. und II.

214 BT-Drs. 11/5460, S. 8.

215 Günther, in: Günther/Taupitz/Kaiser, § 1 Abs. 1 Nr. 2 Rn. 2; siehe auch Teil 3 (Status des Embryos).

216 Vgl. *Schroth*, NStZ 2009, 233 (233); *ders.*, in: Roxin/Schroth, S. 544.

217 Vgl. Teil 2.

218 Vgl. zum Ganzen Teil 2 der Arbeit, sowie *Günther*, in Günther/Taupitz/Kaiser, § 1 Abs. 1 Nr. 2 Rn. 10; Einf. A und B.

Frau.[219] Als Methoden zur künstlichen Befruchtung, kommen insbesondere die In-Vitro-Fertilisation und die intrazytoplasmatische Spermieninjektion in Betracht.[220] Eine Präimplantationsdiagnostik setzt zwangsläufig eine künstliche Befruchtung voraus.

Der Tatbestand bestraft dabei das „Unternehmen“, eine Eizelle zu einem anderen Zweck als der Herbeiführung einer Schwangerschaft künstlich zu befruchten, die Norm ist mithin als Unternehmensdelikt ausgestaltet.[221] Das Unternehmen einer Tat bedeutet gemäß § 11 Abs. 1 Nr. 6 StGB deren Versuch und deren Vollendung. Der Grund dafür, dass § 1 Abs. 1 Nr. 2 ESchG als Unternehmensdelikt ausgestaltet ist, liegt zum einen darin, dass Beweisprobleme hinsichtlich der Befruchtung vorliegen.[222] Entwickelt sich die Eizelle bzw. der Embryo nach dem Unternehmen der künstlichen Befruchtung nicht weiter, so kann der Grund dafür darin liegen, dass entweder schon keine Befruchtung der Eizelle im Sinne einer Kernverschmelzung geglückt ist oder dass der Embryo nach der Kernverschmelzung die Zellteilung eingestellt hat. Zum andern liegt der Grund für die Ausgestaltung des § 1 Abs. 1 Nr. 2 ESchG als Unternehmensdelikt darin, dass bei dieser Vorschrift das Tatbild, wie der Gesetzentwurf der Bundesregierung ausführt, nicht im gleichen Maß wie bei anderen Delikten vom Erfolg der Tat geprägt ist.[223] Der Täter kann den tatsächlichen Erfolg der künstlichen Befruchtung, die Kernverschmelzung, durch sein Verhalten kaum beeinflussen.[224]

Für den Fall der Präimplantationsdiagnostik bedeutet dies, dass es für eine mögliche Strafbarkeit nicht darauf ankommt, ob es tatsächlich zur künstlichen Befruchtung gekommen ist, denn der Versuch reicht aus.[225] Bei der für die Präimplantationsdiagnostik am häufigsten genutzten Befruchtungstechnik, der In-Vitro-Fertilisation, reicht es also schon aus, die Spermien zu den Eizellen in vitro zu geben[226].

---

219 *Günther*, in: Günther/Taupitz/Kaiser, § 1 Abs. 1 Nr. 2 Rn. 9.

220 Siehe oben Teil 2 der Arbeit.

221 Wie sich aus der Formulierung „*wer es unternimmt*“ ergibt; vgl. auch den Gesetzentwurf der Bundesregierung zum Schutz von Embryonen vom 25. Oktober 1989, BT-Drs. 11/5460, S. 8 f.; vgl. auch *Müller-Terpitz*, in: Spickhoff, ESchG §1 Rn. 3.

222 Gesetzentwurf der Bundesregierung zum Schutz von Embryonen vom 25. Oktober 1989, BT-Drs. 11/5460, S. 8 f.

223 Gesetzentwurf der Bundesregierung zum Schutz von Embryonen vom 25. Oktober 1989, BT-Drs. 11/5460, S. 8 f.

224 Gesetzentwurf der Bundesregierung zum Schutz von Embryonen vom 25. Oktober 1989, BT-Drs. 11/5460, S. 8 f.

225 *Schroth*, NStZ 2009, 233 (233).

226 *Günther*, in: Günther/Taupitz/Kaiser, § 1 Abs. 1 Nr. 2 Rn. 22.

b) *Der subjektive Tatbestand des § 1 Abs. 1 Nr. 2 ESchG*

Auf subjektiver Seite verlangt § 1 Abs. 1 Nr. 2 ESchG Vorsatz und eine besondere, noch näher zu konkretisierende Absicht.[227]

(1) Vorsatz im Sinne des § 1 Abs. 1 Nr. 2 ESchG

Der subjektive Tatbestand setzt zunächst vorsätzliches Handeln im Hinblick auf den objektiven Tatbestand, also bezüglich des Unternehmens der künstlichen Befruchtung einer menschlichen Eizelle, zum Zeitpunkt der Tatbegehung voraus, wobei bedingter Vorsatz genügt.[228] Allerdings wird im Falle einer Präimplantationsdiagnostik stets dolus directus ersten Grades, Absicht, vorliegen.[229]

(2) Absicht im Sinne des § 1 Abs. 1 Nr. 2 ESchG

Zusätzlich zum Vorsatz muss der Täter im subjektiven Tatbestand eine Eizelle *„zu einem anderen Zweck"* künstlich befruchten oder zu befruchten versuchen, als eine Schwangerschaft der Frau, von der die Eizelle stammt, herbeizuführen. „Zweck" bedeutet das Ziel einer Handlung, etwas, was jemand mit einer Handlung beabsichtigt.[230] Die Vorschrift fordert also eine spezielle Absicht.[231] Zu untersuchen ist dementsprechend, ob derjenige, der eine Präimplantationsdiagnostik durchführen will, mit dieser speziellen Absicht handelt oder nicht. Die Vorschrift formuliert dabei allerdings nicht derart, dass der Täter *„in der Absicht"*, *„zu dem Zweck"* oder *„um zu…"* handeln muss, wie es in anderen Strafnormen heißt[232], sondern bedient sich einer negativen Formulierung: *„zu **einem anderen** Zweck (…), als"*. Daraus ergeben sich eine ganze Reihe von Problemen bei der Auslegung der besonderen Absicht, insbesondere bei der Bestimmung

---

227 *Günther*, in: Günther/Taupitz/Kaiser, § 1 Abs. 1 Nr. 2 Rn. 16.

228 Vgl. *Lackner/Kühl*, § 15 Rn. 4; *Jescheck/Weigend*, § 29 I., II.; *Puppe*, in: Kindhäuser/Neumann/Paeffgen, Strafgesetzbuch § 15 Rn. 100; *Günther*, in: Günther/Taupitz/Kaiser, § 1 Abs. 1 Nr. 2 Rn. 16; RGSt 51, 305, 311.

229 Der Vorsatz fehlt hier beispielsweise, wie *Günther* ausführt, wenn der Täter von Anfang an plant, es nicht zur Kernverschmelzung kommen zu lassen, sondern den Befruchtungsvorgang nach der Imprägnation zu stoppen, indem er in diesem Stadium eine Kryokonservierung durchführt, vgl. *Günther*, in: Günther/Taupitz/Kaiser, § 1 Abs. 1 Nr. 2 Rn. 17.

230 Duden, Band 10, Bedeutungswörterbuch, 4. Aufl., 2010, S. 1147.

231 So auch der BGH, 5 StR 386/09, Rn. 15; *Günther* spricht von dem *„seinen* [§ 1 Abs. 1 Nr. 2 ESchG; Anm. des Verfassers] *Unrechtsgehalt entscheidend prägenden subjektivem Merkmal"*, in: Günther/Taupitz/Kaiser, § 1 Abs. 1 Nr. 2 Rn. 18.

232 Vgl. etwa § 1 Abs. 1 Nr. 6 ESchG, §§ 242, 263 StGB usw.

des Gegenstands der Absicht. Unstreitig ist, dass es um die Schwangerschaft der *richtigen Frau* gehen muss, also der Frau, von der die Eizelle stammt.

(a) Absicht, eine Schwangerschaft herbeizuführen

Was die negative Formulierung des Tatbestandes für den Inhalt der besonderen Absicht bedeutet, ist fraglich. Einfach zu beurteilen wäre der Fall, dass der Täter immer nur eine einzige Absicht mit seinem Handeln verfolgt. Er würde dann die künstliche Befruchtung entweder mit der Absicht unternehmen, eine Schwangerschaft herzuführen, oder eben mit irgendeiner anderen Absicht, etwa Forschung am Embryo zu betreiben. Komplizierter wird der Fall aber, wenn der Täter neben der Absicht auf Herbeiführung einer Schwangerschaft noch andere Zwecke verfolgt, etwa die Durchführung einer Präimplantationsdiagnostik.

Für dieses Zusammentreffen mehrerer Absichten kommen zwei Deutungsmöglichkeiten der Vorschrift in Betracht. Nach der ersten Deutung handelt der Täter, immer wenn er die Schwangerschaft der richtigen Frau herbeiführen will, nicht tatbestandsmäßig, gleichgültig ob er noch weitere Zwecke verfolgt. Nach der zweiten Deutung handelt er stets tatbestandsmäßig, wenn er andere Zwecke verfolgt, gleichgültig, ob er zusätzlich die Schwangerschaft der richtigen Frau herbeiführen will.

Die Frage, ob die Strafbarkeit entfällt, sobald eine Schwangerschaftsherbeiführungsabsicht besteht, oder, ob die Strafbarkeit nur entfällt, wenn die Absicht der Herbeiführung einer Schwangerschaft die einzige bzw. die ausschließliche vom Täter verfolgte Absicht darstellt, muss durch Auslegung ermittelt werden.

Der Wortlaut des § 1 Abs. 1 Nr. 2 ESchG ist, wie oben gesehen, nicht eindeutig. Ein Vergleich mit anderen Vorschriften, die im Zusammenhang mit § 1 Abs. 1 Nr. 2 ESchG stehen, könnte weiterhelfen. Die Vorschrift des § 1 Abs. 2 ESchG fordert ebenfalls eine Absicht, ist aber, anders als § 1 Abs. 1 Nr. 2 ESchG, unzweideutig formuliert: „*ohne eine Schwangerschaft der Frau herbeiführen zu wollen*".[233] § 1 Abs. 2 ESchG fordert damit die Absicht, die Imprägnation vorzunehmen, ohne eine Schwangerschaft der richtigen Frau herbeizuführen.[234] Im Umkehrschluss ergibt sich, dass eine Strafbarkeit entfällt, sobald die Absicht besteht, eine Schwangerschaft der richtigen Frau herbeizuführen, gleichgültig, ob daneben noch andere Zwecke verfolgt werden. Im Wege der systematischen Auslegung könnte man nun dieses Ergebnis auch auf § 1 Abs. 1 Nr. 2 ESchG beziehen und schlussfolgern, dass auch bei § 1 Abs. 1 Nr. 2 ESchG eine Strafbarkeit

233 Vgl. auch *Böcher*, S. 74.

234 Vgl. *Günther*, in: Günther/Taupitz/Kaiser, § 1 Abs. 2 Rn. 15 f.

entfällt, wenn die Absicht besteht, eine Schwangerschaft der richtigen Frau herbeizuführen. Dafür spricht die systematische und inhaltliche Nähe der beiden Vorschriften. § 1 Abs. 2 ESchG ergänzt das Verbot aus § 1 Abs. 1 Nr. 2 ESchG und dehnt den Schutz auf Vorstadien der Entstehung menschlichen Lebens aus, um Handlungen im Vorfeld von § 1 Abs. 1 Nr. 2 ESchG zu erfassen.[235] § 1 Abs. 2 ESchG verfolgt im Vorfeld die gleichen Ziele wie § 1 Abs. 1 Nr. 2 ESchG.[236] Zum einen soll eine künstlich herbeigeführte Imprägnation der Eizelle zu jedem anderen Zweck als der Herbeiführung einer Schwangerschaft verhindert werden und zum anderen soll der Gefahr einer gespaltenen Mutterschaft vorgebeugt werden.[237] Es sprechen somit gute Gründe dafür, die Absicht aus § 1 Abs. 1 Nr. 2 ESchG ebenso wie die Absicht aus § 1 Abs. 2 ESchG auszulegen.

Gegen eine solche Auslegung könnte man aber den unterschiedlichen Wortlaut der beiden Vorschriften anführen.[238] Allerdings spricht der Wortlaut von § 1 Abs. 1 Nr. 2 ESchG, unabhängig von der Abweichung, nicht gegen eine gleiche Auslegung. Der unterschiedliche Wortlaut der beiden Vorschriften kann somit nicht als überzeugendes Argument gegen eine gleiche Auslegung angeführt werden. Die besseren Argumente sprechen daher insgesamt dafür, die Absicht in § 1 Abs. 1 Nr. 2 ESchG entsprechend § 1 Abs. 2 ESchG systematisch so auszulegen, dass eine Strafbarkeit entfällt, sobald die Absicht besteht, eine Schwangerschaft der richtigen Frau herbeizuführen.

Es verbleiben die historische und die teleologische Auslegung der Vorschrift, die in der Regel ineinandergreifen, da der Sinn und Zweck der Norm oft erst durch einen Blick in ihre Entstehungsgeschichte bestimmt werden kann, um dieses Ergebnis zu bestätigen.[239]

Der Gesetzentwurf der Bundesregierung zum Schutz von Embryonen vom 25. Oktober 1989, der mit einigen kleineren Änderungen verabschiedet wurde,[240] führt in der Begründung zu § 1 Abs. 1 Nr. 2, der wiederum unverändert übernommen wurde,[241] aus: „*Die Vorschrift regelt zwei unterschiedliche Fallgestaltungen. So verbietet sie ausnahmslos, menschliche Eizellen zu einem anderen Zweck als der Herbeiführung einer Schwangerschaft <u>– also etwa zu Forschungszwecken –</u> künstlich zu befruchten. Andererseits verbietet sie aber darüber hinaus auch die*

235 *Günther*, aaO.
236 *Günther*, aaO, Rn. 4.
237 Siehe oben unter: „1.“
238 Vgl. auch *Böcher*, S. 74.
239 *Jescheck/Weigend*, § 17 IV.
240 Vgl. *Taupitz*, in: Günther/Taupitz/Kaiser, Einf. B Rn. 3.
241 Vgl. *Günther*, in: Günther/Taupitz/Kaiser, § 1 Abs. 1 Nr. 2 Rn. 1.

künstliche Befruchtung menschlicher Eizellen, wenn diese zwar auf die Herbeiführung einer Schwangerschaft, nicht aber auf die Schwangerschaft jener Frau gerichtet ist, von der die zu befruchtende Eizelle stammt."[242] Weiter heißt es: „*In dem Kabinettbericht […] ist bereits darauf hingewiesen worden, daß es mit der in Artikel 2 Abs. 2 Satz 1 des Grundgesetzes getroffenen Entscheidung zugunsten des menschlichen Lebens kaum in Einklang zu bringen wäre, extrakorporal menschliche Eizellen zu befruchten, wenn deren Transfer auf eine zur Austragung der Frucht bereite Frau von vornherein ausgeschlossen oder überhaupt nicht beabsichtigt ist.*"[243]

Aus der Begründung des Gesetzentwurfs lässt sich ebenfalls nicht eindeutig ablesen, wie die Absicht in § 1 Abs. 1 Nr. 2 ESchG zu verstehen ist. Allerdings geben die Ausführungen den Sinn und Zweck der Vorschrift genauer wieder, nämlich eine künstliche Befruchtung, die nicht den Zweck hat, eine Schwangerschaft der Frau herbeizuführen, von der die Eizelle stammt, zu verhindern.[244] Denn ausweislich der Formulierungen in der Gesetzesbegründung sollte, neben der gespaltenen Mutterschaft, die Erzeugung von Embryonen zu Forschungs- oder anderen Zwecken verhindert werden, bei denen die Herbeiführung einer Schwangerschaft „*überhaupt nicht*" beabsichtigt und demnach von Anfang an ausgeschlossen war.[245] Der Gesetzgeber meinte mit den *anderen Zwecken* also nur solche Zwecke am Embryo, die eine Schwangerschaftsherbeiführungsabsicht ausschließen und dadurch dem Embryo schaden. Die Formulierung ist nach dem zu vermutenden Willen des Gesetzgebers also wohl im Sinne eines Alternativ-Verhältnisses zu verstehen. Entweder besteht die Absicht, eine Schwangerschaft herbeizuführen, oder es bestehen andere spezielle Zwecke am Embryo. Die Vorschrift soll demnach nicht irgendwelche anderen Absichten, die nicht den Umgang mit dem Embryo betreffen, bzw. die neben der Schwangerschaftsherbeiführungsabsicht bestehen, bestrafen, sondern nur solche spezielle andere Zwecke, die die Schwangerschaftsherbeiführungsabsicht ausschließen. Besteht danach die Schwangerschaftsherbeiführungsabsicht, so ist der Tatbestand des § 1 Abs. 1 Nr. 2 ESchG nicht erfüllt, auch wenn noch weitere Zwecke neben der Schwangerschaftsherbeiführungsabsicht verfolgt werden. Die pönalisierten anderen Zwecke sind damit nur solche, die lediglich alternativ und nicht kumulativ

242 BT-Drs. 11/5460, S. 8; Hervorhebungen durch den Verfasser.

243 BT-Drs. 11/5460, S. 8, Hervorhebungen durch den Verfasser.

244 Weitere *ratio legis* der Vorschrift ist, eine gespaltene Mutterschaft zu verhindern. Dieses zweite Ziel ist für die Behandlung der Präimplantationsdiagnostik aber nebensächlich und soll hier nicht weiter interessieren. Vgl. *Günther*, in: Günther/Taupitz/Kaiser, § 1 Abs. 1 Nr. 2 Rn. 1.

245 Vgl. *Reiß*, HRRS 2010, 418, 420.

mit der Schwangerschaftsherbeiführungsabsicht bestehen können. Dazu gehören aber nicht etwa die Absicht des Arztes, durch die Behandlung Geld zu verdienen oder Ansehen zu erlangen.

Dass es entscheidend auf die Schwangerschaftsherbeiführungsabsicht ankommt, folgt auch aus der Formulierung in der Begründung des Gesetzentwurfs, dass § 1 Abs. 1 Nr. 2 ESchG eine künstliche Befruchtung auch dann verbietet, *„wenn diese zwar auf die Herbeiführung einer Schwangerschaft, nicht aber auf die Schwangerschaft jener Frau gerichtet ist, von der die zu befruchtende Eizelle stammt"*. Denn daraus lässt sich ableiten, dass normalerweise das Vorliegen der Absicht, eine Schwangerschaft herbeizuführen, zur Straflosigkeit führt, dies aber ausnahmsweise nicht gilt, wenn die Schwangerschaft der falschen Frau beabsichtigt ist.

Für die Strafbarkeit nach § 1 Abs. 1 Nr. 2 ESchG kommt es folglich entscheidend darauf an, ob die Absicht der Herbeiführung einer Schwangerschaft der richtigen Frau vorliegt oder nicht. Ist diese Absicht gegeben, ist die künstliche Befruchtung straflos. Strafbar macht sich der Täter lediglich, wenn er ausschließlich andere Zwecke und eben nicht die Herbeiführung einer Schwangerschaft verfolgt.[246]

Im Falle einer Präimplantationsdiagnostik könnte man nun zunächst annehmen, dass derjenige, der diese durchführt, selbstverständlich eine Schwangerschaft herbeiführen will und sich folglich durch das Unternehmen der künstlichen Befruchtung einer Eizelle nicht gemäß § 1 Abs. 1 Nr. 2 ESchG strafbar macht. Es gibt allerdings einige Autoren, die davon ausgehen, dass derjenige, der eine Präimplantationsdiagnostik durchführt, zumindest zunächst, also im Zeitpunkt der Befruchtung, nicht die Absicht verfolgt, eine Schwangerschaft herbeizuführen, sondern die Absicht, sich eine Selektionsmöglichkeit zu eröffnen, da bei der Präimplantationsdiagnostik nicht alle Embryonen übertragen werden, sondern nur diejenigen, die nach der Untersuchung als gesund qualifiziert wurden.[247]

Für die hier relevante Beurteilung der Strafbarkeit der Präimplantationsdiagnostik nach § 1 Abs. 1 Nr. 2 ESchG kommt es demzufolge darauf an, ob

---

246 A.A. BGH, 5 StR 386/09, Rn. 21, der annimmt, dass es Alternativabsichten geben kann, die trotz des Vorliegens der Absicht, eine Schwangerschaft herbeizuführen, zur Strafbarkeit führen. Die Absicht eine Präimplantationsdiagnostik durchzuführen, so der BGH, gehört aber nicht dazu.

247 Vgl. etwa *Beckmann*, MedR 2001, 169, 170; *ders.*, ZfL 2009, 125, 128 f.; *Böckenförde-Wunderlich*, S. 120 ff.; *Laufs*, Präimplantationsdiagnostik – Juristische Überlegungen, S. 204, 205 f.; *Renzikowski*, NJW 2001, 2753, 2755 f.

derjenige, der bereits zum Zeitpunkt der künstlichen Befruchtung plant, diese Diagnostik durchzuführen, zu diesem Zeitpunkt „trotzdem" in der Absicht handelt, eine Schwangerschaft herbeizuführen.[248]

(b) Absicht unter einer objektiven Bedingung

Wie soeben festgestellt, kommt es entscheidend auf das Bestehen der richtigen Absicht an. Zu klären ist nun, ob derjenige, der bereits bei der künstlichen Befruchtung beabsichtigt, eine Präimplantationsdiagnostik durchzuführen und nur einen gesunden Embryo zu transferieren, schon zu diesem Zeitpunkt mit der Absicht handelt, eine Schwangerschaft der richtigen Frau herbeizuführen.

Dagegen wird argumentiert, dass derjenige, der bereits bei der künstlichen Befruchtung vorhat, eine Präimplantationsdiagnostik durchzuführen, zu diesem Zeitpunkt keine Schwangerschaftsherbeiführungsabsicht habe, sondern eben nur die Absicht, die Präimplantationsdiagnostik durchzuführen oder sich eine Selektionsmöglichkeit zu eröffnen.[249] Der (zielgerichtete) Wille, eine Schwangerschaft herbeizuführen bilde sich demzufolge erst nach einem positiven Ergebnis der Untersuchung.[250] Diese Behauptung ist jedoch nicht haltbar, führt sie doch zu einer künstlichen Aufspaltung eines einheitlichen Lebenssachverhalts und isoliert so in lebensfremder Weise die Behandlung vom verfolgten Ziel, der Geburt eines genetisch gesunden Kindes.[251] Dies zeigt auch eine Auseinandersetzung mit *Laufs*, der die Auffassung vertritt, die Befruchtung der Eizelle erfolge nicht zu dem Zweck, eine Schwangerschaft herbeizuführen, sondern *„ausschließlich zum Zweck der Qualitätskontrolle des Embryos vor der Implantation"*.[252] Doch *Laufs* widerspricht sich innerhalb des Zitats schon selbst und zeigt, dass sein Ergebnis nicht richtig sein kann. Er spricht von dem <u>ausschließlichen</u> Zweck der

---

248 So auch *Schroth*, NStZ 2009, 233 (233); *ders.*, JZ 2002, 170 (170); *ders.*, in: Roxin/Schroth, S. 544, der die besondere Absicht aufgrund ihrer strafausschließenden Wirkung als *„negatives Tatbestandsmerkmal"* bezeichnet; so ebenfalls *Schneider*, MedR 2000, 360, 361 f., die das Problem unter dem Stichwort der *„Ausschließlichkeit der Absicht"* diskutiert; so auch *Erlinger*, in: Strafrechtliche Würdigung der Präimplantationsdiagnostik S. 65 ff., 71 ff., der die Herbeiführung einer Schwangerschaft ein *„privilegierendes Merkmal"* nennt.

249 Für viele *Beckmann*, MedR 2001, 169, 170.

250 Vgl. z. B. *Beckmann*, MedR 2001, 169, 170; *Böckenförde-Wunderlich*, S. 120 ff.; *Laufs*, Präimplantationsdiagnostik – Juristische Überlegungen, S. 204, 205 f.; *Renzikowski*, NJW 2001, 2753, 2755 f.; KG Berlin, MedR 2010, 36 ff.

251 Vgl. *Schneider*, MedR 2000, 360 (362).

252 *Laufs*, in: Laufs/Kern, § 129 Rn. 38; *Laufs/Katzenmeier/Lipp*, VIII. Rn. 38.

Qualitätskontrolle, um dann mit den folgenden Worten „*vor der Implantation*" selbst einzugestehen, dass die behauptete Ausschließlichkeit nicht besteht. Eine Qualitätskontrolle ist nur sinnvoll, wenn bereits vorher auch die Implantation, mithin die Herbeiführung einer Schwangerschaft, geplant ist. Kein Mediziner würde wohl das alleinige, ausschließliche Ziel verfolgen, die Qualität von Embryonen zu prüfen, nur um dann das Ergebnis zu verkünden (etwa: „wir haben drei gesunde und zwei kranke Embryonen") und seine Arbeit dann, da getan, einzustellen. Würde also nicht von Anfang an das Ziel verfolgt werden, den Embryo auf die Frau zu transferieren, würde die ganze Behandlung erst gar nicht durchgeführt. Es ist schwer vorstellbar, dass jemand eine Präimplantationsdiagnostik nur zum reinen Erkenntnisgewinn durchführen würde. Vielmehr besteht von Anfang an das dominante Bewusstsein, dass eine Schwangerschaft das Ziel der Behandlung ist.[253]

Diese dominante Absicht, gerichtet auf die Herbeiführung einer Schwangerschaft, schließt darüber hinaus die genau entgegengesetzte Absicht, eben keine Schwangerschaft herbeiführen, sondern ausschließlich kranke Embryonen eliminieren zu wollen, aus.[254]

Zu hinterfragen ist allerdings, ob die Bedingung, dass nur ein gesunder Embryo nach erfolgter Präimplantationsdiagnostik auf die Frau transferiert werden soll, das Bestehen eines zielgerichteten Schwangerschaftsherbeiführungswillens im Sinne von dolus directus ersten Grades zum Zeitpunkt der künstlichen Befruchtung hindert.[255]

Absicht im technischen Sinne ist der zielgerichtete Erfolgswille. Entscheidend ist das Willenselement. Auf Seiten des intellektuellen Elements, das nach der

---

253 Vgl. *Beck*, S. 189, 191 ff.; *Schneider*, MedR 2000, 360 (362).

254 So auch *Schreiber*, DÄBl. 2000, 97, A-1135; *Giwer*, S. 37 f.; *Reiß*, S. 33, 39; *Schroth*, NStZ 2009, 233 f.; *Weschka*, S. 37 ff.

255 Vgl. *Schroth*, NStZ 2009, 233 (234); *ders.*, in: Roxin/Schroth, S. 544 f. Diese Frage ist eine andere, als diejenige, die oben unter (a) gestellt wurde. Oben wurde abstrakt festgestellt, dass eine Schwangerschaftsherbeiführungsabsicht vorliegen muss und dass es gleichgültig ist, wenn der Täter noch andere Zwecke verfolgt. Hier gilt es nun zu klären, ob derjenige, der bei der künstlichen Befruchtung neben der Schwangerschaft auch eine Präimplantationsdiagnostik anstrebt, überhaupt die Schwangerschaftsherbeiführungsabsicht im *technischen Sinn* hat, oder ob der andere verfolgte Zweck (PID), der nach (a) zusätzlich mögliche wäre, verhindert, dass eine echte Absicht im technischen Sinne besteht (und stattdessen z.B. nur direkter oder bedingter Vorsatz). Unabhängig davon ist wieder eine andere Frage die, ob § 1 Abs. 1 Nr. 2 ESchG überhaupt dolus directus ersten Grades fordert, oder ob auch eine andere Vorsatzform ausreicht.

h.M. auch hier unverzichtbar ist, genügt die bloße Möglichkeitsvorstellung.[256] Im Fall der Präimplantationsdiagnostik weiß der Täter bei Befruchtung nicht sicher, ob er den Embryo später transferiert, da dies (unter anderem) vom Ergebnis der Untersuchung abhängt. Aber er strebt, wie oben herausgestellt, den Transfer des Embryos bereits zum Zeitpunkt der Befruchtung an und hält diesen natürlich auch für möglich und wahrscheinlich. *Roxin* führt wörtlich aus: „*Gesichert ist zunächst, dass dort, wo der Täter einen Erfolg anstrebt, wo es ihm darauf ankommt, eine Absicht auch dann vorliegt, wenn der Erfolgseintritt nicht als sicher, sondern nur als möglich vorgestellt wird.*"[257] Außerdem legt *Roxin* dar: „*Bewusst herbeigeführte und erwünschte Erfolge sind immer beabsichtigt, auch wenn ihr Eintritt nicht sicher […] oder nicht der einzige Zweck des Handelnden ist.*"[258] Der Täter handelt demzufolge trotz der Bedingung, dass die Präimplantationsdiagnostik zu einem positiver Befund führen muss, bereits bei der künstlichen Befruchtung mit einer Schwangerschaftsherbeiführungsabsicht im technischen Sinn.[259]

Ein Vergleich zu den allgemeinen Regelungen zum Versuch bestätigt das gefundene Ergebnis. Der Versuch setzt einen Tatentschluss und ein unmittelbares Ansetzen voraus.[260] Im Rahmen des Tatentschlusses muss dabei der volle subjektive Tatbestand vorliegen, also sowohl der auf Verwirklichung der objektiven Tatbestandsmerkmale gerichtete Vollendungsvorsatz als auch etwaige besondere Absichten.[261] Als Beispiel soll jetzt ein Dieb dienen, der ein Auto nur unter der Bedingung stehlen will, dass das Lenkradschloss nicht eingerastet ist.[262] Trotz dieser objektiven Bedingung ist in diesem Fall allgemein anerkannt, dass sich der Dieb, sobald er sich an einem Auto zu schaffen macht (unmittelbares Ansetzen zur Tat), wegen versuchten Diebstahls strafbar macht. Es wird hier also nicht bestritten, dass der Dieb, trotz der Bedingung, bereits beim Ansetzen zur Tat auch mit der erforderlichen Zueignungsabsicht handelt. Auch bei der künstlichen

---

256 Vgl. *Lackner/Kühl*, § 15 Rn. 18 f., 20.

257 *Roxin*, AT I § 12 Rn. 8.

258 *Roxin*, AT I § 12 Rn. 11.

259 Erwähnt sei an dieser Stelle, dass der Plan der Verwerfung eines Embryos bei negativem Befund hingegen zum Zeitpunkt der künstlichen Befruchtung keine Absicht im technischen Sinn darstellt. So führt *Roxin* aus: „*Andererseits sind unerwünschte Erfolge, deren Eintritt der Täter nicht als sicher, sondern nur als möglich oder wahrscheinlich angesehen hatte, höchstens als mit bedingtem Vorsatz herbeigeführt anzusehen.*" [*Roxin*, AT I § 12 Rn. 11.].

260 Vgl. § 22 StGB.

261 *Eser*, in: Schönke/Schröder, § 22 Rn. 3.

262 Vgl. *Schroth*, NStZ 2009, 233 (234); *ders.*, in: Roxin/Schroth, S. 543 ff.

Befruchtung mit anschließender Präimplantationsdiagnostik ist das Abhängigmachen des Transfers von einem positiven Befund eine objektive Bedingung, die die besondere Absicht im Rahmen von § 1 Abs. 1 Nr. 2 ESchG nicht verhindert.

Ferner spricht ein einfacher Vergleich mit dem „Normalfall" der straflosen In-Vitro-Fertilisation für dieses Ergebnis. Der Transfer des Embryos steht hier immer unter der Bedingung, dass die Frau diesem später, also nach der künstlichen Befruchtung, noch immer zustimmt.[263] Überdies wird auch im Rahmen der *einfachen* In-Vitro-Fertilisation stets nur ein morphologisch unauffälliger Embryo transferiert.[264] Beides ändert aber nichts an der Straflosigkeit der Behandlung.

Fest steht: Die Bedingung, den Embryo nach erfolgter Präimplantationsdiagnostik nur bei einem günstigen Befund auf die Frau zu übertragen, ist im Hinblick auf die Absicht, eine Schwangerschaft herbeizuführen, unschädlich.[265]

Daher kann die Frage, ob die Vorschrift des § 1 Abs. 1 Nr. 2 ESchG lediglich Absicht im technischen Sinn meint, oder ob, trotz des Wortlauts, auch andere Vorsatzformen, insbesondere dolus directus zweiten Grades zur Verwirklichung des subjektiven Tatbestandes ausreichen, wie bei manchen Vorschriften, die ebenfalls von einer Absicht sprechen, zum Teil in der Literatur vertreten wird, hier dahingestellt bleiben.[266] Denn im Falle der Vornahme einer Präimplantationsdiagnostik ist, wie soeben festgestellt, stets vom Vorliegen einer Absicht im technischen Sinne, also von dolus directus ersten Grades, auszugehen.[267]

---

263 Vgl. nur *Schneider*, MedR 2000, 360 (362); so auch *Günther*, in: Günther/Taupitz/Kaiser, § 1 Abs. 1 Nr. 2 Rn. 19.

264 *Schroth*, NStZ 2009, 233 (234); *ders.*, in: Roxin/Schroth, S. 543 ff.

265 So auch der BGH, 5 StR 386/09, Rn. 14 ff.

266 BGHSt 9, 142; 13, 219; 41, 358; *Wessels/Beulke*, AT, § 7 Rn. 212; *Kühl*, AT, § 5 Rn. 30; *Lackner/Kühl*, § 15 Rn. 20; *Sternberg-Lieben*, in: Schönke/Schröder, § 15 Rn. 70; *Witzigmann*, JA 2009, 488 (490 ff.); vgl. z. B. *Puppe*, in: Kindhäuser/Neumann/Paeffgen, Strafgesetzbuch, § 15 Rn. 106 ff.; dass auch der bedingte Vorsatz nach manchen Autoren (vgl. z. B. *Puppe*) in einigen Vorschriften unter den Absichtsbegriff fallen soll, erscheint aufgrund des natürlichen Wortsinns im Hinblick auf das verfassungsrechtliche Bestimmtheitsgebot aus Art. 103 Abs. 2 GG – sehr zurückhaltend ausgedrückt – als eher fraglich. Auch wäre eine Verwendung des Absichtsbegriffs, wie *Witzigmann* feststellt, durch den Gesetzgeber ohne jede Bedeutung, wenn alle Vorsatzformen darunter fielen (*Witzigmann*, JA 2009, 488, 490).

267 *Günther* führt ohne Begründung, aber zutreffend aus, dass die besondere Absicht den Unrechtsgehalt entscheidend prägt und im Sinne eines zielgerichteten Wollens zu verstehen ist, in: Günther/Taupitz/Kaiser, Vor § 1 Rn. 38 f., 40; § 1 Abs. 1 Nr. 2 Rn. 18.

(c) Zwischenergebnis

Derjenige, der an einer künstlich befruchteten Eizelle eine Präimplantationsdiagnostik durchführen und nur bei Vorliegen eines günstigen Befundes den erzeugten Embryo auf die richtige Frau übertragen will, handelt zum Zeitpunkt des Unternehmens der künstlichen Befruchtung bereits mit der Absicht, eine Schwangerschaft herbeizuführen.[268]

c) Ergebnis

Wer bereits bei dem Unternehmen der künstlichen Befruchtung einer Eizelle beabsichtigt, an dem erzeugten Embryo eine Präimplantationsdiagnostik durchzuführen, verstößt nicht gegen § 1 Abs. 1 Nr. 2 ESchG.[269] Aus dieser Vorschrift ergibt sich demzufolge kein Verbot der Präimplantationsdiagnostik.

2. § 1 Abs. 1 Nr. 5 ESchG – Missbräuchliche Anwendung von Fortpflanzungstechniken

Bei der soeben vorgenommen Untersuchung des § 1 Abs. 1 Nr. 2 ESchG wurde zur rechtlichen Bewertung auf die Befruchtung *einer* Eizelle abgestellt. Im Rahmen einer Präimplantationsdiagnostik werden aber stets, um das angestrebte Ziel (Schwangerschaft) zu erreichen, *mehrere* Eizellen befruchtet, da nur die Embryonen mit günstigem Befund übertragen werden sollen. Dieses Vorgehen könnte gegen den in der Praxis der deutschen Reproduktionsmedizin besonders

---

268 Anzumerken ist noch, ohne dass es darauf ankommen würde, dass darüber hinaus keinesfalls die Absicht, im Sinne eines zielgerichteten Willens, besteht, den Embryo bei negativem Befund verwerfen zu wollen.

269 Vorausgesetzt, es wird die Schwangerschaft der *richtigen Frau* beabsichtigt. So auch: BGH, 5 StR 386/09, Rn. 14 ff.; *Schroth*, NStZ 2009, 233 ff.; *ders.*, in: Roxin/Schroth, S. 543 ff.; *Neidert*, ZRP 2002, 467, 470; *ders.*, ZRP 2006, 85, 87; *Frommel*, Reproduktionsmedizin, 4–2002, 158 ff., 176 ff.; *Günther*, in: Günther/Taupitz/Kaiser, § 1 Abs. 1 Nr. 2 Rn. 19; *Erlinger*, Strafrechtliche Würdigung der PID: Zum Streitstand, in: Rechtsfragen der Präimplantationsdiagnostik, S. 65 ff.; 69 ff.; *Beck*, S. 189 ff.; *Duttge*, GA 2002, 241 ff., 247 f.; *Schreiber*, DÄBl. 2000, 97, A-1135; *Schneider*, S. 52 ff.; *dies.*, MedR 2000, 360 (361 f.); *Giwer*, S. 36 f., 38; *Göllner*, S. 16 ff., 22 f.; Bioethikkommission Rheinland Pfalz, Präimplantationsdiagnostik Bericht 1999, S. 57; *Ratzel/Heinemann*, MedR 1997, 540, 542; so wohl auch *Höfling*, in: FAKomm-MedR, ESchG § 1 Rn. 15 f.; **a.A.**: *Beckmann*, MedR 2001, 169, 170; *Laufs*, Präimplantationsdiagnostik – Juritische Überlegungen, S. 204 ff.; *ders.*, in: Laufs/Kern, § 129 VI.; *Laufs/Katzenmeier/Lipp*, VIII. Rn. 38; *Renzikowski*, NJW 2001, 2753, 2754 ff.; *Mildenberger*, MedR 2002, 293 ff., 296 f.; *Böcher*, S. 73 ff., 81; *Böckenförde-Wunderlich*, S. 119 ff., 129 f.; *Lück*, S. 45 ff., 57.

wichtigen § 1 Abs. 1 Nr. 5 ESchG[270] verstoßen. Nach dieser Vorschrift wird mit Freiheitsstrafe bis zu drei Jahren oder mit Geldstrafe bestraft, wer *„es unternimmt, mehr Eizellen einer Frau zu befruchten, als ihr innerhalb eines Zyklus übertragen werden sollen"*. Die ratio legis der Vorschrift ist es, dem Entstehen überzähliger Embryonen entgegenzuwirken,[271] damit keine Embryonen für eine missbräuchliche Verwendung im Sinne von § 2 Abs. 1 ESchG und für eine gespaltene Mutterschaft zur Verfügung stehen.[272] Außerdem soll mit § 1 Abs. 1 Nr. 5 ESchG eine *Vorratsbefruchtung* verhindert werden.[273] Der Embryo soll, wie auch schon bei § 1 Abs. 1 Nr. 2 ESchG, davor geschützt werden, physisch beeinträchtigt und zum Objekt fremdnütziger Zwecke gemacht zu werden. Geschütztes Rechtsgut der Vorschrift sind damit ebenfalls das menschliche Leben (Art. 2 Abs. 2 Satz 1 GG) und die Menschenwürde (Art. 1 Abs. 1 GG), soweit der Embryo durch Art. 1 Abs. 1 Satz 1 und Art. 2 Abs. 2 Satz 1 GG geschützt wird.[274]

a) Der objektive Tatbestand des § 1 Abs. 1 Nr. 5 ESchG

Im objektiven Tatbestand ähnelt § 1 Abs. 1 Nr. 5 ESchG der Nr. 2.[275] So ist auch hier das Unternehmen der künstlichen Befruchtung menschlicher Eizellen Voraussetzung, sodass auch hier bereits der Versuch der Vollendung gleichgestellt ist (§ 11 Abs. 1 Nr. 6 StGB). Insoweit kann auf die obigen Ausführungen verwiesen werden. Anzumerken ist, dass die „Befruchtung von Eizellen", da die Befruchtung, wie im zweiten Teil der Arbeit beschrieben, kein plötzliches Ereignis, sondern ein mehrstündiger Prozess ist, die Weiterkultivierung von Eizellen, genauer von Vorkernstadien, über die gesamte Dauer der Befruchtung meint, um einen Embryo zu erhalten.[276]

Ein Unterschied zu § 1 Abs. 1 Nr. 2 ESchG besteht darin, dass bei § 1 Abs. 1 Nr. 5 ESchG die künstliche Befruchtung extrakorporal erfolgen muss.[277] Dies

270 Vgl. für viele *Höfling*, in: FAKomm-MedR, ESchG § 1 Rn. 20.

271 BT-Drs. 11/5460, S. 9.

272 *Günther*, in Günther/Taupitz/Kaiser, § 1 Abs. 1 Nr. 5 Rn. 1 f.

273 *Günther*, in Günther/Taupitz/Kaiser, § 1 Abs. 1 Nr. 5 Rn. 3.

274 Günther, aaO, Rn. 2; siehe dazu auch den 3. Teil: Status des Embryos.

275 *Günther*, in: Günther/Taupitz/Kaiser, § 1 Abs. 1 Nr. 5 Rn. 13, 18. Die Nr. 5 ist somit *lex specialis* zu Nr. 2.

276 Vgl. *Frister*, GuP 2012, 10, 11; *Neidert*, MedR 2007, 279, 283; *Frommel*, J. Reproduktionsmed. Endokrinol 2007, 27, 28, Fn. 2; vgl. auch Teil 2 der Arbeit. Dies gilt auch für § 1 Abs. 1 Nr. 2 ESchG, allerdings war dies bei dessen Bearbeitung noch nicht von Bedeutung.

277 *Günther*, in: Günther/Taupitz/Kaiser, § 1 Abs. 1 Nr. 5 Rn. 14.

folgt daraus, dass die künstlich befruchteten Eizellen erst noch auf die Frau übertragen werden sollen.[278] Dies ist bei der Präimplantationsdiagnostik, die zwangsläufig eine extrakorporale Befruchtung voraussetzt, unproblematisch. Der entscheidende Unterschied besteht allerdings darin, dass Nr. 5 die Befruchtung *mehrerer* (also mindestens zwei) Eizellen einer Frau voraussetzt, ohne dabei jedoch die Anzahl enumerativ vorzugeben.[279] Es kommt, da der objektive Tatbestand die Zahl nicht einschränkt, insoweit entscheidend auf die Vorstellung des Täters an.[280]

b) Der subjektive Tatbestand des § 1 Abs. 1 Nr. 5 ESchG

Was der subjektive Tatbestand der Vorschrift genau fordert, ist aufgrund der ungewöhnlichen Formulierung nicht eindeutig. Nach § 1 Abs. 1 Nr. 5 ESchG wird bestraft, wer *„es unternimmt, mehr Eizellen einer Frau zu befruchten, als ihr innerhalb eines Zyklus übertragen werden sollen"*. Zum einen ist allgemein umstritten, was die Limitierung des Befruchtungsunternehms bedeutet und im speziellen, ob die Dreierregel aus § 1 Abs. 1 Nr. 3 ESchG auch auf § 1 Abs. 1 Nr. 5 ESchG anzuwenden ist. Unklar ist zum andern, welche Vorsatzform von der Vorschrift gefordert wird.

(1) Die Beschränkung aus § 1 Abs. 1 Nr. 5 ESchG

§ 1 Abs. 1 Nr. 5 ESchG limitiert nach seinem Wortlaut die Anzahl von Befruchtungen, die von einem Arzt unternommen werden dürfen. Dabei wird keine konkrete Zahl vorgeschrieben, sondern die Beschränkung erfolgt dadurch, dass nicht *mehr* Eizellen befruchtet werden dürfen, *als* der Frau innerhalb eines Zyklus übertragen werden *sollen*. Der Arzt darf also eine vor Beginn des Befruchtungsunternehmens gesetzte Grenze nicht überschreiten. Ob diese Grenze vorher vom Arzt allein, zusammen mit der Frau oder durch einen dritten Arzt[281] festgelegt wurde, ist gleichgültig, muss doch der Arzt die Grenze subjektiv in seinen Willen aufgenommen haben. Es kommt also insoweit entscheidend auf die Vorstellung des Arztes an.[282]

---

278 Vgl. *Günther*, in: Günther/Taupitz/Kaiser, § 1 Abs. 1 Nr. 5 Rn. 14.

279 *Günther*, in: Günther/Taupitz/Kaiser, § 1 Abs. 1 Nr. 5 Rn. 17. Anders etwa in § 1 Abs. 1 Nr. 4 ESchG

280 Vgl. *Günther*, in: Günther/Taupitz/Kaiser, § 1 Abs. 1 Nr. 5 Rn. 17; *Böcher*, S. 81 ff.

281 Es ist durchaus vorstellbar, dass etwa ein Arzt die Embryonen übertragen will und die Anzahl festlegt, aber ein anderer Arzt die Befruchtung der Eizellen vornimmt.

282 Vgl. *Günther*, in: Günther/Taupitz/Kaiser, § 1 Abs. 1 Nr. 5 Rn. 17; *Böcher*, S. 81 ff.

Was dies aber konkret bedeutet, wie viele Eizellen also dem Unternehmen der Befruchtung vorsätzlich[283] ausgesetzt werden dürfen, ohne dass sich der Mediziner nach § 1 Abs. 1 Nr. 5 ESchG strafbar macht, ist umstritten.

Vielfach wird hierzu nun ausgeführt, dass § 1 Abs. 1 Nr. 3 ESchG ergänzend und konkretisierend herangezogen werden müsse.[284] Nach dieser Vorschrift macht sich strafbar, wer *„es unternimmt, innerhalb eines Zyklus mehr als drei Embryonen auf eine Frau zu übertragen"*. Zusammengelesen ergibt sich: Befruchtung von nicht mehr Eizellen, als übertragen werden sollen (Nr. 5) und Übertragung von nicht mehr als drei Embryonen (Nr. 3).[285] Daraus soll sich folgern lassen, dass auch im Rahmen der Nr. 5 die sogenannte Dreierregel Anwendung findet und nicht mehr als drei Eizellen dem Unternehmen der Befruchtung ausgesetzt werden dürften.[286] Dem kann, wie in der Folge dargelegt, aus mehreren Gründen nicht gefolgt werden.[287]

(a) § 1 Abs. 1 Nr. 5 ESchG und die Dreierregel (§ 1 Abs. 1 Nr. 3 ESchG)

Die Auslegung der beiden Vorschriften spricht dagegen, die Dreierregel des § 1 Abs. 1 Nr. 3 ESchG auf § 1 Abs. 1 Nr. 5 ESchG zu übertragen. Neben dem eindeutig unterschiedlichen Wortlaut, was die Begrenzung angeht (nur in Nr. 3 ist eine ausdrückliche numerische Begrenzung erfolgt, was eher für eine flexible Regelung als für eine starre Begrenzung in der Nr. 5 spricht) ist der Wortlaut auch in einem weiteren Punkt unterschiedlich. § 1 Abs. 1 Nr. 5 ESchG spricht von dem Unternehmen der *Befruchtung* von mehr *Eizellen*, als einer Frau innerhalb eines Zyklus übertragen werden sollen und meint damit, die Weiterkultivierung von

283 Zu der Frage, welche Vorsatzform § 1 Abs. 1 Nr. 5 ESchG genau fordert, sogleich unter (2).

284 Etwa BÄK, (Muster-)Richtlinie assistierte Reproduktion, DÄBl. 2006, S. A 1395; *Beitz*, S. 49 ff., 65; *Höfling*, in: FAKomm-MedR, ESchG § 1 Rn. 20; *Müller-Terpitz*, in: Spickhoff, ESchG § 1, Rn. 17 f.

285 *Neidert*, MedR 2007, 279, 282.

286 So etwa BÄK, (Muster-)Richtlinie assistierte Reproduktion, DÄBl. 2006, S. A 1395; *Beitz*, S. 49 ff., 65; *Höfling*, in: FAKomm-MedR, ESchG § 1 Rn. 20; *Müller-Terpitz*, in: Spickhoff, ESchG § 1 Rn. 17 f.

287 Die Ursache für diesen fälschlichen Rückschluss ist, wie *Frommel* treffend ausführt, dass aufgrund von interdisziplinären Verständnisproblemen, naheliegende Auslegungsspielräume nicht genutzt werden, da Juristen oftmals die reproduktionsbiologischen Gegebenheiten zu wenig kennen und unzureichend zwischen den verschiedenen Entwicklungsstadien von Eizellen und Embryonen im Sinne des Embryonenschutzgesetzes differenzieren [*Frommel*, J. Reproduktionsmed. Endokrinol 2007, 27, 27.].

Vorkernstadien (2-PN-Zellen)[288], um übertragungsfähige Embryonen zu erhalten.[289] § 1 Abs. 1 Nr. 3 ESchG spricht hingegen von dem Unternehmen, mehr als drei (übertragungsfähige) *Embryonen* innerhalb eines Zyklus auf eine Frau zu *übertragen*. Vergleicht man also die Regelungsinhalte der beiden Vorschriften, so zeigt sich, dass § 1 Abs. 1 Nr. 5 ESchG die Gewinnung von befruchteten, entwicklungsfähigen (transferierbaren) Eizellen regelt und damit lex specialis zu § 1 Abs. 1 Nr. 2 ESchG ist.[290] § 1 Abs. 1 Nr. 5 ESchG zielt außerdem darauf ab, das Entstehen von überzähligen Embryonen sowie eine Vorratsbefruchtung zu vermeiden und schützt als Rechtsgut damit vor allem das Leben und die Gesundheit des extrakorporalen Embryos.[291] § 1 Abs. 1 Nr. 3 ESchG regelt hingegen den Transfer von Embryonen und bezweckt den Schutz des werdenden Lebens im Mutterleib und der Mutter selbst.[292] Die Vorschrift will mit der Übertragungsbegrenzung von maximal drei Embryonen den Gefahren einer höhergradigen Mehrlingsschwangerschaft entgegenwirken und diese verhindern. Der Vergleich zeigt, dass sich die Regelungsinhalte der beiden Vorschriften gravierend voneinander unterscheiden.[293] Dies führt dazu, dass die Bestimmung in § 1 Abs. 1 Nr. 3 ESchG allenfalls eingeschränkt für eine Auslegung der Bestimmung des § 1 Abs. 1 Nr. 5 ESchG herangezogen werden kann.[294] Die *Dreierregel* ist in § 1 Abs. 1 Nr. 3 ESchG angebracht, um der Gefahr einer höhergradigen Mehrlingsschwangerschaft, die Risiken sowohl für die Mutter als auch für die Kinder in

---

288 Siehe insoweit Teil 2 der Arbeit und oben unter b).

289 Vgl. *Frister*, GuP 2012, 10, 11; *Neidert*, MedR 2007, 279, 283; *Frommel*, J. Reproduktionsmed. Endokrinol 2007, 27, 28, Fn. 2. Daraus folgt, dass alle Eizellen, die trotz der Zugabe von Spermien schon nicht das Vorkernstadium erreichen bzw. bei denen bereits im Vorkernstadium Auffälligkeiten auftreten (es bilden sich ein oder gleich drei Vorkerne), aus der Betrachtung ausscheiden, da diese bereits nicht weiterkultiviert werden.

290 *Günther*, in Günther/Taupitz/Kaiser, § 1 Abs. 1 Nr. 5 Rn. 13; *Frommel*, aaO., 28 f.

291 *Günther*, aaO., Rn. 5; *Frommel*, aaO., 28 f.

292 *Günther*, aaO., § 1 Abs. 1 Nr. 3 Rn. 1; *Frommel*, aaO. 28 f.

293 *Frommel*, aaO., 28 f.

294 AG Wolfratshausen, 30.04.2008, 6 C 677/06, Rn. 17; vgl. auch *Frommel*, J. Reproduktionsmed. Endokrinol 2007, 27, 31. *Frommel* macht einen weiteren Grund dafür aus, dass Nr. 5 und Nr. 3 in der Vergangenheit als Einheit gesehen wurden und daraus folgend die starre Quote der Nr. 3 auch für die Nr. 5 herangezogen wurde: die Vorstellung, dass eine angemessene Schwangerschaftsquote nur durch die Steigerung des Risikos von höhergradigen Mehrlingsschwangerschaften erreicht werden konnte. Diese Vorstellung ist aber, wie *Frommel* richtigerweise ausführt nicht mehr vertretbar [aaO., 29].

sich birgt, vorzubeugen. § 1 Abs. 1 Nr. 5 ESchG liegt allerdings, wie aufgezeigt, eine andere Situation zu Grunde, die eine andere Behandlung nötig macht.

Auch die weitere Auslegung der beiden Vorschriften spricht dagegen, dass die Dreierregel aus § 1 Abs. 1 Nr. 3 ESchG auf § 1 Abs. 1 Nr. 5 ESchG übertragen werden sollte. Aus der Begründung des Gesetzentwurfs der Bundesregierung[295] zu § 1 Abs. 1 Nr. 3 RegEntw ESchG, der wortwörtlich, lediglich unter Änderung der Nummerierung – als Nr. 5 – übernommen wurde, ergibt sich, dass auch der historische Gesetzgeber keine starre Zahl begrenzt auf die Befruchtung von drei Eizellen für die Vorschrift festsetzen wollte. Dort wird ausgeführt, dass ein Arzt in der Regel nicht mehr als vier Eizellen befruchten müsse, um drei Embryonen transferieren zu können. Ein Änderungsantrag der SPD-Fraktion, der eine ausdrückliche Begrenzung auf drei Eizellen forderte, wurde, wie sich aus der Beschlussempfehlung und Bericht des Rechtsausschusses ergibt, abgelehnt.[296] Dagegen wird eingewandt, dass die Formulierung im Gesetzentwurf der Bundesregierung auf die Ursprungsfassung des Entwurfs zurückgehe, als für die Übertragung der Eizellen noch keine Höchstgrenze vorgesehen wurde und dies durch die Einführung der jetzigen Nr. 3 und 4 durch die Beschlussempfehlung überholt sei.[297] Dieses Argument ist allerdings nicht stichhaltig. Es wurde, wie der Änderungsantrag und die Einführung der Nr. 3 und 4 zeigen, offen über eine numerische Begrenzung auch in § 1 Abs. 1 Nr. 5 ESchG nachgedacht und dennoch wurde sie nicht aufgenommen. Gleichzeitig wurde eine solche aber in Nr. 3 und 4 integriert. Es ist vor diesem Hintergrund nicht erklärlich, dass die jetzige Nr. 5, wenn doch eine starre Begrenzung auf drei Eizellen gewollt gewesen wäre, dennoch unverändert – ohne numerische Begrenzung – aus dem ursprünglichen Gesetzentwurf übernommen wurde. Hätte wirklich § 1 Abs. 1 Nr. 5 ESchG starr begrenzt werden sollen, wäre nichts einfacher gewesen, als dies ausdrücklich wie in den Nrn. 3 und 4 aufzunehmen. Dies ist aber nicht erfolgt. Dass von einer ausdrücklichen Regelung abgesehen wurde, da ja evident die Begrenzung der Nr. 3 auch für Nr. 5 gelten soll, kann vor dem Hintergrund der erfolgten Diskussion nicht behauptet werden. Das Argument, dass Nr. 3 und 4 erst später im Laufe des Gesetzgebungsverfahrens aufgenommen wurden, verkennt, dass Nr. 3 und 4 des § 1 Abs. 1 ESchG durch die selbe Beschlussempfehlung aufgenommen wurden, die auch den Änderungsvorschlag der SPD-Fraktion abgelehnt

295 BT-Drs. 11/5460, S. 9.

296 Beschlussempfehlung und Bericht des Rechtsausschusses (6. Ausschuss) der Bundesregierung, BT-Drs. 11/8057, S. 14; *Günther*, in Günther/Taupitz/Kaiser, § 1 Abs. 1 Nr. 5 Rn. 8.

297 *Pelchen/Häberle*, in: Erbs/Kohlhaas, ESchG § 1 Rn. 8; vgl. BT-Drs. 11/8057.

und Nr. 5 wortwörtlich übernommen hat.[298] Aus dem historischen Willen des Gesetzgebers lässt sich somit ableiten, dass eine starre Quote bei § 1 Abs. 1 Nr. 5 ESchG, wie bei Nr. 3, nicht gewollt war.[299]

Die systematische Auslegung kommt ebenfalls zu keinem anderen Ergebnis. Die systematische und inhaltliche Nähe der beiden Vorschriften zueinander könnte auf den ersten Blick dafür sprechen, dass auch in Nr. 5 eine Begrenzung auf die Befruchtung von drei Eizellen erfolgen soll und Nr. 3 und 5 insoweit, wie häufig behauptet, eine Einheit bilden. Bezieht man hingegen auch noch die Vorschrift des § 1 Abs. 1 Nr. 4 ESchG in die Bewertung mit ein, die ebenfalls eine ausdrückliche Beschränkung auf *„drei Eizellen"* enthält, so erweist sich das vorgenannte – ohnehin schwache – Argument als wenig stichhaltig. So wäre doch, wenn auch in Nr. 5 eine enumerative Begrenzung gewollt war, es einleuchtender gewesen, diese entweder auch in Nr. 5 ausdrücklich aufzunehmen oder aber, wenn dies aufgrund des Systemgefüges überflüssig wäre, auch in Nr. 4 keine ausdrückliche Begrenzung aufzunehmen.

Die Auslegung von § 1 Abs. 1 Nr. 5 und Nr. 3 ESchG ergibt, dass der oben angesprochene Automatismus, die *Dreierregel* und damit eine starre zahlenmäßige Begrenzung einfach unreflektiert auf Nr. 5 zu übertragen, verfehlt ist.

(b) Teleologische Reduktion des § 1 Abs. 1 Nr. 5 ESchG

Auf die Vorschrift des § 1 Abs. 1 Nr. 5 ESchG kann, wie soeben festgestellt, die Dreierregel nicht übertragen werden. Es wurde bewusst keine numerisch vorgegebene Begrenzung aufgenommen. Fraglich bleibt dennoch, wie viele unter Befruchtung stehende Eizellen (2-PN-Zellen) ein Mediziner weiterkultivieren darf, ohne sich nach § 1 Abs. 1 Nr. 5 ESchG strafbar zu machen.

Den reinen Wortlaut der Vorschrift könnte man so verstehen, dass ein Arzt nicht mehr Vorkernstadien weiterkultivieren darf, als er der Frau innerhalb eines Zyklus übertragen will.[300] Das würde bedeuten, dass ein Mediziner, der zwei Embryonen auf die Frau übertragen will, auch nur zwei Eizellen dem Unternehmen der Befruchtung aussetzen dürfte. Da aber nicht jeder Befruchtungsversuch erfolgreich, nicht jede befruchtete Eizelle entwicklungsfähig ist und sich zu einem übertragungsfähigen Embryo entwickelt, würden die Erfolgschancen einer Behandlung zur Herbeiführung einer Schwangerschaft erheblich vermindert. Der Wortlaut der Vorschrift ist allerdings nicht eindeutig, sondern ungenau, da

298 *Günther*, in Günther/Taupitz/Kaiser, § 1 Abs. 1 Nr. 5 Rn. 8 Fn. 13.
299 Vgl. auch AG Wolfratshausen, 30.04.2008, 6 C 677/06, Rn. 17.
300 Vgl. *Frister*, GuP 2012, 10, 11.

von dem Unternehmen, mehr Eizellen zu befruchten, als auf die Frau übertragen werden sollen, die Rede ist, aber nicht Eizellen, sondern transferierbare Embryonen auf die Frau übertragen werden sollen. Der Wortlaut der Norm ist somit auslegungsfähig und -bedürftig.[301] Bei der vorzunehmenden Auslegung der Vorschrift ist neben der ratio legis der Vorschrift, der Vermeidung des Entstehens überzähliger Embryonen, auch das Behandlungsziel, die Herbeiführung einer Schwangerschaft, zu berücksichtigen. Es muss eine medizinisch angemessene und juristisch zulässige Lösung gefunden werden, die einerseits die Interessen der behandelten Frauen / Paare und andererseits die Vorgaben und Wertungen des Embryonenschutzgesetzes beachtet.[302]

Sinn und Zweck des § 1 Abs. 1 Nr. 5 ESchG ist es, dem Entstehen überzähliger Embryonen entgegenzuwirken,[303] damit keine Embryonen für eine missbräuchliche Verwendung im Sinne von § 2 Abs. 1 ESchG und für eine gespaltene Mutterschaft zur Verfügung stehen.[304] Außerdem soll mit § 1 Abs. 1 Nr. 5 ESchG eine *Vorratsbefruchtung* verhindert werden.[305] Die Vorschrift will also konkret verhindern, dass nach der Behandlung übertragbare Embryonen übrig sind, die nicht mehr auf die Frau übertragen werden.[306] Dem Sinn und Zweck der Vorschrift wird also, unabhängig von der Anzahl der Befruchtungsunternehmen, entsprochen, wenn zum Zeitpunkt des geplanten Transfers nicht mehr übertragungsfähige Embryonen vorhanden sind, als auch übertragen werden sollen. Dem Ziel der Vorschrift steht es demnach auch nicht entgegen, wenn ein Mediziner nicht nur zwei oder drei, sondern mehr Eizellen dem Unternehmen der Befruchtung aussetzt, wenn zum Zeitpunkt der geplanten Übertragung lediglich die Anzahl an Embryonen vorhanden sein soll, die auch übertragen werden soll. Der Mediziner kann daher eine Prognose aufstellen, in der er berücksichtigt, wie sich die Vorkernstadien und Embryonen bis zur geplanten Übertragung weiterentwickeln bzw. wie viele Vorkernstadien und Embryonen sich gerade nicht zum übertragungsfähigen Embryo entwickeln. Dabei muss er das Risiko des Entstehens überzähliger Embryonen nach Möglichkeit minimieren. Das heißt, dass im Zweifel die Wahrscheinlichkeit, dass zum Zeitpunkt der geplanten Übertragung mehr Embryonen vorhanden sind, als übertragen werden soll, niedriger sein muss, als die Wahrscheinlichkeit, dass keine überzähligen Embryonen

---

301 AG Wolfratshausen, 30.04.2008, 6 C 677/06, Rn. 16.

302 Vgl. *Frommel*, J. Reproduktionsmed. Endokrinol 2007, 27, 28.

303 BT-Drs. 11/5460, S. 9.

304 *Günther*, in Günther/Taupitz/Kaiser, § 1 Abs. 1 Nr. 5 Rn. 1 f.

305 *Günther*, in Günther/Taupitz/Kaiser, § 1 Abs. 1 Nr. 5 Rn. 3.

306 *Frister*, GuP 2012, 10, 11.

vorhanden sind.[307] Der Mediziner kann danach so viele Vorkernstadien weiterkultivieren, wie nach seiner Berechnung erforderlich sind, um zum Zeitpunkt des geplanten Transfers genau die Anzahl an Embryonen zu erhalten, die auch übertragen werden soll, ohne in Zweifelsfällen das zu hohe Risiko einzugehen, überzählige Embryonen zu erzeugen.

Das Ergebnis, dass bei § 1 Abs. 1 Nr. 5 ESchG dem Mediziner ein gewisser Beurteilungsspielraum, was die Anzahl der Befruchtungsunternehmen angeht, eingeräumt werden sollte, lässt sich auch aus dem historischen Willen des Gesetzgebers ableiten.[308] Auch der Gesetzgeber ging, wie oben bereits angedeutet, von einem gewissen Beurteilungsspielraum der Ärzte im Rahmen der damals verfügbaren medizinischen Methoden aus.[309] Der damalige Gesetzgeber ging aufgrund *„bisheriger Erfahrungen"* bei der Verwendung einwandfreier Ei- und Samenzellen davon aus, dass es in etwa 80 % der Fälle von künstlichen extrakorporalen Befruchtungsversuchen zur Befruchtung kommt.[310] Die heutigen Methoden der morphologischen Identifikation und prognostischen Prüfung entwicklungsfähiger 2-PN-Zellen und Embryonen vor dem Transfer waren zur Zeit der Entstehung des Embryonenschutzgesetzes noch gar nicht bekannt,[311] konnten also auch nicht berücksichtigt werden. Der Gesetzgeber verfügte noch nicht über die heutige reproduktionsmedizinische Kenntnis, wusste also nicht, dass man zwischen lediglich teilungsfähigen und zusätzlich auch entwicklungsfähigen und zum Transfer geeigneten Embryonen unterscheiden kann.[312] Es wurden daher damals alle Eizellen, bei denen es zur künstlichen Befruchtung gekommen ist, ungeprüft übertragen. Der Gesetzgeber konnte nach dem damaligen Erkenntnisstand also nur berücksichtigen, dass die Erfolgsquote der künstlichen Befruchtung bei etwa 80% liegt, kam deshalb zu der sogenannten *Viererregel* und nahm an, dass der Mediziner vier Eizellen befruchten darf, um

307 Das heißt bei einer 30%igen Wahrscheinlichkeit, dass aus einem weiterkultivierten Vorkernstadium ein übertragbarer Embryo entsteht, darf ein Mediziner maximal 8 Vorkernstadien weiterkultivieren, um zwei übertragbare Embryonen zu erzeugen. Denn beträgt die Wahrscheinlichkeit 30%, so erhält der Mediziner bei 8 weiterkultivierten Vorkernstadien im Schnitt 2,4 Embryonen. Würde er hingegen 9 Vorkernstadien weiterkultivieren, so würde er im Schnitt 2,7 übertragbare Embryonen erhalten. In diesem Fall wäre das Risiko des Entstehens eines überzähligen Embryos zu groß.

308 So auch das AG Wolfratshausen, 30.04.2008, 6 C 677/06, Rn. 17.

309 *Frommel*, J. Reproduktionsmed. Endokrinol 2007, 27, 30.

310 BT-Drs. 11/5460, S. 9; vgl. auch *Pelchen/Haberle*, in: Erbs/Kohlhaas, ESchG § 1 Rn. 8.

311 *Frommel*, J. Reproduktionsmed. Endokrinol 2007, 27, 29.

312 *Frommel*, J. Reproduktionsmed. Endokrinol 2007, 27, 31.

drei übertragungsfähige Embryonen zu erhalten.[313] Es wurde damit früher im Rahmen der damaligen Möglichkeiten ein Beurteilungsspielraum eröffnet. Deshalb kann davon ausgegangen werden, dass, wenn damals bereits die heutigen Methoden zur Verfügung gestanden hätten, auch ein dem entsprechender Beurteilungsspielraum eröffnet worden wäre. In diesem Sinne führt *Neidert* aus, dass sich der Gesetzgeber außerdem durch einen Sachverständigen die im Fluss befindliche *lex artis*[314] hatte vortragen lassen und man deshalb davon ausgehen dürfe, „*dass »der Gesetzgeber« in § 1 Abs. 1 Nr. 5 ESchG den jeweiligen Stand der frühembryonalen Prognostik berücksichtigen wollte*".[315] Dies rechtfertigt es laut *Neidert*, auch historisch die Nr. 5 im Sinne eines prognostischen Kalküls auszulegen. [316] War es also damals erlaubt, eine „Ausfallquote" zu berücksichtigen, so darf man dies auch heute, und zwar unter Berücksichtigung der neueren Erkenntnisse und Methoden.[317]

Für dieses Ergebnis spricht auch eine weitere Überlegung. Mit dem Fortschritt der Medizin ändern sich die Voraussetzungen einer Behandlung *lege artis*. Der Gesetzgeber wollte, wie soeben dargelegt, bei Erlass des Embryonenschutzgesetztes auch die *lex artis* berücksichtigen.[318] Da man zur Zeit des Erlasses des Embryonenschutzgesetzes davon ausging, dass man sich nur an der frühen Teilungsfähigkeit orientieren konnte, verlief der Transfer, was die Entwicklungsfähigkeit des Embryos angeht, in der Regel ungeprüft.[319] Heute weiß man, dass die Quote der Eizellen, die das Teilungsstadium erreichen, höher ist, die sich weiter ergebende prognostisch gestellte Entwicklungsfähigkeit der Embryonen allerdings deutlich niedriger ist, als damals angenommen.[320] Eine ungeprüfte

313 BT-Drs. 11/5460, S. 9.

314 Eine Behandlung entspricht der *lex artis* (lat.; übersetzt: Regeln der Kunst) oder auch der *ärztlichen Kunst*, wenn sie nach dem allgemein anerkannten Stand der medizinischen Wissenschaft und Technik durchgeführt wurde.

315 *Neidert*, MedR 2007, 279, 283 und Fn. 31.

316 *Neidert*, MedR 2007, 279, 283.

317 Vgl. *Neidert*, MedR 2007, 279, 283. Man kann heute genau überprüfen, wie viele Eizellen ins Vorkernstadium gelangt sind, man kann prüfen, welche Vorkernstadien entwicklungsfähig sind und welche Auffälligkeiten aufweisen, und man kann darüber hinaus eine Prognose treffen, wie viele Embryonen ihr Wachstum bis zur geplanten Übertragung einstellen werden, also nicht entwicklungsfähig sind.

318 *Neidert* führt aus, dass sich der Gesetzgeber des Embryonenschutzgesetzes durch einen Sachverständigen die im Fluss befindliche *lex artis* hatte vortragen lassen, MedR 2007, 279, 283.

319 *Frommel*, J. Reproduktionsmed. Endokrinol 2007, 27, 29 f.

320 *Frommel*, J. Reproduktionsmed. Endokrinol 2007, 27, 30.

Übertragung von Embryonen entspricht heute nicht mehr einer Behandlung nach der ärztlichen Kunst, da einerseits das Risiko besteht, entwicklungsunfähige Embryonen zu übertragen, was dem Behandlungsziel (und wohl auch dem Behandlungsvertrag) zuwider läuft, und andererseits die Gefahr einer höhergradigen Mehrlingsschwangerschaft besteht,[321] wenn drei entwicklungsfähige Embryonen übertragen werden.[322] Außerdem kann mit den neuen Methoden der morphologischen Identifikation und prognostischen Prüfung entwicklungsfähiger 2-PN-Zellen und Embryonen vor dem Transfer weitgehend verhindert werden, dass überzählige Embryonen entstehen.[323]

Das Embryonenschutzgesetz stellt in § 8 Abs. 1 ebenfalls auf diese Umstände ab. Nach dieser Vorschrift gilt als Embryo im Sinne des Embryonenschutzgesetzes „*die befruchtete, entwicklungsfähige menschliche Eizelle vom Zeitpunkt der Kernverschmelzung an*". Die *befruchtete* menschliche Eizelle gilt also gemäß § 8 Abs. 1 ESchG bereits als *Embryo*, allerdings erst ab dem Abschluss der Befruchtung, also der Kernverschmelzung und nur, wenn sie auch entwicklungsfähig ist.[324] Nicht als Embryo gilt danach die einfache Eizelle, die zwar mit dem männlichen Samen zusammengeführt wurde, aber noch vor der Imprägnation steht, die lediglich *unter Befruchtung stehende Eizelle* (Vorkernstadium / *2-PN-Zelle*) und die zwar befruchtete, aber *nicht entwicklungsfähige* Eizelle ab Kernverschmelzung.[325]

---

321 Laut DIR betrug die Mehrlingsrate nach künstlichen Befruchtungen im Jahr 2009 ca. 21 % für Zwillinge und ca. 0,9 % für Drillinge. Die natürliche Mehrlingsrate beträgt insgesamt ungefähr 1,5 %. Vgl. Deutscher Ethikrat, BT-Drs. 17/5210, S. 8.

322 *Frommel*, J. Reproduktionsmed. Endokrinol 2007, 27, 30. Für den Arzt besteht insoweit sogar die Gefahr der Strafverfolgung, da für die Übertragung eines nicht entwicklungsfähigen bzw. nicht untersuchten Embryos keine Einwilligung der Frau bestehen wird und so § 4 Abs. 1 Nr. 2 ESchG und § 223 StGB verletzt sein könnten.

323 BÄK, Memorandum PID, S. 9; vgl. auch *Hübner/Pühler*, MedR 2011, 789, 793 f.; Deutscher Ethikrat, BT-Drs. 17/5210, S. 30.

324 Was Entwicklungsfähig im Sinne von § 8 ESchG bedeutet, ist allerdings umstritten, vgl. Günther, in: Günther/Taupitz/Kaiser, § 8 Rn. 14 ff.

325 Vgl. auch *Pelchen/Häberle*, in: Erbs/Kohlhaas, ESchG § 8 Rn. 1. Dieses Ergebnis wird für die sogenannte 2-PN-Zelle auch durch einen Blick in § 8 Abs. 3 ESchG bestätigt, der klarstellt, dass die imprägnierte Eizelle vor der Kernverschmelzung nicht dem Embryo, sondern lediglich der Keimbahnzelle gleichgestellt ist und insoweit nur begrenzt durch § 5 Abs. 1 ESchG geschützt ist. [*Günther*, in Günther/Taupitz/Kaiser, § 8 Rn. 10].

(c) Zwischenergebnis

§ 1 Abs. 1 Nr. 5 ESchG muss teleologisch reduziert werden. Die Vorschrift verbietet nicht die Anzahl der Befruchtungsunternehmen an sich, sondern, unabhängig von der Anzahl der Befruchtungsunternehmen, das vorsätzliche[326] Unternehmen, mehr übertragbare Embryonen zu erzeugen, als der Frau innerhalb eines Zyklus auch tatsächlich übertragen werden sollen.[327] Ob tatsächlich überzählige Embryonen entstehen, ist gleichgültig, da § 1 Abs. 1 Nr. 5 ESchG, wie bereits ausgeführt, als Unternehmensdelikt ausgestaltet ist und insoweit bereits der Versuch die Strafbarkeit begründet.

Der Mediziner kann vor dem Beginn der Behandlung eine Prognose aufstellen, die sowohl individuelle Gesichtspunkte aus der Patientensphäre als auch allgemeine wissenschaftliche Erkenntnisse einbezieht.[328] Er kann dabei die jeweils zu erwartende Anzahl von Vorkernstadien, bei denen es nicht zur Kernverschmelzung kommt, von befruchteten Eizellen, die ihr Wachstum bis zur geplanten Übertragung einstellen, die also nicht entwicklungsfähig sind und von befruchteten Eizellen, die die Krankheit, aufgrund der die Präimplantationsdiagnostik durchgeführt wurde, in sich tragen, berücksichtigen.[329] Außerdem bleiben alle Eizellen unberücksichtigt, die sich schon nicht zum Vorkernstadium entwickeln und die bereits im Vorkernstadium eine Auffälligkeit aufweisen, also etwa nur einen oder gleich drei Vorkerne ausbilden, und deshalb nicht weiterkultiviert werden.[330]

Ergebnis eines solchen Vorgehens ist es, dass einerseits lediglich zum Transfer geeignete Embryonen auf die Frau übertragen werden, was die Erfolgschancen der Behandlung erhöht und andererseits, dass keine Embryonen überzählig

---

326 Zu der Frage, welche Vorsatzform § 1 Abs. 1 Nr. 5 ESchG genau fordert, sogleich unter (2).

327 *Frister*, GuP 2012, 10, 11; so auch das AG Wolfratshausen, 6 C 677/06, 30.04.2008.

328 AG Wolfratshausen, 6 C 677/06, 30.04.2008, Rn. 20.

329 Ähnlich, *Höfling*, in: FAKomm-MedR, ESchG § 1 Rn. 20; *Günther*, in: Günther/Taupitz/Kaiser, § 1 Abs. 1 Nr. 5 Rn. 9. Wie auch in der Natur, so gestaltet sich jeder künstliche Befruchtungsversuch, wie *Frommel* formuliert,“*derart, dass nur ein statistisch berechenbarer, individuell abschätzbarer Anteil der unter Befruchtung stehenden Eizellen sich zu teilen und in das embryonale Stadium einzutreten vermag, wonach sich wiederum nur ein Anteil davon tatsächlich zu Embryonen (i.S. einer sich teilenden „Eizelle“) mit einer prognostisch beurteilten Entwicklungs- und damit Implantationsfähigkeit weiter entwickelt.*“ [*Frommel*, J. Reproduktionsmed. Endokrinol 2007, 27, 29].

330 Vgl. *Neidert*, MedR 2007, 279, 283, 285; *Frommel*, J. Reproduktionsmed. Endokrinol 2007, 27, 28.

werden, die missbräuchlich verwendet werden könnten. So wird nicht nur der ratio legis des § 1 Abs. 1 Nr. 5 ESchG, sondern auch dem Behandlungsziel entsprochen.

Dabei darf der Mediziner aufgrund von § 1 Abs. 1 Nr. 3 ESchG nur anstreben, maximal drei zum Transfer geeignete Embryonen zu erzeugen und zu übertragen. Nach dem heutigen Stand der Wissenschaft sollten aber maximal zwei Embryonen auf die Frau übertragen werden. Denn die Übertragung von drei Embryonen ist nicht mehr als eine *lex artis*-Behandlung zu bewerten, da das Risiko einer Drillingsgeburt, im Gegensatz zu einer Zwillingsgeburt, wohl als nicht mehr vertretbar gilt.[331]

(2) Die Vorsatzform bei § 1 Abs. 1 Nr. 5 ESchG

Aufgrund der Formulierung des § 1 Abs. 1 Nr. 5 ESchG ist unklar, welche Vorsatzform gefordert wird. Aus § 15 StGB[332] ergibt sich, dass bei Vorsatzdelikten grundsätzlich alle Vorsatzformen, mithin auch der bedingte Vorsatz, zur Tatbestandsverwirklichung ausreichend sind. Etwas anderes gilt nur, wenn dies ausdrücklich vom Tatbestand gefordert wird. Hier wird der Wille, mehr Eizellen einer Frau zu befruchten, als ihr innerhalb eines Zyklus übertragen werden *sollen*, vorausgesetzt.

Günther, und ihm unreflektiert folgend viele andere Autoren, folgert ohne großen Begründungsaufwand aus dem Wort „*sollen*", dass eine Absicht im technischen Sinne gefordert ist.[333] Diese Annahme ist jedoch verfehlt. In dem Wortlaut der Vorschrift gibt es keinerlei Anhaltpunkte dafür, dass eine besondere Vorsatzform, etwa Absicht im technischen Sinne, erforderlich ist.[334] Der Gesetzgeber weist üblicherweise mit Formulierungen wie „*in der Absicht*", „*zu dem Zweck*" oder „*um zu…*" auf das Erfordernis einer Absicht im technischen Sinne und mit Formulierungen wie „*wissentlich*" oder „*wider besseren Wissens*" auf das Erfordernis von dolus directus zweiten Grades hin.[335] Mit der Formulierung „*mehr als sollen*" in § 1 Abs. 1 Nr. 5 ESchG wird aber demgegenüber eine subjektive Grenze beschrieben, die festlegt, wie viele übertragungsfähige Embryonen

---

331 *Frommel*, J. Reproduktionsmed. Endokrinol 2007, 27, 30.

332 In § 15 StGB heißt es: „*Strafbar ist nur vorsätzliches Handeln, wenn nicht das Gesetz fahrlässiges Handeln ausdrücklich mit Strafe bedroht.*"

333 *Günther*, in: Günther/Taupitz/Kaiser, § 1 Abs. 1 Nr. 5 Rn. 20; vgl. nur *Schneider*, MedR 2000, 360, 362; *Böcher*, S. 82.

334 Vgl. *Frister*, GuP 2012, 10, 12.

335 Vgl. etwa § 1 Abs. 1 Nr. 6 ESchG, §§ 242, 263 StGB (Absicht); § 164 StGB (direkter Vorsatz).

erzeugt werden dürfen. Nämlich nur so viele Embryonen wie auch später auf die Frau innerhalb eines Zyklus übertragen werden *sollen*.[336] Das „sollen" bezieht sich damit darauf, was in Zukunft mit den erzeugten Embryonen geschehen soll. Es bezieht sich dagegen nicht auf das aktuelle Unternehmen der Befruchtung (die objektive Tathandlung) bzw. das Erzeugen der Embryonen und damit auf die zur Verwirklichung des Tatbestandes erforderliche Vorsatzform.[337]

Gegen ein Absichtserfordernis spricht darüber hinaus, dass § 1 Abs. 1 Nr. 5 ESchG sich dann kaum noch von § 1 Abs. 1 Nr. 2 ESchG unterscheiden würde.[338] Denn wer absichtlich mehr Embryonen erzeugt, als auf eine Frau übertragen werden sollen, erzeugt diese Embryonen auch zu einem anderen Zweck als der Herbeiführung einer Schwangerschaft. § 1 Abs. 1 Nr. 5 ESchG hätte nur noch für die Fälle, in denen die überzähligen Embryonen erzeugt werden, um in einem späteren Zyklus eine Schwangerschaft herbeizuführen, eine eigenständige Bedeutung.

Aus dem Wortlaut des § 1 Abs. 1 Nr. 5 ESchG kann nicht abgeleitet werden, dass die Vorschrift eine besondere Vorsatzform fordert, also etwa nur ein absichtliches Handeln bestraft.[339] Zur Verwirklichung des § 1 Abs. 1 Nr. 5 ESchG reicht also bereits das Vorliegen von bedingtem Vorsatz aus.

Strafbar nach § 1 Abs. 1 Nr. 5 ESchG macht sich demnach bereits derjenige, der es bedingt vorsätzlich unternimmt, mehr übertragbare Embryonen zu erzeugen, als später auf die Frau übertragen werden sollen.

(3) Zwischenergebnis

Problematisch bei dem gefundenen Ergebnis ist, dass ein Mediziner mit seiner Prognose immer nur eine Wahrscheinlichkeitsaussage treffen kann. Er hat keine absolute Gewissheit, dass die Prognose richtig sein wird. M. E. muss er zum Zeitpunkt des Befruchtungsunternehmens folglich immer damit rechnen, dass doch überzählige Embryonen entstehen, unabhängig davon, ob diese Befürchtung später tatsächlich eintritt. Damit hält der Mediziner es zum Zeitpunkt des Befruchtungsunternehmens zwangsläufig auch für möglich, dass überzählige Embryonen entstehen.

---

336 Siehe dazu oben unter (1).

337 *Beitz*, S. 66.

338 Vgl. *Beitz*, S. 66 f.

339 So auch *Frister*, GuP 2012, 10, 12. *Beitz* geht in ihrem Beitrag davon aus, dass ein Absichtserfordernis bei § 1 Abs. 1 Nr. 5 ESchG „*veraltet*" sei. Sie spricht sich dafür aus, dass die Vorschrift abgeändert und ausdrücklich direkter Vorsatz gefordert werden sollte [*Beitz*, S. 68].

Das Für-möglich-halten der Tatbestandsverwirklichung könnte allerdings bereits ausreichen, um ein vorsätzliches Handeln des Mediziners und damit eine Strafbarkeit nach § 1 Abs. 1 Nr. 5 ESchG anzunehmen. Denn für die Verwirklichung des subjektiven Tatbestandes des § 1 Abs. 1 Nr. 5 ESchG genügt, wie soeben festgestellt, jede Vorsatzform, somit auch der bedingte Vorsatz. Was den bedingten Vorsatz aber inhaltlich ausmacht, ist heftig umstritten. Uneinigkeit herrscht darüber, welche Anforderungen an die Wissensseite des bedingten Vorsatzes gestellt werden, ob ein voluntatives Element erforderlich und damit verbunden die Frage, wie der bedingte Vorsatz von der bewussten Fahrlässigkeit abzugrenzen ist.[340] Eine umfassende Darstellung des Streitstandes würde den Umfang dieser Arbeit übersteigen und am Thema vorbeigehen.[341] Deshalb wird hier mit der überzeugenden *h.M.*[342] davon ausgegangen, dass für den bedingten Vorsatz neben dem kognitiven Element, das sich in einem für-möglich-halten erschöpft, auch ein voluntatives Element erforderlich ist.[343] Als Argument für das Erfordernis eines voluntativen Elements wird vor allem angebracht, dass kein Grund bestehe, beim bedingten Vorsatz, anders als bei den direkten Vorsatzformen, die gemeinsame Basis des Vorsatzbegriffes, die aus einem Wissens- und einem Willenselement besteht, aufzugeben.[344] Außerdem sei ohne ein voluntatives Element keine klare Abgrenzung zur bewussten Fahrlässigkeit möglich.[345]

Wie das voluntative Element aber ausgestaltet ist, ist innerhalb der h.M. wiederum umstritten.[346] Zum Teil wird vertreten, dass der Täter den Erfolgseintritt nicht nur für möglich halten, sondern ihn auch innerlich billigen, mit ihm einverstanden sein, ihn billigend in Kauf nehmen muss.[347] Der Vorsatz entfällt dann,

---

340 Vgl. etwa *Joecks*, in: MüKo, StGB, § 16 Rn. 30 ff.

341 Vgl. dazu etwa *Geppert*, Jura 2001, 55, 56 ff.

342 Vgl. zum diesem Problem insgesamt: *Joecks*, in: MüKo, StGB, § 16 Rn. 30 ff., 42; *Roxin*, AT I, § 12 Rn. 21 ff.; *Jescheck/Weigend*, § 29 III. 3.; *Puppe*, in: Kindhäuser/Neumann/Paeffgen, Strafgesetzbuch, § 15 Rn. 14 ff.; *Lackner/Kühl*, § 15 Rn. 23 ff.; *Sternberg-Lieben*, in Schönke/Schröder, § 15 Rn. 72 ff.

343 BGH, 3 StR 449/87, JZ 1989, 449 ff., mit kritischer Anm. *Schumann* JZ 1989, 427 ff.; *Wessels/Beulke*, AT, § 7 Rn. 202 ff., 205, 214 ff.; *Jescheck/Weigend*, § 29 III. 3.; *Sternberg-Lieben*, in Schönke/Schröder, § 15 Rn. 72 ff.; *Lackner/Kühl*, § 15 Rn. 23 ff.

344 Vgl. für viele *Joecks*, in: MüKo, StGB, § 16 Rn. 30 ff., 42.

345 Vgl. für viele *Sternberg-Lieben*, in Schönke/Schröder, § 15 Rn. 80; *Joecks*, in: MüKo, StGB, § 16 Rn. 42.

346 Vgl. etwa *Lackner/Kühl*, § 15 Rn. 23 ff.

347 *Jescheck/Weigend*, § 29 III. 3., in Fn. 28 mwN.; *Wessels/Beulke*, AT, § 7 Rn. 202 ff., 205, 214 ff.

wenn der Erfolg innerlich abgelehnt und auf sein Ausbleiben gehofft wird.[348] Dem gegenüber wird vertreten, dass der bedingte Vorsatz dann zu bejahen sei, wenn der Täter aus Gleichgültigkeit gegenüber dem geschützten Rechtsgut den Erfolgseintritt in Kauf nimmt, nicht aber, wenn der Erfolg unerwünscht sei.[349] Schließlich wird vertreten, dass der bedingte Vorsatz zu bejahen sei, wenn der Täter handelt, obwohl er den möglichen Erfolgseintritt ernstnehme und er sich daher mit der Rechtsgutsverletzung abfinde, um sein Ziel zu erreichen, auch wenn die Rechtsgutsverletzung ihm an sich unerwünscht ist.[350] Hingegen ist der bedingte Vorsatz zu verneinen, wenn der Täter darauf vertraut, dass der Erfolg ausbleiben, also alles gut gehen werde oder es ihm gelingen werde, die drohende Verwirklichung des Tatbestandes zu vermeiden.[351] Die Rechtsprechung des Bundesgerichtshofs zum bedingten Vorsatz ist nicht einheitlich, stellt zumeist von der Formulierung her auf ein billigendes In-Kauf-Nehmen ab, nähert sich inhaltlich aber eher dem, von der Unerwünschtheit des Erfolges unabhängigen, mit dem Erfolg Abfinden an.[352] Bei der beweisrechtlichen Feststellung im Strafverfahren stellt die Rechtsprechung auf Kriterien, wie etwa Gewicht und Nähe der Gefahr, die Größe des Risiko der Tatbestandsverwirklichung, ob der Täter es dem Zufall überlässt, ob sich die von ihm erkannte Gefahr verwirklicht, die Motivation des Täters, die Gleichgültigkeit des Täters gegenüber dem möglichen Erfolgseintritt und seine Vermeidebemühungen ab.[353]

Wie oben bereits erwähnt, wird ein Mediziner es im Rahmen einer Präimplantationsdiagnostik zum Zeitpunkt des Befruchtungsunternehmens für möglich halten, dass überzählige Embryonen entstehen. Allerdings stellt er unter Beachtung des allgemein anerkannten Stands der medizinischen Wissenschaft und Technik, eine Prognose auf, um gerade zu verhindern, dass überzählige Embryonen entstehen. Dabei wird er versuchen, das Risiko des Entstehens überzähliger

---

348 *Joecks*, in: MüKo, StGB, § 16 Rn. 42.

349 *Joecks*, in: MüKo, StGB, § 16 Rn. 42. Teilweise wird hier weitergehend vertreten, dass die bloße Unerwünschtheit des Erfolges den Vorsatz nicht entfallen lasse, wenn der Täter, trotz der erkannten Möglichkeit des Erfolgseintritts, dennoch handelt, um sein Ziel zu erreichen. Von dieser Regel soll es aber Ausnahmen geben, etwa wenn ein Mediziner trotz des von ihm erkannten hohen Operationsrisikos, dennoch operiere. [*Sternberg-Lieben*, in Schönke/Schröder, § 15 Rn. 82.].

350 *Lackner/Kühl*, § 15 Rn. 24.

351 *Joecks*, in: MüKo, StGB, § 16 Rn. 42; *Sternberg-Lieben*, in Schönke/Schröder, § 15 Rn. 83.

352 *Lackner/Kühl*, § 15 Rn. 25; *Sternberg-Lieben*, in Schönke/Schröder, § 15 Rn. 81a, 83 ff., *Joecks*, in: MüKo, StGB, § 16 Rn. 51 ff.

353 *Lackner/Kühl*, § 15 Rn. 25.

Embryonen, zu minimieren. Man kann dann in der Regel davon ausgehen, dass der Mediziner daher mit dem Entstehen von überzähligen Embryonen nicht in dem Sinne einverstanden sein wird, dass er dies billigend in Kauf nimmt. Er wird das Entstehen überzähliger Embryonen auch nicht aufgrund einer Gleichgültigkeit gegenüber dem Lebensrecht und Würdeschutz des Embryos billigend in Kauf nehmen. Vielmehr kann man regelmäßig davon ausgehen, dass der Mediziner den Eintritt des Erfolges innerlich ablehnen, er ihm höchst unerwünscht sein wird. Aber dennoch handelt er, obwohl er die Möglichkeit des Entstehens überzähliger Embryonen ernst nehmen wird, um sein Ziel, die Herbeiführung einer Schwangerschaft, zu erreichen. Für die Bejahung des bedingten Vorsatzes müsste der Mediziner sich aber mit dem möglichen Entstehen der überzähligen Embryonen darüber hinaus abfinden. Hier wird der Mediziner in der Regel allerdings darauf vertrauen, dass der Erfolg ausbleiben und alles gut gehen wird. Und dieses Vertrauen ist kein unvernünftiges oder blindes, sondern ein wissenschaftlich begründetes. Der Mediziner vertraut darauf, dass es ihm durch seine, dem allgemein anerkannten Stand der medizinischen Wissenschaft und Technik entsprechenden Prognose, gelingen wird, die Tatbestandsverwirklichung zu vermeiden. Man darf also in der Regel davon ausgehen, dass der Mediziner sich mit der Möglichkeit des Entstehens überzähliger Embryonen nicht einfach abfinden, er es nicht dem Zufall überlassen wird, ob überzählige Embryonen entstehen, sondern er versuchen wird, dies aktiv, durch seine korrekte Prognose, zu vermeiden. Durch diese Vermeidungsbemühungen wird der Mediziner das Risiko der Tatbestandsverwirklichung regelmäßig minimieren, auch wenn er dieses nicht völlig ausschließen kann.

Gleichgültig welcher Ansicht man zum voluntativen Element des bedingten Vorsatzes folgt, es wird regelmäßig nicht verwirklicht sein. Der Mediziner handelt damit in der Regel nicht bedingt vorsätzlich, sondern allenfalls bewusst fahrlässig. § 1 Abs. 1 Nr. 5 ESchG bedroht allerdings nur vorsätzlich und nicht auch fahrlässiges Handeln mit Strafe.[354]

c) Ergebnis

Ein Mediziner macht sich nach § 1 Abs. 1 Nr. 5 ESchG strafbar, wenn er im Rahmen einer Präimplantationsdiagnostik mit dem bedingten Vorsatz handelt, mehr übertragbare Embryonen zu erzeugen, als auf die Frau innerhalb eines Zyklus übertragen werden sollen. Dies gilt unabhängig davon, ob später tatsächlich überzählige Embryonen entstehen.

---

354 Vgl. § 15 StGB.

Ein Mediziner, der es unternimmt, mehrere Vorkernstadien weiter zu kultivieren, um maximal drei[355] übertragbare Embryonen zu erhalten, die tatsächlich auch später auf die Frau übertragen werden sollen, macht sich trotz des möglichen Risikos der Entstehung überzähliger Embryonen nicht nach § 1 Abs. 1 Nr. 5 ESchG strafbar, wenn die Anzahl der weiterkultivierten Vorkernstadien nach einer Prognose, die der ärztlichen Kunst entspricht, erforderlich war, um die gewünschte Anzahl an übertragbaren Embryonen zu erhalten, da er dann ohne Vorsatz handelt. Dies gilt auch dann, wenn sich das Risiko später verwirklicht, also tatsächlich mehr übertragbare Embryonen entstehen, als übertragen werden sollen.

§ 1 Abs. 1 Nr. 5 ESchG verbietet die Präimplantationsdiagnostik demnach nicht, sondern begrenzt diese in Bezug auf die Erzeugung von übertragbaren Embryonen. Die Begrenzung erfolgt anhand einer flexiblen Einzelfallbewertung unter Beachtung der Wertungen und Ziele des Embryonenschutzgesetzes und des Behandlungszieles.[356]

Auch wenn dieses Ergebnis durch eine angemessene Auslegung erzielt werden kann, wäre, wie die Vielzahl von abweichenden Ansichten zeigt, dennoch ein Handeln des Gesetzgebers angebracht, um das gefundene Ergebnis ausdrücklich festzuschreiben und so mehr Rechtssicherheit zu schaffen. Dies hat der Gesetzgeber bei dem Gesetz zur Regelung der Präimplantationsdiagnostik vom 21. November 2011, durch das § 3a in das Embryonenschutzgesetz eingefügt wurde, versäumt.

3. § 3 ESchG – Verbotene Geschlechtswahl

Ein Verbot der Präimplantationsdiagnostik könnte, wenn mit dieser ein Embryo nach seinem Geschlecht ausgewählt werden sollte, auch aufgrund der Regelung in § 3 Satz 1 ESchG bestehen. Diese Vorschrift verbietet die Geschlechtswahl im

---

355 Nach dem allgemein anerkannten Stand der medizinischen Wissenschaft und Technik sollten nicht mehr als zwei Embryonen auf eine Frau innerhalb eines Zyklus übertragen werden.

356 Das sogenannte eSET-Verfahren (*elective Single-Embryo-Transfer*) ist dagegen von der Vorschrift verboten. Nach diesem Verfahren werden gewollt mehr gesunde und übertragungsfähige Embryonen hergestellt, als später auf die Frau übertragen werden sollen, um eine Auswahlmöglichkeit zu erhalten. Es wird aus mehreren gesunden und zum Transfer geeigneten Embryonen nur der bestgeeignete Embryo ausgewählt und die übrigen –nicht kranken- Embryonen werden kryokonserviert oder verworfen; siehe dazu unter „V."

Zusammenhang mit einer künstlichen Befruchtung[357] und lautet: „*Wer es unternimmt, eine menschliche Eizelle mit einer Samenzelle künstlich zu befruchten, die nach dem in ihr enthaltenen Geschlechtschromosom ausgewählt worden ist, wird mit Freiheitsstrafe bis zu einem Jahr oder mit Geldstrafe bestraft.*"

Nach der Begründung des Gesetzentwurfs soll mit der Vorschrift einer „*Züchtungstendenzen Vorschub leistenden Manipulation*" entgegengetreten werden.[358] Außerdem wird auf die natürliche zufällige Geschlechterproportion und die natürliche Unfestgestelltheit, also die nicht fremdbestimmte, offene Entwicklung zum Individuum und zum Menschen, als Facette der Menschenwürde, sowie unser kulturelles Selbstverständnis, als geschütztes Rechtsgut verwiesen.[359] Der objektive Tatbestand der Vorschrift setzt die künstliche Befruchtung einer menschlichen Eizelle voraus, allerdings mit der Besonderheit, dass die Samenzelle zuvor nach dem in ihr enthaltenen Geschlechtschromosom ausgewählt worden sein muss. Im subjektiven Tatbestand ist Vorsatz, mithin zumindest dolus eventualis vorausgesetzt. § 3 Satz 1 ESchG ist als Unternehmensdelikt ausgestaltet, mit der Folge, dass nach § 11 Abs. 1 Nr. 6 StGB der Versuch der Tat der Vollendung gleichgestellt wird.

Die Präimplantationsdiagnostik hat aber keine Spermatozoenselektion zum Gegenstand, sondern setzt, wie bereits dargelegt, zu einem späteren Zeitpunkt, nämlich nach der erfolgten künstlichen Befruchtung, am bereits entstandenen menschlichen Embryo an. § 3 ESchG hat demgegenüber nicht das bereits entstandenen menschliche Leben zum Inhalt.[360] Demnach kann § 3 Satz 1 ESchG nicht auf die Präimplantationsdiagnostik angewendet werden und folglich auch kein unmittelbares strafrechtliches Verbot der PID begründen.[361] Eine Anwendung auf die Auswahl von Embryonen würde gegen den Wortlaut als äußerste

357 *Günther*, in: Günther/Taupitz/Kaiser, § 3 Rn. 1.

358 BT-Drs. 11/5460, S. 10. Diese Formulierung ist der nationalsozialistischen Vergangenheit geschuldet, vgl. *Taupitz*, in: Günther/Taupitz/Kaiser, § 3 Rn. 1.

359 *Höfling*, in: FAKomm-MedR, ESchG § 3 Rn. 2; *Müller-Terpitz*, in: Spickhoff, ESchG § 3 Rn. 1; *Frommel*, ZRP 2002, 530, 531; kritisch dazu *Taupitz*, in Günther/Taupitz/Kaiser, § 3 Rn. 2 ff.

360 Vgl. *Böcher*, S. 84.

361 Vgl. *Höfling*, in: FAKomm-MedR, ESchG § 3 Rn. 3; *Müller-Terpitz*, in: Spickhoff, ESchG § 3 Rn. 2; *Schroth*, in: Oduncu/Schroth/Vossenkuhl, S. 249, 261; *Schneider*, MedR 2000, 360, 364; *Taupitz*, in: Günther/Taupitz/Kaiser, § 3 Rn. 10; in diesem Sinne auch *Dederer*, MedR 2010, 819, 820.

Grenze der Auslegung und das Analogieverbot zu Lasten des Täters aus Art. 103 Abs. 2 GG verstoßen.[362]

Dennoch wird § 3 ESchG aufgrund der ähnlichen Fallkonstellation (Vermeidung von schweren Erbkrankheiten durch eine gewisse Auswahl) im Zusammenhang mit der Präimplantationsdiagnostik diskutiert. Die Vorschrift verbietet in Satz 1 eine Geschlechtswahl, durchgeführt an der männlichen Samenzelle. Satz 2 stellt dazu allerdings eine Ausnahmevorschrift (eine Tatbestandseinschränkung[363]) dar und erklärt eine Geschlechtswahl bei Samenzellen vor der Befruchtung unter den dort genannten Voraussetzungen für ausnahmsweise nicht verboten. In Satz 2 heißt es: *„Dies gilt nicht, wenn die Auswahl der Samenzelle durch einen Arzt dazu dient, das Kind vor der Erkrankung an einer Muskeldystrophie vom Typ Duchenne oder einer ähnlich schwerwiegenden geschlechtsgebundenen Erbkrankheit zu bewahren, und die dem Kind drohende Erkrankung von der nach Landesrecht zuständigen Stelle als entsprechend schwerwiegend anerkannt worden ist.“*

Nach Ausführungen in der Beschlussempfehlung des Rechtsausschusses des Bundestags vom 08. Oktober 1990 war Grund für Satz 2 der Vorschrift, dass es einem Ehepaar nicht zugemutet werden könne, sehenden Auges das Risiko einzugehen, ein krankes Kind zu erhalten, wenn sie künftig durch Spermienselektion auch ein gesundes Kind erhalten könnten. [364]

So wird angeführt, dass diese Ausnahme auch auf die Präimplantationsdiagnostik übertragen werden könne und sich somit aus § 3 Satz 2 ESchG die Zulässigkeit der Präimplantationsdiagnostik ableiten lasse.[365] Die Vorschrift belege, dass unter bestimmten Voraussetzungen (Vermeidung schwerer Erbkrankheiten, nicht jedoch Auswahl bestimmter Immunitätsmuster) eben doch eine gewisse Auswahl, somit auch eine Präimplantationsdiagnostik zulässig sei und nicht ein absolutes Verbot solcher Untersuchungen durch das Gesetz zum Schutz von Embryonen konstatiert sei.[366] Umgekehrt wurde indes angeführt, dass die Ausnahme in Satz 2 zeige, dass eine Auswahl ausschließlich vor der Befruchtung möglich,

---

362 Vgl. *Schroth*, JZ 2002, 170, 175; *Böcher*, S. 84; vgl. *Eser/Hecker*, in: Schönke/Schröder, § 1 Rn. 25 ff.

363 *Taupitz*, in: Günther/Taupitz/Kaiser, § 3 Rn. 16.

364 BT-Drs. 11/8057, S. 15.

365 So etwa der BGH, 5 StR 386/09, Rn. 25 ff.

366 Vgl. BGH, 5 StR 386/09, Rn. 25 ff.; vgl. insoweit auch *Taupitz*, in: Günther/Taupitz/Kaiser, § 3 Rn. 10, der aus einem Umkehrschluss der Strafbarkeit einer bestimmten Selektionsentscheidung folgert, dass andere Selektionsentscheidungen nicht unter Strafe gestellt sein sollen.

eine Präimplantationsdiagnostik folglich verboten sei.[367] Dieses Argument ist mittlerweile durch § 3a ESchG freilich überholt. Auch wenn sich die Begründung eines allgemeinen Grundsatzes, eine gewisse Auswahl sei zur Erkennung und Vermeidung schwerer Erkrankungen, nicht aber zur Auswahl bestimmter Immunitätsmuster (etwa Geschlecht, Augen- oder Haarfarbe) zulässig, anbieten würde und die andere Ansicht mittlerweile überholt ist, so steht der eindeutig unterschiedliche Zeitpunkt der Spermatozoenselektion und der Präimplantationsdiagnostik diesen Rückschlüssen entgegen. Die Grenzen der Auslegung würden überstrapaziert. Denn zum Zeitpunkt der Auswahl nach § 3 ESchG gibt es noch keinen zu schützenden Embryo.[368]

Festzuhalten ist, dass § 3 ESchG keine Aussagen zur Präimplantationsdiagnostik trifft und diese, wegen des unterschiedlichen Zeitpunkts der Diagnostik, eben nicht in den Anwendungsbereich der Vorschrift fällt.[369] § 3 ESchG kann weder ein Verbot, noch eine Erlaubnis der Präimplantationsdiagnostik begründen.[370]

Dies führt allerdings dazu, dass die Geschlechterwahl vor der künstlichen Befruchtung an einer Samenzelle, wenn sie nicht von der Ausnahme in § 3 Satz 2 ESchG erfasst wird, nach Satz 1 mit Strafe bedroht ist.[371]

III. Die Biopsie von Zellen des Embryos

Der nächste Anknüpfungspunkt einer Strafbarkeit ist die eigentliche Untersuchung im Rahmen der Präimplantationsdiagnostik, die Biopsie von Zellen des Embryos. Biopsie ist ein medizinischer Fachbegriff, der die Entnahme und Untersuchung von Gewebe aus einem lebenden Organismus umfasst.[372] Der Begriff vereinigt also gleich zwei potentielle Tathandlungen in sich. Außerdem werden im Rahmen einer Präimplantationsdiagnostik die untersuchten Zellen

---

367 *Middel*, S. 41 f.; vgl. insoweit auch *Böcher*, S. 84.

368 So auch *Schneider*, MedR 2000, 360, 364.; *Böckenförde-Wunderlich*, S. 141; *Giwer*, S. 41 f. Das umgekehrt angeführte Argument, dass die Ausnahme aus Satz 2 gerade gegen die Zulässigkeit der PID spräche, da eine Auswahl eben ausschließlich vor der Befruchtung möglich ist, vermag genau so wenig zu überzeugen. In diese Richtung *Dederer*, MedR 2010, 819, 820.

369 Vgl. *Höfling*, in: FAKomm-MedR, ESchG § 3 Rn. 3; *Reiß*, HRRS 2010, 418, 419.

370 Vgl. *Duttge*, GA 2002, 241, 245 f.

371 *Schneider* merkt dazu an, dass dies ein widersprüchliches Ergebnis sei, da eine Geschlechterwahl an Embryonen, nach der künstlichen Befruchtung, hingegen nicht strafrechtlich erfasst sei [MedR 2000, 360, 364].

372 Vgl. zum Begriff der Biopsie Teil 2 der Arbeit.

verbraucht. Genaugenommen wird die Zelle *durch* die Untersuchung verbraucht, sodass die Untersuchung und der Verbrauch als eine Handlung zusammen zu beurteilen sind.

Bei der vorzunehmenden Bewertung muss zwischen der Entnahme von totipotenten und pluripotenten Zellen des Embryos unterschieden werden.[373] Totipotente Zellen besitzen die Fähigkeit, noch ganz allein einen gesamten Organismus bilden zu können. Pluripotente Zellen können dies nicht mehr. Nach dem heutigen Erkenntnisstand geht man davon aus, dass embryonale Zellen die Totipotenz jedenfalls jenseits des 8-Zell-Stadiums verlieren.[374] Da es sich dabei jedoch um einen naturwissenschaftlichen Sachverhalt handelt, kann dies nicht normativ juristisch bestimmt werden. Für den weiteren Gang der Arbeit ist aber davon auszugehen, dass man den Zeitpunkt des Verlustes der Totipotenz bestimmen kann.

1. Die Entnahme von totipotenten Embryonalzellen

Die totipotente Embryonalzelle wird aufgrund von § 8 Abs. 1 ESchG dem Embryo im Sinne des Embryonenschutzgesetzes gleichgestellt. In § 8 Abs. 1 ESchG heißt es: „*Als Embryo im Sinne dieses Gesetzes gilt (...) ferner jede einem Embryo entnommene totipotente Zelle, die sich bei Vorliegen der dafür erforderlichen weiteren Voraussetzungen zu teilen und zu einem Individuum zu entwickeln vermag.*" Diese Fiktion führt dazu, dass der Umgang mit der entwicklungsfähigen totipotenten Zelle so zu bewerten ist wie der Umgang mit dem Restembryo selbst. In § 8 Abs. 2 heißt es weiter: „*In den ersten vierundzwanzig Stunden nach der Kernverschmelzung gilt die befruchtete menschliche Eizelle als entwicklungsfähig, es sei*

373 Siehe dazu 2. Teil I. 2.

374 Vgl. insgesamt Teil 2 der Arbeit; sicher ist, dass ab dem 16-Zell-Stadium keine Totipotenz mehr vorliegt, allerdings wird nach neuerer Erkenntnis angenommen, dass auch im Acht-Zell-Stadium nicht mehr alle Blastomeren totipotent sind, sondern nur noch wenige; vgl. dazu Leopoldina, Ad-hoc-Stellungnahme – PID, 2011, S. 8; *Mildenberger*, MedR 2002, 293, 296; *Ruso/Thöni*, MedR 2010, 74, 76; es gibt somit gewichtige Stimmen, die meinen, dass die Totipotenz im 8-Zell-Stadium nicht mehr bzw. nur noch bei manchen Blastomeren vorliegt und man insoweit, zumindest wegen des „in-dubio-pro-reo-Grundsatzes", einen Arzt, der eine Präimplantationsdiagnostik im 8-Zell-Stadium vornimmt, nicht bestrafen dürfte; außerdem folge im Umkehrschluss daraus, dass die Totipotenz sicher nur bis zum 4-Zell-Stadium vorliege und demnach die Entnahme von totipotenten Zellen gar nicht möglich sei, ohne dass der Restembryo absterbe; vgl. anstelle vieler etwa *Frommel*, J. Reproduktionsmed. Endokrinol 2007, 27 ff.

denn, dass schon vor Ablauf dieses Zeitraums festgestellt wird, dass sich diese nicht über das Einzellstadium hinaus zu entwickeln vermag." Die Entwicklungsfähigkeit der totipotenten Zelle wird also in den ersten vierundzwanzig Stunden nach der Kernverschmelzung (widerlegbar) vermutet.[375]

Zunächst wird die totipotente Zelle dem Embryo entnommen. Dies führt zu einem Verstoß gegen § 6 Abs. 1 ESchG. Dieser lautet: „*Wer künstlich bewirkt, dass ein menschlicher Embryo mit der gleichen Erbinformation wie ein anderer Embryo, ein Foetus, ein Mensch oder ein Verstorbener entsteht, wird mit Freiheitsstrafe bis zu fünf Jahren oder mit Geldstrafe bestraft.*"

Die entnommene totipotente Zelle enthält die gleiche Erbinformation wie der Restembryo. Durch die Entnahme einer totipotenten Zelle wird – unter Berücksichtigung der Fiktion aus § 8 ESchG – somit ein zweiter Embryo mit der gleichen Erbinformation wie der Restembryo geschaffen und demnach gegen das Klonierungsverbot aus § 6 ESchG verstoßen.[376]

2. Die Entnahme von pluripotenten Zellen des Embryos

Die Entnahme von nicht mehr totipotenten Embryonalzellen verstößt nicht gegen das Klonverbot aus § 6 ESchG, da in § 8 ESchG lediglich die totipotente Zelle dem Embryo gleichgestellt wird.[377] Die pluripotente Embryonalzelle wird als solche nicht über § 8 ESchG geschützt. Insoweit kommt auch keine missbräuchliche Verwendung der nicht mehr totipotenten Zelle an sich in Betracht. Es könnte aber eine missbräuchliche Verwendung des Restembryos und damit ein Verstoß gegen § 2 Abs. 1 ESchG gegeben sein.[378] Nach § 2 Abs. 1 ESchG wird mit Freiheitsstrafe bis zu drei Jahren oder mit Geldstrafe bestraft, „*Wer einen extrakorporal erzeugten oder einer Frau vor Abschluss seiner Einnistung in der Gebärmutter entnommenen menschlichen Embryo veräußert oder zu einem nicht seiner Erhaltung dienenden Zweck abgibt, erwirbt oder verwendet*".

Der Embryo soll, wie auch schon bei § 1 Abs. 1 Nr. 2 und Nr. 5 ESchG, davor geschützt werden, pyhsisch beeinträchtigt und zum Objekt fremdnütziger

375 *Taupitz*, in Günther/Taupitz/Kaiser, § 8 Rn. 32.

376 So auch *Beckmann*, MedR 2001, 169, 171; *Duttge*, GA 2002, 241, 244 f.; *Ruso/Thöni*, MedR 2010, 74, 75 f.; *Erlinger*, Strafrechtliche Würdigung der PID: Zum Streitstand, in: Rechtsfragen der Präimplantationsdiagnostik, S. 66 f.; *Schroth*, NStZ 2009, 233, 236; vgl. auch *Ratzel/Heinemann*, MedR 1997, 540, 541.

377 Vgl. *Schroth*, NStZ 2009, 233, 236.

378 Die gleiche Fragestellung besteht natürlich auch bei der Entnahme einer totipotenten Zelle in Bezug auf den Restembryo.

(„missbräuchlicher") Zwecke gemacht zu werden.[379] Geschütztes Rechtsgut der Vorschrift ist damit ebenfalls das menschliche Leben und die Menschenwürde, soweit der Embryo von Art. 1 Abs. 1 Satz 1 und Art. 2 Abs. 2 Satz 1 GG geschützt wird.[380]

a) *Objektiver Tatbestand*

Auf objektiver Seite wird zunächst ein extrakorporal erzeugter oder einer Frau vor Abschluss der Einnistung entnommener menschlicher Embryo als geschütztes Tatobjekt vorausgesetzt.[381] Ein im Rahmen einer Präimplantationsdiagnostik durch In-Vitro-Fertilisation oder ISCS erzeugter Embryo ist ein taugliches Tatobjekt.

Weiterhin bedarf es einer der in § 2 Abs. 1 ESchG genannten Tathandlungen.[382] Dieses sind einerseits Veräußern und andererseits Abgeben, Erwerben und Verwenden. Die drei letztgenannten Varianten müssen jeweils einem nicht der Erhaltung des Embryos dienenden Zwecks gewidmet sein.[383] Die relevanteste und zugleich hier einzig in Betracht kommende Tathandlung ist das Verwenden, also der zweckgerichtete Gebrauch.[384] Die genauen Voraussetzungen eines tatbestandsmäßigen Verwendens sind indes unklar. Dabei geht es um die Qualität des *Einwirkens* auf den Embryo. Fraglich ist, ob jedes Einwirken auf den Embryo den objektiven Tatbestand der Vorschrift erfüllt, oder ob das Merkmal des Verwendens auf irgendeine Weise eingeschränkt werden muss.

Nach dem reinen Wortlaut der Vorschrift könnte man meinen, dass jedwedes Verwenden, schlicht im Sinne von Gebrauchen oder Nutzen, tatbestandsmäßig ist. *Günther* sieht in diesem Sinne jede aktive Beeinflussung des Embryos, die nicht unter ein spezielleres Verwertungsverbot fällt, als tatbestandsmäßig an,

---

379 Vgl. *Pelchen/Häberle*, in: Erbs/Kohlhaas, ESchG § 2 Rn. 2.

380 *Müller-Terpitz*, in: Spickhoff, ESchG § 2 Rn. 1; *Günther*, in: Günther/Taupitz/Kaiser, § 2 Abs. 1 Rn. 2; siehe dazu auch den 3. Teil: Status des Embryos.

381 Vgl. *Höfling*, in: FAKomm-MedR, ESchG § 2 Rn. 4; *Pelchen/Häberle*, in: Erbs/Kohlhaas, ESchG § 2 Rn. 2.

382 Vgl. *Müller-Terpitz*, in Spickhoff, ESchG § 2 Rn. 2; *Günther*, in Günther/Taupitz/Kaiser § 2 Rn. 9.

383 Hierzu unten im subjektiven Tatbestand mehr.

384 *Müller-Terpitz*, in: Spickhoff, ESchG § 2, Rn. 2; *Pelchen/Häberle*, in: Erbs/Kohlhaas, ESchG § 2 Rn. 6; *Höfling*, in: FAKomm-MedR, ESchG § 2 Rn. 4; *Günther*, in Günther/Taupitz/Kaiser, § 2 Rn. 30.

sodass das Verwenden nach seiner Ansicht die anderen Tatbestandsvarianten beinhaltet.[385]

Würde man allerdings jede Einwirkung genügen lassen, so würde sich ein tatbestandsmäßiges Verwenden uferlos auch auf Handlungen erstrecken, die sozialadäquat sind und dem Embryo sogar nützen können, wie etwa auf das Übertragen des Embryos auf eine Frau.[386] *Günther* wendet dagegen ein, dass die erforderliche Eingrenzung des Tatbestandes mit der weiter in der Vorschrift genannten Einschränkung, dass der Embryo „*zu einem nicht seiner Erhaltung dienenden Zweck (...) verwendet*" werden müsse, erreicht werden könne. Richtig daran ist, dass dadurch dann wohl Verhaltensweisen, die dem Embryo nützen, also seine Überlebenschancen vergrößern, aus dem Anwendungsbereich der Vorschrift heraus fallen. Diese Einschränkung geht allerdings nicht weit genug. Denn es bleiben dadurch andere Verhaltensweisen, die gegenüber dem Embryo neutral sind, wie etwa das bloße Beobachten des Embryos zu Lernzwecken, erfasst.[387] Denn auch neutrale Verhaltensweisen, also solche, die die Überlebenschancen des Embryos nicht berühren, sich also weder positiv noch negativ auswirken, dienen nicht der Erhaltung des Embryos.

Ob das *Verwenden* im Sinne des § 2 Abs. 1 ESchG weiter eingeschränkt werden muss, muss durch Auslegung ermittelt werden. So könnte man im Rahmen der systematischen Auslegung an § 1 Abs. 1 Nr. 6 ESchG als Auslegungshilfe denken, der insoweit den gleichen Wortlaut aufweist („*um (...) ihn* [den Embryo] *für einen nicht seiner Erhaltung dienenden Zweck zu verwenden*"). Allerdings kann § 1 Abs. 1 Nr. 6 ESchG aufgrund einer unterschiedlichen Interessenlage, die den beiden Vorschriften zugrunde liegt, nicht für die Auslegung des § 2 Abs. 1 ESchG herangezogen werden.[388] Denn Handlungen, die in der Situation von § 2 Abs. 1 ESchG der Erhaltung des extrakorporalen Embryos dienen, können in der Konstellation des § 1 Abs. 1 Nr. 6 ESchG zu einer Verschlechterung der Lage des Embryos führen und ihm schaden.[389] So kann die Kryokonservierung eines extrakorporalen Embryos, der zurzeit, aus welchen Gründen auch immer, nicht auf eine Frau übertragen werden kann, diesen vor dem Absterben im Reagenzglas bewahren, eine spätere Übertragung ermöglichen und so das Überleben des Embryos sichern. Die Überlebenschancen eines Embryos aber, der vor Abschluss

385 *Günther*, in Günther/Taupitz/Kaiser, § 2 Rn. 30.

386 Vgl. dazu *Tag*, in: Kämmerer/Speck, S. 95 f.

387 Vgl. insoweit BGH, 5 StR 386/09, Rn. 33.

388 Vgl. dazu *Günther*, in Günther/Taupitz/Kaiser, § 2 Rn. 40; vgl. auch *Schroeder*, in: Lenckner FS, S. 333, 338; *Böcher*, S. 89 f.

389 *Günther*, in Günther/Taupitz/Kaiser, § 2 Rn. 40.

seiner Einnistung in der Gebärmutter der Frau entnommen wird, um ihn dann extrakorporal einzufrieren, sinken durch diese Maßnahme. Seine Lage ist außerhalb des Mutterleibs eine schlechtere.

Jedoch spricht die historische Auslegung eindeutig für eine Einschränkung des tatbestandsmäßigen Verwendens.[390] In der Begründung des Gesetzentwurfs der Bundesregierung, wird ausgeführt, dass „§ 2 Abs. 1 (...) die *fremdnützige Verwendung extrakorporal erzeugter oder einer Frau vor deren Einnistung entnommener Embryonen verhindern*" will. Weiter heißt es: „*Dahinter steht die Erwägung, daß menschliches Leben grundsätzlich nicht zum Objekt fremdnütziger Zwecke gemacht werden darf. Dies muß auch für menschliches Leben im Stadium seiner frühesten embryonalen Entwicklung gelten.*"[391] Der Gesetzgeber wollte demnach nicht jede Einwirkung auf den Embryo verhindern, sondern nur eine fremdnützige und den Embryo instrumentalisierende, mit anderen Worten eine missbräuchliche Verwendung. Dabei war, wie sich aus dem Kabinettsbericht zur künstlichen Befruchtung beim Menschen ergibt, vor allem die Forschung an Embryonen gemeint.[392] Ferner sollte eine dem Embryo schädigende Einwirkung verhindert werden, wie sich ebenfalls aus dem Kabinettsbericht ergibt, in dem es heißt: „*Strafrechtlich zu verbieten sind außerdem Eingriffe an extrakorporal befruchteten menschlichen Eizellen, soweit dadurch der spätere Embryo-Transfer zwar nicht ausgeschlossen, wohl aber die weitere Entwicklung des Embryos gefährdet werden könnte. Namentlich gilt es, die Abspaltung totipotenter Zellen des Embryos zu Zwecken der Forschung oder auch der Diagnostik zu untersagen. (...), wäre die Abspaltung einzelner Zellen eines Embryos in diesem Stadium schon deshalb äußerst problematisch, weil sich eine Schädigung des nach der Abspaltung verbleibenden und zum Embryo-Transfer bestimmten Embryos bisher nicht mit Sicherheit ausschließen läßt.*"[393] Unabhängig davon, dass der Kabinettsbericht zeigt, dass nur ein Verbot der Abspaltung totipotenter, nicht aber pluripotenter Zellen gewollt (oder zumindest bedacht) war, wird der Grund des beabsichtigten Verbots genannt: eine mögliche Schädigung des Embryos, die seine weitere

390 Gesetzentwurf der Bundesregierung zum ESchG, BT-Drs. 11/5460, S. 10; vgl. auch Unterrichtung durch die Bundesregierung, BT-Drs. 11/1856, S. 8.

391 Gesetzentwurf der Bundesregierung zum ESchG, BT-Drs. 11/5460, S. 10.

392 Unterrichtung durch die Bundesregierung, Kabinettsbericht zur künstlichen Befruchtung beim Menschen, BT-Drs. 11/1856, S. 8.

393 Unterrichtung durch die Bundesregierung, Kabinettsbericht zur künstlichen Befruchtung beim Menschen, BT-Drs. 11/1856, S. 8.

Entwicklung gefährdet.[394] Der Kabinettsbericht zeigt, dass neben einem fremdnützigen, auch ein Verwenden gemeint ist, das den Embryo schädigt und dadurch seine weitere Entwicklung gefährdet.[395]

Die ratio legis der Vorschrift spricht ebenfalls dafür, dass der Anwendungsbereich des Verwendens nicht nach seinem isolierten Wortlaut im Sinne von einem schlichten Gebrauchen oder Nutzen verstanden werden darf.[396] Die Norm dient neben dem Würdeschutz auch dem Lebensschutz des Embryos.[397] Diese Rechtsgüter werden aber nicht durch jedwedes, sondern nur durch ein missbräuchliches Einwirken beeinträchtigt.[398]

Auch die amtliche Überschrift von § 2 ESchG „*Missbräuchliche Verwendung menschlicher Embryonen*" spricht dafür, dass das *Verwenden* einschränkend ausgelegt werden muss.

Es ist also festzuhalten, dass nicht jedes, sondern lediglich ein missbräuchliches Verwenden, den objektiven Tatbestand erfüllt.[399] Missbräuchlich ist das Verwenden, wenn es den Embryo zu fremdnützigen Zwecken instrumentalisiert oder den Embryo schädigt und dadurch seine weitere Entwicklung gefährdet.[400]

Es stellt sich die Frage, ob die Zellentnahme ein in diesem Sinne missbräuchliches Verwenden darstellt.

Die Zellentnahme würde ein missbräuchliches Verwenden darstellen, wenn sie entweder den Embryo schädigen und so eine für die Entwicklung des Embryos gefährliche Einwirkung bedeuten oder wenn sie den Embryo zum Objekt fremdnütziger Zwecke instrumentalisieren würde.[401] Die Zellentnahme schadet dem Embryo nach heutigen wissenschaftlichen Erkenntnissen, wie bereits dargelegt, aber nicht, da der Restembryo noch mit den gleichen Erfolgsaussichten zur Herbeiführung einer Schwangerschaft auf die Frau übertragen werden kann,

394 Auch wenn heute bekannt ist, dass die Entnahme einer totipotenten Zelle des Embryos im Achtzellstadium, dessen Entwicklung nicht beeinträchtigt.

395 Vgl. BT-Drs. 11/5460, S. 10.

396 *Tag*, in: Kämmerer/Speck, S. 95 f.

397 *Müller-Terpitz*, in Spickhoff, ESchG § 2 Rn. 1.

398 Vgl. *Böcher*, S. 90.

399 So auch der BGH, 5 StR 386/09, Rn. 33 ff.; *Göllner*, S. 32 ff.; *Böcher*, S. 89 f.; *Tag*, in: Kämmerer/Speck, S. 95 f.

400 Ähnlich der BGH, 5 StR 386/09, Rn. 33 ff., 36, der aber zur Bewertung, ob das Verwenden missbräuchlich ist, noch auf die mit dem Embryonenschutzgesetz insgesamt verfolgten Ziele, abstellt.

401 Vgl. *Böcher*, S. 90.

wie ohne die Zellentnahme.[402] Die schlichte Zellentnahme ist mithin nicht als ein schädigendes Einwirken, das die Entwicklung gefährdet, sondern als eine Handlung, die dem Embryo weder schadet noch nützt, also *neutral* ist, zu bewerten.[403]

Es gibt allerdings Stimmen, die meinen, dass die Zellentnahme keineswegs eine neutrale Handlung darstelle, da durch die Zellentnahme und die anschließende Untersuchung die Gefahr für den Embryo begründet werde, dass dieser, bei positivem Befund, verworfen wird. Auf der anderen Seite gibt es Autoren, die argumentieren, dass durch die Zellentnahme, bei negativem Befund, die Übertragung auf die Frau erst ermöglicht wird. Beiden Ansichten ist die jeweils andere Möglichkeit entgegenzuhalten. Beide überzeugen demzufolge nicht. Die Zellentnahme ist als neutrale Handlung zu qualifizieren.[404]

Die Zellentnahme wäre darüber hinaus auch dann als eine missbräuchliche Verwendung zu qualifizieren, wenn der Embryo durch die Zellentnahme zum Objekt fremdnütziger Zwecke gemacht, also instrumentalisiert werden würde.[405] Entscheidend dafür ist der mit der Zellentnahme verfolgte Zweck. Die Zellentnahme soll im Rahmen der Präimplantationsdiagnostik eine Untersuchung der Zellen auf Krankheiten oder bestimmte genetische Merkmale des Embryos ermöglichen. Soll die Untersuchung dabei zur Erkennung von Krankheiten des Embryos dienen, so wird der Embryo durch diese Diagnostik nicht zum Objekt von Zwecken Dritter degradiert und in fremdnütziger Weise instrumentalisiert.[406] Die Untersuchung dient dann dem Wohl und der Gesundheit des Embryos, sodass damit ein Zweck am Embryo selbst verfolgt wird.[407] Dies gilt allerdings nicht nur für schwere genetische Erbkrankheiten, sondern für alle, also auch weniger schwerwiegende Krankheiten und für die Erkennung von genetisch unauffälligen und deshalb voraussichtlich gesunden Embryonen. Denn auch dadurch wird der Embryo nicht instrumentalisiert.[408]

Anders sieht es allerdings aus, wenn die Erkennung von genetischen Merkmalen beabsichtigt ist, die nur dem Interesse von Dritten zugute kommt. Wenn

402 Vgl. Leopoldina, Ad-hoc-Stellungnahme – PID, 2011, S. 14 f.; BGH, 5 StR 386/09, Rn. 35.

403 Vgl. auch *Duttge*, GA 2002, 241, 246 f.; *Schreiber*, DÄBl 2000, 97, A-1135; *Schneider*, MedR 2000, 360, 364; a.A. *Renzikowski*, NJW 2001, 2753, 2756 f., der energisch der Bezeichnung der Untersuchung als „neutrale Handlung“ widerspricht.

404 Vgl. insgesamt *Duttge*, GA 2002, 241, 246 f.

405 Vgl. *Böckenförde-Wunderlich*, S. 133 ff.

406 So auch der BGH, 5 StR 386/09, Rn. 35.

407 So auch *Dederer*, MedR 2010, 819, 822.

408 Vgl. *Dederer*, MedR 2010, 819, 822.

der Embryo als Zell- oder Organspender für ein Geschwister dienen soll (sog. Rettungsgeschwister), wird er instrumentalisiert und so zum Objekt fremdnütziger Zwecke gemacht.[409] Bei einer Geschlechtswahl des Embryos, kommt es auf den Hintergrund der Wahl an. Dient diese nicht der Gesundheit, also um geschlechtsgebundene Krankheiten auszuschließen, sondern Drittinteressen, weil etwa die Eltern nach zwei Söhnen noch eine Tochter wollen, so wird der Embryo ebenfalls zum Objekt fremdnütziger Zwecke.

Ob der Tatbestand von § 2 Abs. 1 ESchG erfüllt ist oder nicht, hängt somit von dem mit der Zellentnahme verfolgten Zweck ab. Wird der Zweck guter Gesundheit des Embryos verfolgt, so ist dies immer vorrangig ein Zweck am Embryo selbst.[410] Die Zellentnahme ist dann nicht als missbräuchliche Verwendung zu qualifizieren.[411] Wird der Embryo hingegen zum Objekt fremdnütziger Zwecke gemacht, so ist darin eine missbräuchliche Verwendung zu sehen und der objektive Tatbestand der Vorschrift ist erfüllt.

b) Subjektiver Tatbestand

Auf subjektiver Seite muss Tatbestandsvorsatz, also zumindest bedingter Vorsatz hinsichtlich des Tatobjekts und der Tathandlung vorliegen. Darüber hinaus müsste der Täter das missbräuchliche Verwenden einem nicht der Erhaltung des Embryos dienenden Zweck widmen. Er müsste also die Absicht, den Embryo, zu einem nicht seiner Erhaltung dienenden Zweck zu verwenden, verfolgen.[412] Nicht der Erhaltung des Embryos dient jede Verwendung, die seine Überlebenschancen nicht verbessert.[413]

Ein Mediziner, der eine Präimplantationsdiagnostik durchführt, verfolgt, auch mit der Entnahme und Untersuchung von Zellen des Embryos als Teil der Behandlung, insgesamt das handlungsleitende Ziel, eine Schwangerschaft herbeizuführen. Die Herbeiführung einer Schwangerschaft dient der Erhaltung des Embryos. Dies gilt unabhängig davon, ob mit der Entnahme und Untersuchung der Zellen Krankheiten oder etwa das Geschlecht des Embryos ohne Krankheitsbezug ermittelt werden soll. Der subjektive Tatbestand ist nicht verwirklicht.

---

409 Vgl. auch insoweit *Dederer*, MedR 2010, 819, 822.

410 *Dederer*, MedR 2010, 819, 822.

411 BGH, 5 StR 386/09, Rn. 35, 36.

412 Vgl. dazu *Schroeder*, in: Lenckner FS, S. 333, 336; *Neidert*, S. 33, 36, *Günther*, in: Günther/Taupitz/Kaiser, § 2 Rn. 39.

413 Vgl. *Günther*, in: Günther/Taupitz/Kaiser, § 2 Rn. 41, aus einem Umkehrschluss.

An diesem Ergebnis ändert sich selbst dann nichts, wenn man argumentiert, dass die Zellentnahme für das Ziel einer Schwangerschaft verzichtbar wäre und die Zellentnahme deshalb isoliert bewertet werden müsste.[414] Denn auch wenn die Zellentnahme eine Verwendung darstellt, die nicht der Erhaltung des Embryos dient, da sie zumindest nur *neutral* ist, so kommt es dem Mediziner nicht gerade darauf an (im Sinne zielgerichteten Wollens), mit der Zellentnahme einen Zweck zu verfolgen, der nicht der Erhaltung des Embryos dient.[415] Eine Absicht im technischen Sinne liegt nicht vor.

Anders wäre der Fall zu bewerten, wenn ein Mediziner an einem Embryo lediglich forschen wollte. Dann würde er beabsichtigen, den Embryo zu einem Zweck zu verwenden, der nicht seiner Erhaltung dient.

Der subjektive Tatbestand ist, wenn ein Mediziner im Rahmen einer Präimplantationsdiagnostik dem extrakorporalen Embryo pluripotente Zellen entnimmt, nicht erfüllt.

c) Ergebnis

Die Entnahme von pluripotenten Zellen eines Embryos im Rahmen einer Präimplantationsdiagnostik verstößt nicht gegen § 2 Abs. 1 ESchG.[416] Dies gilt selbst dann, wenn der Embryo durch die Zellentnahme, wider Erwarten geschädigt wird. Denn die unbeabsichtigte Schädigung des Embryos wird nicht vom Embryonenschutzgesetz erfasst.[417]

3. Die Untersuchung und der Verbrauch der entnommenen totipotenten Embryonalzellen

Die entnommene totipotente Zelle des Embryos wird durch die der Zellentnahme folgende Untersuchung verbraucht, also zerstört. Dies steht in einem Konflikt zu § 2 Abs.1 ESchG. Dieser lautet: „*Wer einen extrakorporal erzeugten (…)*

---

414 Vgl. Schneider, MedR 2000, 360, 364.

415 *Schneider*, MedR 2000, 360, 364; *Schreiber*, DÄBl. 2000, 97, A-1135.

416 So auch *Duttge*, GA 2002, 241, 246 f.; *Schreiber*, DÄBl. 2000, 97, A-1135; *Schneider*, MedR 2000, 360, 364; *Ulsenheimer*, § 7 Rn. 358c ff.; *Hufen*, MedR 2001, 440, 441; *Neidert*, in: Medizin an den Grenzen des Lebens, S. 33, 36 f.; *ders.*, MedR 1998, 347, 352; vgl. auch BGH, 5 StR 386/09, Rn. 31 ff.; a.A. *Renzikowski*, NJW 2001, 2753, 2756 f.

417 Die noch im Diskussionsentwurf enthaltene Strafvorschrift der Embryonenschädigung wurde nicht ins spätere Gesetz übernommen, vgl. *Gropp*, GA 2000, 1, 5; *Geilen*, ZStW 1991, 829, 832 f.; *Giwer*, S. 41.

menschlichen Embryo (...) zu einem nicht seiner Erhaltung dienenden Zweck (...) verwendet, wird mit Freiheitsstrafe bis zu drei Jahren oder mit Geldstrafe bestraft.“

Die Untersuchung der totipotenten Zelle, die nach der Legaldefinition des § 8 Abs. 1 ESchG dem Embryo gleichgestellt ist, ist ein zweckgerichteter Gebrauch und damit ein Verwenden. Dieses ist, da der Embryo dadurch geschädigt und zerstört wird, auch eindeutig als missbräuchlich zu qualifizieren. Außerdem läuft der *Verbrauch durch die Untersuchung* der totipotenten Zelle evident dem Zweck der Erhaltung des Embryos zuwider. Die Zerstörung ist das Gegenteil der Erhaltung. Dem Mediziner kommt es auch gerade darauf an, die Zelle zu zerstören, weil dies der einzige Weg ist, diese zu untersuchen und an die Information in der Zelle zu gelangen. Es entspricht der einhelligen Meinung, dass ein ganz offensichtlicher Verstoß gegen § 2 Abs. 1 ESchG besteht.[418]

Im Ergebnis ist festzuhalten: Der Verbrauch einer totipotenten Embryonalzelle im Rahmen einer Präimplantationsdiagnostik verstößt gegen das Verbot der missbräuchlichen Verwendung aus § 2 Abs. 1 ESchG.[419]

4. Die Untersuchung und der Verbrauch der entnommenen pluripotenten Embryonalzellen

Die dem Embryo entnommenen Zellen werden bei der Präimplantationsdiagnostik, um den Embryo auf die befürchteten schweren Erbkrankheiten hin zu testen, untersucht und infolge dessen verbraucht.

Werden dabei pluripotente Embryonalzellen verbraucht, stellt sich die Frage, ob darin ein strafbares Verhalten zu sehen ist. Die nicht mehr totipotenten Embryonalzellen werden nicht von § 8 ESchG erfasst, dem Embryo also nicht gleichgestellt und unterfallen demnach nicht dem Schutz von § 2 Abs. 1 ESchG, der als Tatobjekt einen menschlichen Embryo voraussetzt. Die Untersuchung und der damit einhergehende Verbrauch von pluripotenten Embryonalzellen verstößt also mangels tauglichen Tatobjekts nicht gegen § 2 Abs. 1 ESchG.[420] Ein Rückgriff auf den Restembryo scheidet aus, da nur die entnommenen (nicht geschützten) Zellen *verwendet* werden und nicht mehr auf den Embryo selbst eingewirkt wird.

---

418 Vgl. beispielsweise *Ruso/Thöni*, MedR 2010, 74, 75 f.; *Beckmann*, MedR 2001, 169, 170; *Erlinger*, Strafrechtliche Würdigung der PID: Zum Streitstand, in: Rechtsfragen der Präimplantationsdiagnostik, S. 66 f.; *Ratzel/Heinemann*, MedR 1997, 540, 541.

419 So auch *Jungfleisch*, S. 125.

420 Vgl. *Ratzel/Heinemann*, MedR 1997, 540, 541 f.

5. Exkurs: Die Polkörperbiopsie als Alternative?

Bei der *Polkörperbiopsie* (PKB) wird vor Abschluss der Befruchtung in vitro, kurz nach dem Eindringen des Spermiums in die Eizelle, noch bevor die Zellkerne, also das mütterliche und das väterliche Erbgut verschmelzen, eine Biopsie der Polkörper der Eizelle durchgeführt.[421] Die PKB wird also zu einem Zeitpunkt durchgeführt, an dem noch kein Embryo im Sinne des Embryonenschutzgesetzes entstanden ist. Die Polkörper selbst werden nicht vom Embryonenschutzgesetz geschützt. Die PKB ist daher nicht nach dem Embryonenschutzgesetz strafbar.

Allerdings ist die PKB, wie bereits im 2. Teil der Arbeit unter III. ausgeführt, auf ein sehr kleines Zeitfenster begrenzt und es fehlt die Möglichkeit, chromosomale Veränderungen, die erst nach der Polkörperbildung auftreten, zu diagnostizieren.[422] Zudem beschränkt sich die genetische Diagnose auf das mütterliche Genom, sodass das väterliche Erbmaterial unberücksichtigt bleibt.[423]

Die PKB stellt aufgrund der vorgenannten Nachteile keine Alternative zur Präimplantationsdiagnostik dar.

6. Ergebnis

Wird die Präimplantationsdiagnostik an einer totipotenten Embryonalzelle durchgeführt, so besteht eine Strafbarkeit nach § 6 Abs. 1 (wegen der Entnahme) und nach § 2 Abs. 1 (wegen des Verbrauchs), jeweils i.V.m. § 8 Abs. 1 ESchG. Die Präimplantationsdiagnostik an totipotenten Zellen des Embryos verstößt gegen das Embryonenschutzgesetz und ist somit eindeutig verboten.

Wird die Biopsie an pluripotenten Embryonalzellen durchgeführt, so liegt kein Verstoß gegen § 2 Abs. 1 und § 6 ESchG (auch nicht i.V.m. § 8 ESchG) vor. Die Biopsie von nicht mehr totipotenten Embryonalzellen ist nicht nach dem Embryonenschutzgesetz verboten und begründet insoweit kein Verbot der Präimplantationsdiagnostik.

---

421 Als Polkörper bezeichnet man ein Nebenprodukt (eine Zellstruktur) der Eizelle, die im Rahmen der Meiose entsteht. Der ersten Polkörper wird kurz vor dem Einsprung gebildet, der zweite Polkörper wird kurz nach der Imprägnation ausgestoßen [Nationaler Ethikrat, S. 29 f.]. Siehe dazu im 2. Teil der Arbeit unter III.

422 Deutscher Ethikrat, BT-Drs. 17/5210, S. 5; Nationaler Ethikrat, S. 30.

423 Nationaler Ethikrat, S. 30.

IV. Die Kultivierung des Embryos in vitro

Im Rahmen einer Präimplantationsdiagnostik wird der Embryo, nachdem er erzeugt wurde, aber vor der eigentlichen Untersuchung und der gegebenenfalls folgenden Übertragung auf die Frau, zunächst extrakorporal weiterkultiviert. Dies könnte gegen § 2 Abs. 2 ESchG verstoßen. Nach dieser Vorschrift wird mit Freiheitsstrafe bis zu drei Jahren oder mit Geldstrafe bestraft, *„wer zu einem anderen Zweck als der Herbeiführung einer Schwangerschaft bewirkt, dass sich ein menschlicher Embryo extrakorporal weiterentwickelt.“* § 2 Abs. 2 regelt als Sonderfall der missbräuchlichen Verwendung menschlicher Embryonen das Verbot der Ektogenese. Ektogenese bedeutet die Aufzucht menschlicher Embryonen bzw. Feten in einer Retorte. [424] Das Verbot stellt klar, dass die extrakorporale Erhaltung des Embryos an sich[425] kein billigenswerter Zweck ist.[426]

Tathandlung ist das Bewirken der extrakorporalen Weiterentwicklung des Embryos. Dazu genügt es, da sich die Entwicklung des Embryos auch in vitro natürlich vollzieht, dass der Arzt ein geeignetes Kulturmedium und geeignete Kultivierungsbedingungen, die an diejenigen in vivo angepasst sind, schafft und den Embryo dem aussetzt.[427] Festzuhalten ist in diesem Zusammenhang allerdings, dass nach heutigem Erkenntnisstand ein Embryo in vitro selbst unter optimalen Kultivierungsbedingungen bereits nach wenigen Tagen abstirbt.[428] Außerdem ist anzumerken, dass es für die Kultivierung nicht ausreicht, den Embryo einmal zu Beginn dem Medium auszusetzten, sondern dass das Medium mehrfach gewechselt werden muss und die Bedingungen ständig überprüft und angepasst werden müssen.[429] Tatbestandsmäßig ist demnach auch die Aufrechterhaltung der Weiterkultivierung.[430] Die *Weiterentwicklung* beginnt mit Abschluss der Befruchtung der Eizelle.[431] Im subjektiven Tatbestand ist bedingter Vorsatz bezüglich des objektiven Tatbestandes und eine spezielle Absicht erforderlich. Zur

---

424 Vgl. insgesamt *Hilgendorf*, MedR 1994, 429 ff.; *Müller-Terpitz*, in: Spickhoff, ESchG § 2 Rn. 3; *Gütnher*, in: Günther/Taupitz/Kaiser, § 2 Rn. 3, 58.

425 Also die Erhaltung in vitro als Selbstzweck.

426 Vgl. *Günther*, in: Günther/Taupitz/Kaiser, § 2 Rn. 3. D.h. dass Abs. 2 der Vorschrift nötig war, da die Ektogenese nicht unter Abs. 1 gefasst werden könnte, da diese zumindest vorübergehend dem Erhalt des Embryos dient. So auch die Begründung im Gesetzentwurf zu § 2 Abs. 2 ESchG, BT-Drs. 11/5460, S. 10.

427 *Günther*, in: Günther/Taupitz/Kaiser, § 2 Rn. 60 f.; *Schneider*, S. 62.

428 Vgl. *Göllner*, S. 45; *Böcher*, S. 98.

429 *Böcher*, S. 99.

430 *Böcher*, S. 99.

431 *Günther*, in: Günther/Taupitz/Kaiser, § 2 Rn. 60.

Absicht kann insgesamt auf die Ausführungen zu § 1 Abs. 1 Nr. 2 ESchG verwiesen werden. Es bestehen insoweit keine Unterschiede. Der vorsätzlich herbeigeführte objektive Tatbestand ist im Falle einer Präimplantationsdiagnostik unproblematisch gegeben.

Entscheidende Voraussetzung für einen Verstoß gegen § 2 Abs. 2 ESchG wäre indes, dass die Kultivierung in vitro zu einem anderen Zweck als der Herbeiführung einer Schwangerschaft erfolgt. Die Weiterkultivierung des Embryos in vitro ist im Rahmen der Präimplantationsdiagnostik kein Selbstzweck. Sie erfolgt auch nicht allein, um die Präimplantationsdiagnostik zu ermöglichen, sondern ist ein notwendiger Zwischenschritt auf dem Weg zum letztlich verfolgten und das gesamte Handeln leitenden Ziel, die Herbeiführung einer Schwangerschaft zu ermöglichen.[432] Der Embryo wird also im Falle einer Präimplantationsdiagnostik nicht – mit zielgerichtetem Wollen – zu einem *anderen* Zweck, als der Herbeiführung einer Schwangerschaft, extrakorporal weiterentwickelt.[433]

Auch wenn man ein weiteres Kultivieren des Embryos nach erfolgter Diagnose annimmt, ergibt sich nichts anderes. Im Falle eines günstigen Befundes wird der Embryo nur weiterkultiviert, um ihn dann tatsächlich auf die Frau zu übertragen, also eine Schwangerschaft herbeizuführen. Dies schließt den insoweit entgegengesetzten zielgerichteten Willen, einen anderen Zweck als die Herbeiführung einer Schwangerschaft zu verfolgen, naturgemäß aus. Im Falle eines pathologischen Befundes wird der Embryo nicht weiterkultiviert, sondern „stehengelassen", was gerade sein Nichtweiterentwickeln bezweckt.[434]

Einzig in Bezug auf eine totipotente Embryonalzelle[435], die dem Embryo nach § 8 Abs.1 ESchG gleichgestellt ist, ist ein Verstoß gegen § 2 Abs. 2 ESchG denkbar. Dazu wäre allerdings erforderlich, dass die abgespaltene totipotente Zelle vor der Untersuchung zunächst noch in vitro weiterkultiviert würde. Dann würde die totipotente Zelle (Embryo) nicht zum Zweck der Herbeiführung einer Schwangerschaft, sondern zum Zweck der Untersuchung extrakorporal weiterentwickelt.[436]

---

432 Vgl. insoweit die Ausführungen zu § 1 Abs. 1 Nr. 2 ESchG.

433 So auch *Schreiber*, DÄBl. 2000, 97, A-1135.

434 Vgl. auch *Göllner*, S. 43. Anders *Böcher*, der die eher abwegige Fallkonstellation untersucht, dass ein Arzt, zum Zwecke der Verwerfung des geschädigten Embryos, diesen solange weiterkultiviert, bis dieser abstirbt [S. 98 ff.].

435 Bereits die Abspaltung und der Verbrauch der totipotenten Zelle ist, wie oben dargelegt, nach den § 6 Abs. 1 und § 2 Abs. 1 jeweils i.V.m. § 8 ESchG.

436 Vgl. *Giwer*, S. 35 f., die noch darauf hinweist, dass es sich dabei jedoch um eine mitbestrafte Vortat handeln würde. Die entsprechende Haupttat wäre dann der Verbrauch des Embryos (§ 2 Abs. 1 ESchG).

Allerdings ist davon auszugehen, dass im Rahmen einer Präimplantationsdiagnostik die abgespaltene Zelle direkt untersucht und nicht erst noch weiterkultiviert wird.[437]

Günther stellt, um eine entsprechende Absicht festzustellen, auf objektive Kriterien, genauer, die Dauer der extrakorporalen Weiterkultivierung, ab.[438] Da sich bei einer natürlichen Befruchtung die Implantation zwischen dem siebten und dem zehnten Tag nach der Ovulation vollzieht, könne ein Arzt, der einen extrakorporal erzeugten Embryo länger als sieben Tage in vitro weiterkultiviert, nicht den Zweck verfolgen, eine Schwangerschaft herbeizuführen.[439]

Die Vorschrift stellt kein Verbot der Präimplantationsdiagnostik dar.[440]

V. Die Beobachtung des extrakorporalen Embryos („Embryo Scoring")

Die reine Beobachtung des Embryos in vitro mit Hilfe eines Lichtmikroskops, um morphologische Veränderungen und eine regelmäßige und rechtzeitige Zellteilung zu prüfen, um befruchtete Eizellen und Embryonen, die für eine Übertragung auf die Frau ungeeignet bzw. besonders geeignet sind, herauszufiltern, das sogenannte *Embryo Scoring*, ist kein Bestandteil der Präimplantationsdiagnostik an sich. Dennoch soll hier ein kurzer Blick auf diese „Untersuchung" geworfen werden, da die morphologische Beobachtung mittlerweile zur gängigen Praxis eines Reproduktionsmediziners gehört. Das eigentliche *Embryo Scoring* wird im Rahmen des eSET-Verfahrens (elective Single Embryo Transfer) angewandt, um nur einen Embryo auszuwählen, der am besten für einen Transfer geeignet ist.[441] Dieses Verfahren ist, wie dargelegt, in Deutschland verboten, da hierbei planmäßig auch gesunde Embryonen, die durchaus für einen Transfer geeignet wären,

437 Die Begründung des Gesetzentwurfs der Bundesregierung zu § 2 Abs. 2 ESchG zeigt, dass das Ziel der Vorschrift ein anderes war, nämlich das Verhindern von Experimenten mit menschlichen Embryonen um eine „künstliche Gebärmutter" zu entwickeln, BT-Drs. 11/5460, S. 10.

438 *Günther*, in: Günther/Taupitz/Kaiser, § 2 Rn. 62.

439 *Günther*, in: Günther/Taupitz/Kaiser, § 2 Rn. 62. Es besteht allerdings kein Anlass, das subjektive Merkmal der Absicht hier, anders als beispielsweise bei § 1 Abs. 1 Nr. 2 oder § 2 Abs. 2 ESchG, objektiv zu bestimmen. Anders sieht es natürlich beim rein tatsächlichen Beweis einer solchen Absicht in einem Prozess aus. Hier ist der Gedanke durchaus hilfreich.

440 Vgl. insoweit auch *Ratzel/Heinemann*, MedR 1997, 540, 541 f.

441 Auch als Double-Embryo-Transfer: es werden die beiden „besten" Embryonen ausgewählt.

ausselektiert und nicht übertragen werden.[442] Ein solches Vorgehen verstößt gegen § 1 Abs. 1 Nr. 5 ESchG, da der Arzt bei diesem Verfahren von vornherein beabsichtigt, mehr gesunde Embryonen zu erzeugen, als innerhalb eines Zyklus auf die Frau übertragen werden sollen, um die Möglichkeit zu haben, aus mehreren geeigneten Embryonen nur den besten (optimalen) Embryo auszuwählen. Die anderen ebenfalls geeigneten Embryonen werden entweder auf Vorrat kryokonserviert oder verworfen, was gegen § 1 Abs. 1 Nr. 5 ESchG verstößt.

Beobachtet man die unter Befruchtung stehenden Eizellen und die Embryonen allerdings mit dem Ziel, dass nicht zwischen mehreren geeigneten Embryonen nur der am besten für die Übertragung geeignete, sondern nur die für den Transfer mangels Entwicklungsfähigkeit ungeeigneten unter Befruchtung stehenden Eizellen und Embryonen ausgewählt werden sollen, so verstößt dies, wie oben dargelegt, nicht gegen § 1 Abs. 1 Nr. 5 ESchG. Allerdings könnte dieses Vorgehen, bei Vorhandensein eines geeigneten Tatobjekts (Embryo), durch § 2 Abs. 1 ESchG verboten sein. Indes kann man das reine Beobachten schon begrifflich nicht unter die Tathandlung des Verwendens subsumieren.[443] Eine andere Auslegung würde gegen den insoweit eindeutigen Wortlaut verstoßen und eine unzulässige Analogie zu Lasten des Täters bedeuten.[444]

Die morphologische Beobachtung eines Embryos in vitro ist auch nicht durch § 2 Abs. 1 ESchG mit Strafe bedroht.[445]

VI. Das Übertragen des Embryos mit negativem Befund

Nach der Untersuchung der Embryonalzellen wird der Embryo, bei Vorliegen eines negativen Befundes, auf die Frau übertragen. Der Transfer eines Embryos dient seiner Erhaltung, ist Ziel der gesamten Behandlung und verstößt – isoliert

---

442 Es erfolgt zumeist eine Einordnung in drei Klassen: optimal (gut/am besten für einen Transfer geeignet – übertragen), suboptimal (noch für einen Transfer geeignet – bei Fehlschlag der ersten Behandlung als Reserve für den zweiten Zyklus kryokonservieren) und nicht geeignet (nicht für einen Transfer geeignet – verwerfen).

443 Vgl. *Müller-Terpitz*, in: Spickhoff, ESchG § 2 Rn. 2; *Günther*, in: Günther/Taupitz/Kaiser, § 2 Rn. 31.

444 Vgl. nur *Hassemer/Kargl*, in: Kindhäuser/Neumann/Paeffgen, Strafgesetzbuch, § 1 Rn. 70 ff., 78 ff.; *Eser/Hecker*, in: Schönke/Schröder, § 1 Rn. 25 ff., 37; *Schmitz*, in: Münchener Kommentar zum StGB, § 1 Rn. 60 ff., 63; *Lackner/Kühl*, § 1 Rn. 5 ff.; *Heintschel-Heinegg*, in: BeckOK StGB, § 1 Rn. 12 f.

445 *Günther*, in: Günther/Taupitz/Kaiser, § 2 Rn. 31; in diesem Sinne auch *Ratzel/Heinemann*, MedR 1997, 540, 542;vgl. ebenfalls schon *Beckmann*, ZRP 1987, 80, 81 und Fn. 7.

betrachtet – nicht gegen das Embryonenschutzgesetz. Bei einer Präimplantationsdiagnostik wird aber in der Regel nicht nur ein Embryo, sondern es werden mehrere Embryonen übertragen. Dabei dürfen allerdings gemäß § 1 Abs.1 Nr. 3 ESchG, wie dargelegt, nicht mehr als drei Embryonen auf die Frau transferiert werden. Im Rahmen einer *lege-artis*-Behandlung werden heutzutage aber unter keinen Umständen mehr als drei Embryonen übertragen, um dem Risiko einer höhergradigen Mehrlingsschwangerschaft zu begegnen. Der Regelfall dürfte sogar die Übertragung von lediglich einem oder zwei Embryonen sein.

VII. Das Verwerfen des Restembryos mit positivem Befund

Führt die Untersuchung des Embryos im Rahmen der Präimplantationsdiagnostik zu einem positiven Befund, also etwa zu dem Ergebnis, dass der Embryo eine Krankheit aufweist, so wird dieser Embryo, nach dem Willen der Frau, nicht auf diese übertragen.[446] Stattdessen wird der Embryo *verworfen*, also entweder einfach in der Petrischale *stehengelassen* oder *weggeschüttet*. Dieses Verhalten des Arztes könnte eine missbräuchliche Verwendung des Embryos darstellen und somit gegen § 2 Abs. 1 ESchG verstoßen.[447]

1. Das „Stehenlassen" des Embryos

Das *Stehenlassen* des Embryos mit positivem Befund, damit dieser seine Weiterentwicklung einstellt und abstirbt, könnte gegen das Verbot aus § 2 Abs. 1 ESchG verstoßen, wonach bestraft wird, wer einen extrakorporal erzeugten menschlichen Embryo zu einem nicht seiner Erhaltung dienenden Zweck verwendet.

Mit dem „Stehenlassen" ist das Unterlassen von erhaltenden Maßnahmen gemeint.[448] Da die künstliche Erhaltung des Embryos in vitro, wie bereits erwähnt, zeitlich begrenzt ist, ist die Lebenserhaltung nur durch die Übertragung auf die Frau möglich. Dem Mediziner könnte somit vorgeworfen werden, dass er den Embryo nicht auf die Frau übertragen, sondern in der Petrischale stehengelassen

---

446 Eine Ausnahme wäre natürlich theoretisch denkbar, wenn die Frau, von der die Eizelle stammt, dennoch ausdrücklich die Übertragung verlangt.

447 Zu beachten ist nochmals, dass die hier zu beurteilende Situation sich so darstellt, dass die Frau, von der die Eizelle stammt, im Falle eines positiven Befundes im Rahmen der Präimplantationsidagnostik, die Einwilligung für einen Transfer verweigert.

448 So auch der BGH, 5 StR 386/09, Rn. 38. (Alternativ: BGHSt 55, 206–220 oder MedR 2010, 844–848); *Schroth*, NStZ 2009, 233,236 f.; *Schneider*, MedR 2000, 360, 362 f.; *Schreiber*, DÄBl. 2000, 97, A-1135; *Tag*, in: Kämmerer/Speck, S. 98; ausführlich *Böcher*, S. 100 ff.

hat, bis dieser abstarb. Insoweit kommt eine Strafbarkeit nach § 2 Abs. 1 ESchG i.V.m. § 13 StGB in Betracht.[449]

Eine Unterlassenstrafbarkeit setzt allerdings eine rechtliche Pflicht zum Handeln voraus.[450] Erforderlich für ein strafbares Unterlassen ist somit nicht nur ein reines Untätigbleiben, sondern dass der Täter einen Erfolg nicht abwendet, obwohl er rechtlich dafür einzustehen hat, dass der Erfolg nicht eintritt. Unterlassen werden muss also gerade eine bestimmte rechtlich geforderte, die erfolgsverhindernde Tätigkeit.[451] Der Mediziner müsste daher, um sich nach § 2 Abs. 1 ESchG i.V.m. § 13 StGB strafbar zu machen, verpflichtet gewesen sein, den Embryo auf die Frau zu übertragen. Gegen die Annahme einer solchen Pflicht könnten gleich mehrere Gründe sprechen.

a) Vorliegen einer Garantenpflicht

Eine Pflicht zum Handeln würde im Fall eines unechten Unterlassens, gemäß § 13 StGB, voraussetzen, dass der Unterlassende dafür einzustehen hat, dass der entsprechende Erfolg nicht eintritt. Der Unterlassende müsste Inhaber einer sogenannten Garantenstellung sein.[452] Denn aus einer solchen Garantenstellung folgt dann eine Erfolgsabwendungspflicht als Handlungspflicht (Garantenpflicht).[453] Einem Unterlassenden kann also nur vorgeworfen werden, dass er einen Erfolg, der zum Tatbestand eines Strafgesetzes gehört, nicht abwendet, wenn er auch rechtlich dafür einzustehen hat, dass der Erfolg nicht eintritt.

Im vorliegenden Fall kommen eine Beschützergarantenstellung aus freiwilliger Übernahme und eine Überwachungsgarantenstellung aus Ingerenz[454] in Betracht.[455] Eine Beschützergarantenpflicht aus freiwilliger Übernahme entsteht

---

449 Also eine Strafbarkeit als ein unechtes Unterlassungsdelikt im Sinne des § 13 StGB. Zu beachten ist, dass die Verantwortlichkeit für ein Unterlassen zusätzliche Strafbarkeitsvoraussetzungen aufstellt; vgl. dazu *Gropp*, § 11 Rn. 59; Wohlers, in: Kindhäuser/Neumann/Paeffgen, Strafgesetzbuch, § 13 Rn. 4; *Stree/Bosch*, in: Schönke/Schröder, Vorbemerkungen zu den §§ 13 ff. Rn. 158.

450 Vgl. *Stree/Bosch*, in: Schönke/Schröder, § 13 Rn. 2.

451 Vgl. *Wessels/Beulke*, AT, § 16 Rn. 708.

452 *Gropp*, § 11 Rn. 8 f.

453 *Wohlers*, in: Kindhäuser/Neumann/Paeffgen, Strafgesetzbuch, § 13 Rn. 29; *Gropp*, § 11 Rn. 10.

454 Ingerenz bedeutet ein gefährdendes Vorverhalten.

455 Vgl. insgesamt zur Garantenstellung und zur neueren Funktionenlehre: *Jescheck/Weigend*, § 59 IV. 2. und Fn. 34; *Lackner/Kühl*, § 13 Rn. 12; *Gropp*, § 11 Rn. 21 ff.; *Wohlers*, in: Kindhäuser/Neumann/Paeffgen, Strafgesetzbuch, § 13 Rn. 32 ff.; *Wessels/*

durch die faktische Übernahme von Schutz- und Beistandspflichten gegenüber dem geschützten Rechtsgut.[456] Dabei kommt es nicht auf die zivilrechtliche Wirksamkeit eines Vertrages, sondern darauf an, dass aufgrund der tatsächlichen Übernahme der Schutz- und Beistandspflichten berechtigtes Vertrauen ausgelöst wurde und andere Schutzmaßnahmen unterblieben sind.[457] Durch die Stellung als behandelnder Arzt, also das bereits begonnene Behandlungsverhältnis zu der Frau bzw. dem Paar, hat der Reproduktionsmediziner freiwillig Schutz- und Beistandspflichten tatsächlich übernommen.[458] Diese Garantenpflicht besteht eindeutig der behandelten Frau gegenüber.[459] Fraglich erscheint allerdings, ob aus diesem Verhältnis auch eine Garantenpflicht gegenüber dem Embryo besteht. Auch wenn es für die Begründung der Garantenstellung nicht auf die zivilrechtliche Wirksamkeit des Vertrages ankommt, ist der Inhalt des Behandlungsvertrages für den Umfang und die Reichweite der Schutzpflicht entscheidend.[460] Der Umfang der ärztlichen Garantenpflicht besteht damit nur in den Grenzen, die sich aus dem Behandlungsverhältnis und den entsprechenden Vereinbarungen zwischen Arzt und Patient, der konkreten Einwilligung des ordentlich aufgeklärten Patienten, der ärztlichen Indikation und durch die Anforderungen der *lex artis* für die durchzuführende Behandlung ergeben.[461] Grundsätzlich kann der Behandlungsvertrag ein solcher mit Schutzwirkung zugunsten Dritter sein, beispielsweise bei der Geburt bezogen auf den Säugling.[462] Der Arzt ist im Falle einer Präimplantationsdiagnostik auch verpflichtet, behutsam, fachmännisch und der lex artis entsprechend mit den Embryonen umzugehen und diese, damit

---

Beulke, AT, § 16 Rn. 716. Der Beschützergarant hat die Pflicht, ein Rechtsgut gegen Gefahren aus allen Richtungen zu schützen, er hat also besondere Schutzpflichten für ein bestimmtes Rechtsgut [vgl. *Stree/Bosch*, in: Schönke/Schröder, § 13 Rn. 9 ff.; *Wessels/Beulke*, AT, § 16 Rn. 716.]. Der Überwachungsgarant hat grundsätzlich alle Rechtsgüter gegenüber Gefährdungen zu schützen, die aus einer Gefahrenquelle stammen, für die er verantwortlich ist, er hat also die Verantwortlichkeit für bestimmte Gefahrenquellen [vgl. *Stree/Bosch*, in: Schönke/Schröder, § 13 Rn. 9 ff.; *Wessels/Beulke*, AT, § 16 Rn. 716.].

456 *Lackner/Kühl*, § 13 Rn. 9.

457 *Laufs/Katzenmeier/Lipp*, IV. Rn. 4; *Lackner/Kühl*, § 13 Rn. 9; *Ransiek*, JuS 2010, 585, 588.

458 Vgl. etwa *Kern*, in: Laufs/Kern, § 140 Rn. 14; *Heuchemer*, in: BeckOK StGB, § 13, Rn. 48.

459 Vgl. *Schroth*, in: Roxin/Schroth, S. 553 f.

460 *Heuchemer*, in: BeckOK StGB, § 13, Rn. 47; vgl. auch *Böcher*, S. 106.

461 *Laufs/Katzenmeier/Lipp*, IV. Rn. 6.

462 Vgl. *Kern*, in: Laufs/Kern, § 39 Rn. 37.

eine Übertragung auf die Frau möglich ist, nicht zu beschädigen. Diese Pflichten bestehen aber gegenüber der Frau. Wesentlicher Bestandteil des Behandlungsvertrages ist hier, dass mittels der Präimplantationsdiagnostik eine Schwangerschaft mit einem Embryo mit negativem Befund herbeigeführt werden soll und dementsprechend Embryonen mit positivem Befund festgestellt und nicht übertragen werden sollen. Insoweit unterscheidet sich der hier vorliegende Behandlungsvertrag von einem solchen, der die Entbindung eines Säuglings zum Gegenstand hat.[463] Denn im Falle der Entbindung umfasst der Behandlungsvertrag, wie von den Parteien gewollt, den Schutz des Säuglings. Im Falle einer Präimplantationsdiagnostik sollen jedoch nach dem Willen der Parteien die Embryonen mit positivem Befund nicht vom Schutz mitumfasst sein. Diesem Ziel würde es zuwiderlaufen, wenn dem Arzt aus diesem Behandlungsverhältnis die Garantenpflicht den positiv getesteten Embryonen gegenüber auferlegt würde, und er diese gegen die Mutter durchsetzen müsste. Der konkrete Behandlungsvertrag bzw. die übernommene Behandlung an sich mit ihren Vereinbarungen begrenzt vorliegend die ärztliche Hilfspflicht, also die Garantenpflicht des Arztes. Der Behandlungsvertrag mit der Frau stellt keinen Vertrag mit Schutzwirkung zugunsten des Embryos mit positivem Befund dar, aus dem eine Garantenpflicht zugunsten des Embryos abgeleitet werden könnte.[464] Der Arzt hat keine Garantenstellung aus freiwilliger Übernahme von Beistands- und Schutzpflichten gegenüber den Embryonen mit positivem Befund inne.[465]

Anders sieht der Fall in Bezug auf einen Embryo mit negativem Befund aus. Im ärztlichen Behandlungsvertrag ist geregelt, dass Embryonen, die einen negativen Befund aufweisen, auf die Frau übertragen, mithin diese unter keinen Umständen verletzt oder beschädigt werden sollen. Diese wären folglich nach dem Willen der Parteien von der Schutzwirkung des Vertrages zwischen der Frau und dem Arzt mitumfasst.[466]

---

463 Anders *Schneider*, S. 59.

464 Vgl. auch *Schroth*, NStZ 2009, 233, 237; anders *Schneider*, MedR 2000, 360, 363; *Böcher*, S. 106.

465 So auch *Schroth*, in: Roxin/Schroth, S. 553 f. Und selbst wenn man hier eine anfängliche Garantenstellung kraft freiwilliger Übernahme aus dem Behandlungsvertrag mit Schutzwirkung zugunsten Dritter (Embryo) annehmen wollte, so wäre der Arzt, nach dem positiven Befund und der Weigerung der Frau zum Transfer, aus der Garantenstellung befreit bzw. diese gekündigt oder widerrufen und dadurch erloschen, vgl. *Laufs/Katzenmeier/Lipp*, IV. Rn. 5; *Heuchemer*, in: BeckOK StGB, § 13, Rn. 49.

466 Vgl. insoweit *Schneider*, MedR 2000, 360, 363.

Der Arzt könnte aber Garant für den Embryo aus Ingerenz sein. In diesen Fällen entsteht die Garantenstellung aufgrund eines gefährdenden Vorverhaltens.[467] Um einer ausufernden Garantenpflicht vorzubeugen, müssen an das Vorverhalten allerdings noch weitere Voraussetzungen geknüpft und dieses so eingeschränkt werden.[468] Das Vorverhalten muss die nahe Gefahr des Schadenseintritts geschaffen haben,[469] außerdem objektiv pflichtwidrig gewesen sein und diese Pflichtwidrigkeit gerade in dem Verstoß gegen eine Norm bestehen, die dem Schutz des betroffenen Rechtsguts dient.[470]

Das vorangegangene gefährdende Verhalten des Arztes könnte hier in der In-Vitro-Fertilisation und der damit geschaffenen extrakorporalen Zugriffsmöglichkeit auf den Embryo liegen.[471] Durch die extrakorporale Verfügbarkeit des Embryos wird die nahe Gefahr geschaffen, dass die Embryonalentwicklung beeinträchtigt wird und der Embryo abstirbt. Das Verhalten müsste aber darüber hinaus eine Norm verletzen, die dem Schutz des Embryos dient. In Betracht käme insoweit § 1 Abs. 1 Nr. 2 ESchG. Die In-vitro-Fertilisation, auch im Rahmen einer Präimplantationsdiagnostik, verstößt, wie bereits festgestellt, allerdings nicht gegen § 1 Abs. 1 Nr. 2 ESchG.[472] Die Befruchtung der Eizelle mittels In-Vitro-Fertilisation im Rahmen der Präimplantationsdiagnostik stellt somit kein pflichtwidriges Vorverhalten dar.

Im vorliegenden Fall könnte man auch unabhängig von dem Erfordernis der Pflichtwidrigkeit daran zweifeln, ob die Vornahme der *IVF* als ingerentes Vorverhalten zu bewerten ist. Denn als Ingerent ist vor allem strafrechtlich verantwortlich, wie *Jescheck* und *Weigend* ausführen, wer ein bestehendes Schutzverhältnis aufhebt, indem er etwa die Abwehrbereitschaft des Rechtsgutsträgers selbst oder von schutzbereiten anderen Personen ausschaltet oder wer neue Gefahrenquellen eröffnet, die entweder in der Auslösung von Naturkräften oder in der Nichtbeaufsichtigung von ihm anvertrauten Personen bestehen kann.[473] Im vorliegenden Fall hat der Arzt den Embryo aber nicht einer Frau entnommen

467 *Gropp*, § 11 Rn. 16.

468 BGHSt 26, 35, 37; *Wohlers*, in: Kindhäuser/Neumann/Paeffgen, Strafgesetzbuch, § 13 Rn. 43.

469 *Wessels/Beulke*, AT, § 16 Rn. 725; *Stree/Bosch*, in: Schönke/Schröder, § 13 Rn. 32; *Wohlers*, in: Kindhäuser/Neumann/Paeffgen, Strafgesetzbuch, § 13 Rn. 43.

470 *Jescheck/Weigend*, § 59 IV. 4. a); *Gropp*, § 11 Rn. 33 ff.; *Wessels/Beulke*, AT, § 16 Rn. 725; *Freund*, , in: Münchener Kommentar zum StGB, § 13 Rn. 118 ff.

471 Vgl. *Schneider*, S. 59; *Böcher*, S. 107 f.

472 Siehe oben unter I. 1.

473 *Jescheck/Weigend*, § 59 IV. 4. a).

und so ein bestehendes Schutzverhältnis aufgehoben. Der Arzt hat durch sein Vorverhalten das zu schützende Tatobjekt, den Embryo, erst erzeugt. Wenn aber das Vorverhalten erst der Grund der Existenz ist, dann fällt es schwer, darin zugleich ein gefährdendes Verhalten oder die Eröffnung einer Gefahrenquelle zu erblicken.

Auch die Biopsie von Zellen des Embryos und die Kultivierung oder die Beobachtung des Embryos stellen, wie bereits festgestellt, kein pflichtwidriges Vorverhalten dar.[474]

Eine Garantenpflicht aus Ingerenz ist ebenfalls nicht gegeben.[475]

Der Arzt ist mithin insgesamt kein Garant für den Embryo, der aufgrund eines positiven Befundes nicht auf die Frau übertragen werden soll.[476] Eine Handlungspflicht des Mediziners, die eine Strafbarkeit durch Unterlassen begründen könnte, besteht somit nicht.

Auch wenn eine Strafbarkeit nach § 2 Abs. 1 ESchG i.V.m. § 13 StGB bereits ausscheidet, da der Arzt kein Garant für den positiv getesteten Embryo ist, werden hier mitunter noch andere Argumente angeführt, die gegen die Strafbarkeit sprechen sollen. Diese werden in der Folge noch kurz behandelt.

b) Möglichkeit der Vornahme der erfolgsverhindernden Handlung

Was nicht möglich ist, kann von der Rechtsordnung auch nicht gefordert werden.[477] Eine Pflicht zum Handeln kann also nur angenommen werden, wenn die erfolgsverhindernde Handlung dem potentiellen Täter auch möglich ist.[478] Dabei kommt es auf die individuelle Handlungsfähigkeit des Betroffenen im konkreten Fall an.[479] Es müssen sowohl die äußeren Voraussetzungen für die Vornahme der gebotenen Handlung als auch die eigenen Kräfte des Unterlassenden zur Verfügung stehen.[480]

---

474 Siehe oben unter II., III. und IV.

475 So auch *Schroth*, in: Roxin/Schroth, S. 554; *Böcher*, S. 107 f.

476 In dieselbe Richtung auch der BGH, 5 StR 386/09, Rn. 38.

477 *Wessels/Beulke*, AT, § 16 Rn. 708; *Stree/Bosch*, in: Schönke/Schröder, Vorbemerkungen zu den §§ 13 ff. Rn. 141.

478 Vgl. *Wohlers*, in: Kindhäuser/Neumann/Paeffgen, Strafgesetzbuch, § 13 Rn. 12; *Wessels/Beulke*, AT, § 16 Rn. 708; *Stree/Bosch*, in: Schönke/Schröder, Vorbemerkungen zu den §§ 13 ff. Rn. 141 und § 13 Rn. 3.

479 *Jescheck/Weigend*, § 59 II. 2.; *Kühl*, Strafrecht AT, § 18 Rn. 30 ff.

480 *Jescheck/Weigend*, § 59 II. 2.

Die gebotene Handlung ist hier in der Übertragung des Embryos auf die Frau zu sehen.[481] Diese dürfte dem Mediziner also nicht unmöglich sein.

Dem Mediziner, der eine Präimplantationsdiagnostik durchführt, ist der Transfer eines Embryos auf eine Frau grundsätzlich möglich. Der Grund der Nichtübertragung liegt vorliegend darin, dass bei dem Embryo ein positiver Befund diagnostiziert wurde und die Frau deshalb den Transfer abgelehnt hat. Es wurde also bewusst vom Transfer abgesehen, da dieser dem Willen der Frau und dem Ziel der Präimplantationsdiagnostik, also dem Behandlungsvertrag, widersprechen würde. Bei einem Transfer gegen den Willen der Frau, etwa unter Täuschung, Drohung oder Zwang, würde sich der Mediziner seinerseits gemäß § 4 Abs. 1 Nr. 2 ESchG[482] und §§ 223, 240 StGB[483] strafbar machen.[484]

So wird denn auch in diesem Sinne ohne weitere Begründung ausgeführt, dass im vorliegenden Fall daher ein Transfer des Embryos durch den Mediziner gegen den Willen der Frau jedenfalls nicht möglich sei.[485] Der Mediziner könnte allerdings den Embryo, auch wenn dies im vorliegenden Fall eher fern liegt, etwa durch Täuschung oder Zwang, sehr wohl auf die Frau übertragen.[486] Die Übertragung ist demnach nicht unmöglich. Außerdem steht, wie *Wohlers* ausführt, der Annahme von Tatmacht nicht entgegen, dass der Täter mit der Vornahme der Abwendungshandlung eine ihm obliegende Pflicht verletzen würde.[487]

---

481 Vgl. *Duttge*, GA 2002, 241, 247; *Schneider*, MedR 2000, 360, 363; *Göllner*, S. 46 f.; auch die Kryokonservierung ist, ohne Aussicht auf eine spätere Übertragung auf eine Frau, keine geeignete Rettungshandlung, da diese ebenfalls nicht zu einem Überleben des Embryos führt, sondern nur das Absterben hinauszögert.

482 § 4 Abs. 1 Nr. 2 ESchG lautet: „*Mit Freiheitsstrafe bis zu drei Jahren oder mit Geldstrafe wird bestraft, wer es unternimmt, auf eine Frau ohne deren Einwilligung einen Embryo zu übertragen*".

483 Da der ärztliche Heileingriff eine Körperverletzung darstellt (h.M. [vgl. anstelle vieler *Eser/Sternberg-Lieben*, in: Schönke/Schröder, § 223 Rn. 27 ff.), der über die Einwilligung des Patienten gerechtfertigt werden muss, würde sich der Arzt, wenn die Einwilligung der Frau nicht vorliegt, oder sie durch Täuschung erschlichen wurde, nach § 223 StGB wegen Körperverletzung strafbar machen. Würde der Arzt darüber hinaus die Frau etwa mittels Zwang oder Drohung zum Transfer bringen, so wäre zusätzlich eine Strafbarkeit gemäß § 240 StGB wegen Nötigung gegeben.

484 So auch BGH, 5 StR 386/09, 06.07.2010, Rn. 38; vgl. ebenfalls *Frommel*, in: Hassemer-FS, 831, 839.

485 So etwa der BGH, 5 StR 386/09, 06.07.2010, Rn. 38; *Schneider*, MedR 2000, 360, 362 f.; *Schreiber*, DÄBl 2000, 97, A-1135.

486 Diese Möglichkeit erkennen auch *Schneider*, MedR 2000, 360, 363 und *Schreiber*, DÄBl. 2000, 97, A-1135. Allerdings ziehen sie nicht die richtige Konsequenz daraus.

487 *Wohlers*, in: Kindhäuser/Neumann/Paeffgen, Strafgesetzbuch, § 13 Rn. 12.

Eine Pflicht zum Handeln scheitert nicht an der Möglichkeit der Vornahme, da die Handlung dem Mediziner nicht unmöglich ist.

c) „Zumutbarkeit" normgemäßen Verhaltens

Als weiteres Argument gegen eine Strafbarkeit aus unechtem Unterlassen wird teilweise angeführt, dass die gebotene Rettungshandlung dem Mediziner unzumutbar wäre.[488] Denn als weitere Voraussetzung für das Bestehen einer Handlungspflicht, also für eine Strafbarkeit aus unechtem Unterlassen, muss die gebotene Rettungshandlung für den Unterlassenden zumutbar sein.[489] Im Rahmen der Zumutbarkeit stellt sich die Frage, inwieweit der Unterlassende eine Beeinträchtigung eigener Interessen in Kauf zu nehmen hat.[490]

---

488 So etwa BGH, 5 StR 386/09, Rn. 38; *Schreiber*, DÄBl. 2000, 97, A-1135; *Schneider*, S. 57 ff., 60; *Böckenförde-Wunderlich*, S. 137 ff., 139; *Göllner*, S. 45 ff.

489 Vgl. etwa *Wohlers*, in: Kindhäuser/Neumann/Paeffgen, Strafgesetzbuch, § 13 Rn. 17. Umstritten ist, wo die Zumutbarkeit im Deliktsaufbau beim unechten Unterlassungsdelikt zu verorten ist. Nach einer Ansicht wirkt die Unzumutbarkeit rechtfertigend [vgl. etwa *Gropp*, § 11 Rn. 54 ff. m. w. N.], nach anderer Ansicht entschuldigend [*Jescheck/Weigend*, § 59 VIII. 3.; *Heuchemer*, in: BeckOK StGB, § 13, Rn. 73; *Lackner/Kühl*, § 13 Rn. 5], nach wieder anderer Ansicht betrifft sie nur die Frage der Strafzumessung [*Rudolphi/Stein*, in: Systematischer Kommentar, § 13, Rn. 51 ff.]. Die Rechtsprechung ist ebenfalls uneinheitlich, tendiert aber leicht dazu, die Unzumutbarkeit in der Tatbestandsmäßigkeit zu verorten [BGH 2 StR 294/93, NStZ 1994, 29; RG 58, 97, 98; BGH 6, 46, 57 f.; BGH NStZ 94, 29]. Nach der wohl h.M. stellt die Zumutbarkeit ein (ungeschriebenes) Tatbestandsmerkmal dar [vgl. etwa *Stree/Bosch*, in: Schönke/Schröder, Vorbemerkungen zu den §§ 13 ff. Rn. 155; *Wohlers*, in: Kindhäuser/Neumann/Paeffgen, Strafgesetzbuch, § 13 Rn. 17; *Fischer*, Strafgesetzbuch und Nebengesetze, § 13 Rn. 44; *Krey/Esser*, Deutsches Strafrecht, AT, Rn. 1172, jeweils m. w. N.]. Dafür spricht, dass die Grenze der Unzumutbarkeit bei der Verpflichtung zum Handeln anders zu beurteilen ist als bei der Verpflichtung zum Unterlassen, wo insoweit die Schuldhaftigkeit betroffen ist [*Gropp*, § 11 Rn. 52]. Denn der Unterlassende wird durch eine Handlungspflicht wesentlich stärker belastet als der Begehungstäter durch eine Unterlassungspflicht [*Gropp*, aaO.]. Denn dem Täter eines Begehungsdeliktes ist es grundsätzlich zuzumuten, Handlungen zu unterlassen, dem Unterlassenden sind aber nicht grundsätzlich alle möglichen Rettungshandlungen, bei denen er unter Umständen eigene Rechtsgüter preisgeben muss, zuzumuten [vgl. *Gropp*, aaO.]. Die Zumutbarkeit der gebotenen Rettungshandlung betrifft somit schon die Handlungspflicht als solche und lässt, im Falle unzumutbaren Eingreifens, die Tatbestandsmäßigkeit entfallen.

490 *Gropp*, § 11 Rn. 50 f.

Unzumutbar ist eine Handlung dann, wenn der Garant eigene, von der Rechtsordnung gebilligte Interessen in erheblichem Umfang gefährden würde und diese in einem angemessenen Verhältnis zum drohenden Erfolg stehen.[491] Das heißt, dass ein Tätigwerden jedenfalls dann nicht verlangt werden kann, wenn dies mit unverhältnismäßigen Beeinträchtigungen für den Betroffenen verbunden ist.[492] Außerdem wird vertreten, dass die Vornahme von verbotenen und gegebenenfalls strafbaren Handlungen nicht zumutbar sei.[493]

Angeführt wird nun, dass sich der Mediziner, wenn er den Embryo gegen den Willen der Frau, also ohne Einwilligung und etwa unter Täuschung, Drohung oder Zwang, auf diese überträgt, unter anderem nach § 4 Abs. 1 Nr. 2 ESchG strafbar machen würde und aufgrund dessen die Übertragung des Embryos unzumutbar sei.[494]

Gegen diese Annahme spricht zunächst, dass es erst gar nicht auf die Zumutbarkeit ankommt, da, wie oben ausgeführt, bereits keine Garantenpflicht des Mediziners gegenüber dem positiv getesteten Embryo besteht. Aber selbst wenn man eine solche Garantenpflicht annehmen oder diese zunächst noch offen lassen würde, so wäre das hier aufgezeigte Problem nicht über die Zumutbarkeit zu lösen. Denn es geht hier um die Frage, ob der Mediziner zur Vornahme der gebotenen Handlung, also zur Übertragung des Embryos, verpflichtet ist. Eine Handlungspflicht kann aber nur bestehen, wenn diese nicht auf ein rechtswidriges Tun gerichtet ist.[495] Die Übertragung des Embryos gegen den Willen der Frau könnte aber, wie gesagt, eine Strafbarkeit nach § 4 Abs. 1 Nr. 2 ESchG, § 223 und gegebenenfalls § 240 StGB begründen. Ob eine Handlungspflicht, die zur Unterlassungsstrafbarkeit führen kann, besteht, muss in diesem Fall des Zusammentreffens mit einer Unterlassungspflicht[496], nach den Regeln des Notstands untersucht werden und hängt somit davon ab, ob die an sich verbotene

491 *Heuchemer*, in: BeckOK StGB, § 13, Rn. 73.; *Stree/Bosch*, in: Schönke/Schröder, Vorbemerkungen zu den §§ 13 ff. Rn. 156; BGH NStZ 84, 164.

492 Vgl. *Jescheck/Weigend*, § 59 VIII.; *Gropp*, § 11 Rn. 52; *Wohlers*, in: Kindhäuser/Neumann/Paeffgen, Strafgesetzbuch, § 13 Rn. 17.

493 *Wohlers*, in: Kindhäuser/Neumann/Paeffgen, Strafgesetzbuch, § 13 Rn. 18; *Roxin*, AT II, § 31 Rn. 211 ff.

494 So etwa der BGH, 5 StR 386/09, Rn. 38; *Schreiber*, DÄBl. 2000, 97, A-1135; *Schneider*, S. 57 ff., 60; *Böckenförde-Wunderlich*, S. 137 ff., 139; *Göllner*, S. 45 ff.

495 *Lenckner/ Sternberg-Lieben*, in: Schönke/Schröder, Vorbemerkungen zu den §§ 32 ff., Rn. 71/72.

496 Die Unterlassenpflicht besteht hier in der Pflicht, die Übertragung des Embryos auf die Frau gegen ihren Willen zu unterlassen.

Übertragung gerechtfertigt ist.[497] Ist dies nicht der Fall, so besteht bereits keine Handlungspflicht.[498] Die Handlung ist dann verboten, was bedeutet, dass der Unterlassende insoweit nicht verpflichtet ist, tätig zu werden.[499]

Anders sieht es *Böcher*, der wohl auch davon ausgeht, dass hier kein Fall der Unzumutbarkeit vorliegt, der aber stattdessen eine rechtfertigende Pflichtenkollision annimmt, da die Pflicht der Nichtübertragung mit der Pflicht zur Übertragung aufeinanderträten.[500] Dabei verkennt *Böcher* allerdings, dass eine Pflichtenkollision zwei Handlungs- oder zwei Unterlassungspflichten voraussetzt, die kollidieren.[501] Treffen hingegen eine Handlungs- und eine Unterlassungspflicht zusammen, so ist, wie oben angeführt, nach Notstandsgrundsätzen zu entscheiden.[502] Die Anwendung von § 34 führt dabei nicht zur Auflösung bestehender Pflichtenkollisionen, sondern verhindert von vornherein deren Entstehung.[503] Eine rechtfertigende Pflichtenkollision scheidet im vorliegenden Fall aus.

Es kommt also entscheidend darauf an, ob die Übertragung des Embryos gegen den Willen der Frau nach § 34 StGB gerechtfertigt wäre. Im Rahmen des rechtfertigenden Notstandes muss einschränkend eine Abwägung der widerstreitenden Interessen im Sinne einer umfassenden Gesamtwürdigung aller Umstände vorgenommen werden.[504] Hier stehen sich zunächst das Lebensrecht des Embryos und das Recht auf körperliche Unversehrtheit der Frau gegenüber. Grundsätzlich

---

497 *Perron*, in: Schönke/Schröder, § 34 Rn. 4; *Erb*, in: MüKo StGB, § 34 Rn. 39.

498 *Lenckner/Sternberg-Lieben*, in: Schönke/Schröder, Vorbemerkungen zu den §§ 32 ff., Rn. 71/72.

499 *Erb*, in: MüKo StGB, § 34 Rn. 40.

500 *Böcher*, S. 106 ff., 111, 113 ff.

501 *Lackner/Kühl*, § 34 Rn. 15; *Erb*, in: MüKo StGB, § 34 Rn. 41.

502 *Lenckner/Sternberg-Lieben*, in: Schönke/Schröder, Vorbemerkungen zu den §§ 32 ff., Rn. 71/72; *Perron*, in: Schönke/Schröder, § 34 Rn. 4; *Lackner/Kühl*, § 34 Rn. 15; *Erb*, in: MüKo StGB, § 34 Rn. 39.

503 *Erb*, in: MüKo StGB, § 34 Rn. 38.

504 Vgl. *Lackner/Kühl*, § 34 Rn. 6 ff.; *Erb*, in: MüKo StGB, § 34 Rn. 105 ff. Außerdem müsste die Notstandshandlung gemäß § 34 Satz 2 StGB angemessen sein. Ob die Angemessenheit dabei im Rahmen der Güterabwägung zu berücksichtigen ist oder ihr eigenständige Bedeutung neben der Interessenabwägung zukommt ist umstritten, ändert aber nichts an der Bewertung. Als weitere Voraussetzungen für den rechtfertigenden Notstand muss eine gegenwärtige Gefahr für ein notstandsfähiges Rechtsgut bestehen (Notstandslage), eine Notstandshandlung vorliegen, die ein Rechtsgut eines Dritten verletzt, und die Gefahr durfte nicht anders abwendbar sein, als durch die Notstandshandlung. Außerdem müsste der Täter mit Rettungswillen handeln.

könnte man annehmen, dass das Rechtsgut Leben, bezogen auf die abstrakte Wertigkeit, überwiegen würde. Ob dies allerdings auch für das Leben des Embryos in vitro gilt, erscheint, zumindest in dieser Grundsätzlichkeit, eher fraglich,[505] kann im vorliegenden Fall jedoch offen bleiben. Denn die Übertragung des Embryos auf die Frau, gegen ihren Willen, verstößt nicht nur gegen das Recht auf körperliche Unversehrtheit, sondern zudem gegen das Selbstbestimmungsrecht der Frau und noch weitergehend gegen das Freiheitsprinzip schlechthin und die Menschwürde. Die Übertragung gegen den ausdrücklichen Willen der Frau, etwa unter Zwang oder Täuschung, verstößt somit gegen fundamentale Rechtsprinzipien.[506] Die Übertragung des Embryos gegen den Willen der Frau kann demnach nicht gerechtfertigt werden. Dieses Ergebnis bestätigt auch ein Vergleich mit dem anerkannten Fall, dass eine zwangsweise Blutentnahme zur Rettung des Lebens eines anderen Menschen nicht nach § 34 gerechtfertigt werden kann.[507]

Die Übertragung eines Embryos auf die Frau, die gegen ihren Willen vorgenommen wird, ist verboten (§ 4 Abs. 1 Nr. 2 ESchG, § 223 StGB, ggf. § 240 StGB). Eine Handlungspflicht des Mediziners, gerichtet auf eben diese verbotene Übertragung, kann nicht bestehen. Der Mediziner, der es unterlässt, einen Embryo gegen den Willen der Frau auf diese zu übertragen, macht sich nicht nach § 2 Abs. 1 ESchG i.V.m. § 13 StGB strafbar.

d) Ergebnis

Das Stehenlassen des extrakorporalen Embryos in der Petrischale verstößt nicht gegen § 2 Abs. 1 ESchG i.V.m. § 13 StGB.[508]

2. Das „Wegschütten" des Embryos

Das *Wegschütten* des positiv getesteten Embryos könnte eine missbräuchliche Verwendung im Sinne des § 2 Abs. 1 ESchG darstellen.

Das Vernichten oder Töten eines Embryos kann man bedenkenlos als *missbräuchlich*, also als den Embryo schädigend und nicht der Erhaltung des Embryos

505 Das Leben des extrakorporalen Embryos nimmt zwar eindeutig einen hohen Rang ein, allerdings zeigen unter anderem die Strafdrohungen der §§ 218 und 218a StGB oder auch des § 3a ESchG, dass das noch ungeborene bzw. extrakorporale Leben nicht den gleichen Rang wie das geborene hat.

506 Vgl. *Perron*, in: Schönke/Schröder, § 34 Rn. 41e.

507 Vgl. etwa *Perron*, in: Schönke/Schröder, § 34 Rn. 4, 41e.

508 So etwa auch BGH, 5 StR 386/09, Rn. 37 f.; *Schreiber*, DÄBl. 2000, 97, A-1135; *Neidert*, DÄBl. 2000, 97, A-3483; *Schneider*, MedR 2000, 360, 363 f.; *Schroth*, NStZ 2009, 233, 236 f.

dienend, bezeichnen. Problematisch ist allerdings, das Vernichten oder auch Töten als Verwendung des Embryos zu sehen. Befürworter dieser Auslegung führen an, dass das Tatbestandsmerkmal des Verwendens in § 2 Abs. 1 ESchG weit ausgelegt werden müsse, da es sich um einen Auffangtatbestand handele, das Embryonenschutzgesetz insgesamt lebensgerichtet sei und den Embryo umfassend schützen wolle.[509] Verwenden wird in der deutschen Sprache indes als ein Gebrauchen, Benutzen oder Anwenden definiert.[510] Nicht darunter fällt ein Vernichten, es sei denn, dass dieses mit dem zweckmäßigen Gebrauch zwangsläufig verbunden ist.[511] Insofern spricht schon der Wortlaut, der als äußerste Grenze der Auslegung nicht überdehnt und verletzt werden darf,[512] dagegen, das Vernichten des Embryos unter § 2 Abs. 1 ESchG zu subsumieren. Dieses Ergebnis wird, wie *Schroth* anführt, durch einen Vergleich mit den Urkundsdelikten bestätigt.[513] In § 267 Abs. 1 StGB ist die Rede vom Gebrauch einer Urkunde.[514] Das Vernichten einer Urkunde kann nicht unter § 267 StGB gefasst werden, sondern ist speziell in § 274 StGB geregelt.[515] Würde man dennoch das Vernichten einer Urkunde als Gebrauchen oder Verwenden unter § 267 subsumieren, so wäre das Analogieverbot verletzt.[516] Der Vergleich mit den Vorschriften der Urkundsdelikte spricht ebenfalls dagegen, die Vernichtung des Embryos als ein Verwenden anzusehen. Der objektive Tatbestand von § 2 Abs. 1 ESchG ist nicht erfüllt, da der Embryo durch das Wegschütten nicht *verwendet* wird.[517]

Aber auch Sinn und Zweck der Vorschrift sprechen dagegen, das Wegschütten des Embryos als tatbestandsmäßig anzusehen. Denn verhindert werden soll

509 …
510 Duden, Deutsches Universalwörterbuch, S. 1918 (Stichworte: *verwenden, Verwendung*).
511 *Schroth*, in: Roxin/Schroth, S. 552.
512 Verbot der Analogie zu Lasten des Täters, vgl. etwa *Lackner/Kühl*, § 1 Rn. 5 ff., 6; *Hassemer/Kargl*, in: Kindhäuser/Neumann/Paeffgen, Strafgesetzbuch, § 1 Rn. 70 ff., 78 ff.; *Eser/Hecker*, in: Schönke/Schröder, § 1 Rn. 25 ff., 37; *Schmitz*, in: Münchener Kommentar zum StGB, § 1 Rn. 60 ff., 63; *Heintschel-Heinegg*, in: BeckOK StGB, § 1 Rn. 12 f.; *Rüthers/Höpfner*, JZ 2005, 21, 25.
513 *Schroth*, NStZ 2009, 233, 236.
514 Der Wortlaut von § 267 I StGB: „*Wer zur Täuschung im Rechtsverkehr eine (…) unechte oder verfälschte Urkunde gebraucht, wird mit Freiheitsstrafe bis zu fünf Jahren oder mit Geldstrafe bestraft.*" (H.d.d.V.).
515 Vgl. nur *Cramer/Heine*, in: Schönke/Schröder, § 267 Rn. 70 ff., 73 ff., § 274 Rn. 2 ff., 22.
516 *Schroth*, in: Roxin/Schroth, S. 552.
517 Anders *Günther*, in: Günther/Taupitz/Kaiser, § 2 Rn. 30.

die fremdnützige Verwendung des extrakorporalen Embryos, beispielsweise die Forschung an Embryonen, die nicht ihrer Erhaltung dient. Die Vorschrift will aber, wie das gesamte Embryonenschutzgesetz, keine Lebenserhaltung um jeden Preis gewährleisten.[518]

Ein Mediziner, der einen positiv getesteten Embryo wegschüttet, macht sich nicht gemäß § 2 Abs. 1 ESchG strafbar.

Zum gleichen Ergebnis kommt *Schroth*, der aber unverständlicher Weise weitergehend ausführt, dass das Wegschütten des Embryos, wie auch das bloße Sterbenlassen, als ein unechtes Unterlassen zu bewerten sei.[519] Er zieht dazu eine Parallele zur Sterbehilfe und geht davon aus, dass wertungsmäßig das Wegschütten des Embryos als ein Unterlassen (durch Tun) zu qualifizieren sei.[520] Im Rahmen der Sterbehilfe wird die umstrittene Ansicht vertreten, dass es keinen Unterschied mache, ob eine Behandlung schlicht nicht fortgeführt, oder, etwa durch das Abschalten einer Beatmungsmaschine, abgebrochen wird, beide Fälle seien als Unterlassen zu werten.[521] Aber auch wenn man dieser umstrittenen Ansicht folgen würde, so wäre der Vergleich mit der Sterbehilfe hier verfehlt. Denn das Wegschütten ist nicht mit dem ohnehin umstrittenen Fall des *Unterlassens durch Tun*, etwa wie der oben angesprochene Fall des Abschaltens der Beatmungsmaschine, und demnach nicht mit der passiven Sterbehilfe vergleichbar. Das Wegschütten des Embryos entspricht einer aktiv ins Werk gesetzten Tötung, wie auch das Geben einer Giftspritze. *Schroth* führt weiter an, dass auch der mehr als geringe Energieaufwand des Wegschüttens es nicht rechtfertige, das Wegschütten und das Stehenlassen unterschiedlich zu bewerten.[522] Dem muss man entgegenhalten, dass es für die Unterscheidung von Tun und Unterlassen nicht auf den Grad des Energieaufwands ankommt, sondern darauf abgestellt wird, ob nach dem äußeren Erscheinungsbild des Verhaltens ein Kausalgeschehen durch den Einsatz von Energie beeinflusst, oder ob gar nicht in das Kausalgeschehen eingegriffen, also den Dingen ihren Lauf gelassen wird.[523] Dass das Wegschütten des Embryos nur eines geringen

518 So auch *Giwer*, S. 40.

519 *Schroth*, in: Roxin/Schroth, S. 553; *ders.*, NStZ 2009, 233, 236.

520 *Schroth*, NStZ 2009, 233, 236.

521 Vgl. *Stree/Bosch*, in: Schönke/Schröder, Vorbemerkungen zu den §§ 13 ff. Rn. 160; a.A. BGHSt 55, 191, 201 ff.

522 *Schroth*, NStZ 2009, 233, 237.

523 Vgl. *Wessels/Beulke*, AT, § 16 Rn. 699. Nur wenn das äußere Erscheinungsbild der Verhaltensweise mehrdeutig ist, muss nach weiteren Kriterien unterschieden werden. Dies ist vorliegend aber nicht der Fall.

Energieaufwands bedarf, ist hier unbedeutend, da dennoch in ein Kausalgeschehen durch den Einsatz von Energie eingegriffen wird.[524]

Das Wegschütten des Embryos ist als aktives Tun zu qualifizieren.

VIII. Die Kryokonservierung des Embryos

Kommt es während der Behandlung im Rahmen der Präimplantationsdiagnostik zu unvorhergesehenen Komplikationen bei der Frau, die eine Übertragung des Embryos zu diesem Zeitpunkt unmöglich machen, so kann der Mediziner den Embryo *kryokonservieren*, das heißt einfrieren, um ihn zur Herbeiführung einer Schwangerschaft in einem späteren Zyklus zu verwenden.

Die Kryokonservierung eines Embryos könnte dabei zunächst gegen § 1 Abs. 1 Nr. 2 ESchG verstoßen, der das Unternehmen verbietet, eine Eizelle zu einem anderen Zweck künstlich zu befruchten, als eine Schwangerschaft der Frau herbeizuführen, von der die Eizelle stammt. Allerdings erfolgt die Entscheidung zur Kryokonservierung im zu bewertenden Fall nicht bereits zum Zeitpunkt der Befruchtung, sondern erst später, wenn der extrakorporale Embryo bereits erzeugt wurde. Außerdem soll der Embryo später zur Herbeiführung einer Schwangerschaft verwendet werden.

Das Einfrieren des Embryos könnte eine missbräuchliche Verwendung darstellen, § 2 Abs. 1 ESchG. Ein Verwenden des Embryos ist im Kryokonservieren zu sehen. Allerdings dient dieses Verwenden gerade der Erhaltung des Embryos, der ohne die Kryokonservierung, da ein Transfer auf eine Frau aus irgendwelchen Gründen derzeit nicht möglich ist, absterben würde. Der Embryo soll ferner im nächsten Zyklus zur Herbeiführung einer Schwangerschaft verwendet werden. Auch schadet die Kryokonservierung nach heutigem Erkenntnisstand dem Embryo nicht.[525] Eine Strafbarkeit nach § 2 Abs. 1 ESchG scheidet aus.

Auch § 2 Abs. 2 ESchG (Verbot der Ektogenese) ist nicht einschlägig, da sich der eingefrorene Embryo gerade nicht weiterentwickelt, sondern durch das Kryokonservieren in der Entwicklung stehen bleibt.

Schließlich ist auch § 1 Abs. 1 Nr. 5 ESchG nicht einschlägig. Die Vorschrift will eine Vorratsbefruchtung von Eizellen verhindern. § 1 Abs. 1 Nr. 5 ESchG setzt also zu einem früheren Zeitpunkt an und will nicht die Kryokonservierung an sich, die nur als Mittel der Vorratsbefruchtung dient, verbieten. Außerdem

524 So ist auch für das Drücken des Abzugs einer Schusswaffe oder das Schütten von Gift in das Essen nur ein geringer Energieaufwand erforderlich und dennoch sind diese Verhaltensweisen eindeutig als ein aktives Tun zu bewerten.

525 Vgl. Leopoldina, Ad-hoc-Stellungnahme – PID, 2011, S. 15.

fehlt es am tauglichen Tatobjekt, da im vorliegenden Fall ein Embryo in vitro und keine Eizelle eingefroren wird.

Die Kryokonservierung eines Embryos, der aufgrund von unvorhersehbaren Schwierigkeiten nicht auf die Frau übertragen werden kann, ist nicht nach dem Embryonenschutzgesetz strafbar.

IX. Ergebnis: Die Strafbarkeit der Präimplantationsdiagnostik – ohne Berücksichtigung von § 3a ESchG[526]

Die Präimplantationsdiagnostik an totipotenten Embryonalzellen ist eindeutig nach § 6 Abs. 1 und nach § 2 Abs. 1, jeweils i.V.m. § 8 Abs. 1 ESchG verboten. Wird die Diagnostik hingegen an pluripotenten Zellen durchgeführt, muss differenziert werden. Wenn ein Mediziner das Ziel der Herbeiführung einer Schwangerschaft der Frau, von der die Eizelle stammt, verfolgt, verstößt die Diagnostik nicht gegen § 1 Abs. 1 Nr. 2 ESchG. Eine Präimplantationsdiagnostik an pluripotenten Embryonalzellen verstößt ebenfalls nicht gegen § 2 Abs. 1 ESchG (auch nicht in Verbindung mit § 13 StGB).[527] Die Diagnostik ist nach § 2 Abs. 1 ESchG insoweit unbeschränkt, also auch zur Erkennung von nicht schwerwiegenden Krankheiten oder bestimmten genetischen Merkmalen zulässig.

Die Präimplantationsdiagnostik an pluripotenten Zellen des Embryos ist allerdings durch § 1 Abs. 1 Nr. 5 und Nr. 3 ESchG beschränkt. Nach § 1 Abs. 1 Nr. 5 ESchG darf ein Mediziner bei Vornahme der Präimplantationsdiagnostik nicht billigend in Kauf nehmen, dass überzählige Embryonen entstehen und nach § 1 Abs. 1 Nr. 3 ESchG darf der Mediziner nach erfolgter Diagnostik tatsächlich nicht mehr als drei Embryonen auf eine Frau übertragen.

Das bisher gefundene Ergebnis, dass die Präimplantationsdiagnostik an pluripotenten Embryonalzellen nicht gegen das Embryonenschutzgesetz verstößt, kann durch die systematische Auslegung der Vorschriften insgesamt, unter Berücksichtigung des Strafgesetzbuches, zumindest für eine Präimplantationsdiagnostik

---

526 § 3a ESchG wurde bei der bisherigen Bewertung nicht berücksichtigt. Siehe dafür Teil 6 der Arbeit.

527 Vgl. etwa *Duttge*, GA 2002, 241, 245 f.; *Frommel*, J. Reproduktionsmed. Endokrinol 2004, 104, 108; *Schneider*, S. 52 ff.; *Schroth*, JZ 2002, 170, 173 ff.; die jeweils die Präimplantationsdiagnostik an pluripotenten Zellen für straflos halten; **a.A.** *Beckmann*, ZfL 2009, 125 ff.; *Fassbender, NJW 2001, 2745, 2748; Middel*, S. 38 ff.; *Böckenförde-Wunderlich*, S. 118 ff.; *Renzikowski*, NJW 2001, 2753, 2754 ff.
Zur nunmehr ausdrücklichen Regelung der Präimplantationsdiagnostik in § 3a ESchG siehe unter Teil 6.

zur Erkennung von Krankheiten des Embryos, gefestigt werden. So heißt es in § 218 Abs. 1 Satz 2 StGB: „*Handlungen, deren Wirkung vor Abschluss der Einnistung des befruchteten Eies in der Gebärmutter eintritt, gelten nicht als Schwangerschaftsabbruch im Sinne dieses Gesetzes.*“ Die befruchtete Eizelle im Mutterleib wird danach vor der Nidation überhaupt nicht geschützt. Dies ist gesellschaftlich anerkannt und Voraussetzung für die rechtmäßige Verwendung von Verhütungsmitteln bzw. Nidationshemmern wie die Spirale oder die *Pille danach*, die die Nidation der befruchteten Eizelle verhindern, was zum Absterben der befruchteten Eizelle führt. Zu beachten ist dabei, dass solche Nidationshemmer eigens zur Verhinderung von Schwangerschaften verwendet werden, wohingegen das Motiv einer Präimplantationsdiagnostik gerade die Herbeiführung einer Schwangerschaft ist.[528] Zudem werden die Nidationshemmer nicht etwa nur bei Vorliegen eines schwerwiegenden Gewissenskonflikts angewendet, sondern millionenfach als Verhütungsmittel. Dabei gibt es mit dem Kondom oder Ovulationshemmern durchaus Möglichkeiten, einer Schwangerschaft vorzubeugen, die nicht zum Absterben einer befruchteten Eizelle führen, sondern bereits die Entstehung einer solchen verhindern.[529]

Weiterhin kann gemäß § 218a Abs. 1 StGB jede Schwangere eine Pränataldiagnostik durchführen lassen und aufgrund der erhaltenen Information, nach einer Beratung, die Schwangerschaft ohne Nennung eines Grundes innerhalb der ersten zwölf Wochen durch einen Arzt abbrechen lassen (*Schwangerschaft auf Probe*). Nach § 218a Abs. 2 StGB kann darüber hinaus die Schwangerschaft ohne zeitliche Beschränkung (also bis zur Geburt bzw. bis zum Einsetzen der Eröffnungswehen) abgebrochen werden. Voraussetzung der dafür erforderlichen sozial-medizinischen Indikation ist, dass „*der Abbruch der Schwangerschaft unter Berücksichtigung der gegenwärtigen und zukünftigen Lebensverhältnisse der Schwangeren nach ärztlicher Erkenntnis angezeigt ist, um eine Gefahr für das Leben oder die Gefahr einer schwerwiegenden Beeinträchtigung des körperlichen oder seelischen Gesundheitszustandes der Schwangeren abzuwenden, und die Gefahr nicht auf eine andere für sie zumutbare Weise abgewendet werden kann*“. Wenn also bei dem Embryo eine Krankheit festgestellt wird und diese für die Frau eine psychisch schwer wiegende Beeinträchtigung darstellt, die für sie in nicht zumutbarer Weise abgewendet werden kann, ist eine Spätabtreibung ohne zeitliches Limit möglich.[530]

---

528 Vgl. hierzu Leopoldina, Ad-hoc-Stellungnahme – PID, 2011, S. 11.

529 Vgl. hierzu Leopoldina, Ad-hoc-Stellungnahme – PID, 2011, S. 11.

530 *Schroth*, in: Roxin/Schroth, S. 550; vgl. auch *Gropp*, in: MüKo StGB, § 218a, Rn. 41 ff., 53, 59 ff. Auch wenn es die embryopathische Indikation nicht mehr gibt, so besteht

Wenn aber bei einer natürlichen Befruchtung die befruchtete Eizelle überhaupt keinen, der Embryo nach der Nidation nur einen beschränkten Schutz genießt, so wäre es vor dem Hintergrund der Wertungskonsistenz des Rechts nicht nachzuvollziehen, den Embryo in vitro, der sich ebenfalls in der Entwicklungsstufe vor der Nidation befindet, demgegenüber absolut und umfassend zu schützen.[531] Ebenfalls nicht nachzuvollziehen wäre, warum der Schwangerschaftsabbruch nach Pränataldiagnostik möglich, eine Präimplantationsdiagnostik, die gegebenenfalls eine Verwerfung des Embryos zur Folge hat, aber nicht möglich sein soll.[532] Insoweit würde ein eklatanter Wertungswiderspruch bestehen.[533]

Gegenstimmen[534] führen an, dass es durchaus gerechtfertigt sei, den Embryo in vitro stärker zu schützen als denjenigen in vivo, da dem extrakorporalen Embryo nicht der natürliche Schutz des Mutterleibes zuteil wird, sondern er vielmehr zur freien Verfügung des Arztes steht. Noch weitergehend wird argumentiert, dass es sich gar um verschiedenartige Schutzgüter handele. Dem ist indes nicht zu folgen. *Ipsen* führt dazu aus, dass es sich im Recht stets um vergleichbare Sachverhalte, die hinsichtlich ihrer unterschiedlichen Behandlung Probleme aufwerfen, nicht um gleiche Gegenstände handele.[535] Das *Objekt* ist in beiden Konstellationen dasselbe, nämlich ein menschlicher Embryo (ab Vereinigung von Samen und Eizelle).[536] Dann müssen diese auch gleich behandelt werden. Unterschiede bestehen nur bezüglich des Ortes, eben in vivo oder in vitro. Diesem Unterschied wird aber Rechnung getragen. Der extrakorporale Embryo wird vor Gefahren und Eingriffen, die speziell auf seiner Verfügbarkeit im Reagenzglas, seiner Exponiertheit, beruhen und die ihn insoweit vom

weitgehend Einigkeit, dass jedenfalls solche Fälle der embryopathischen Indikation in § 218a Abs. 2 StGB Berücksichtigung finden, die die Voraussetzungen der medizinisch-sozialen Indikation erfüllen (*Gropp*, aaO, Rn. 60). Außerdem gibt es nach § 218a Abs. 3 StGB noch die kriminologische Indikation, die eine 12-Wochen-Frist enthält (vgl. auch *Gropp*, aaO. Rn. 69 ff.).

531 Vgl. *Ipsen*, NJW 2004, 268, 269; *Schroth*, NStZ 2009, 233, 236.

532 Vgl. auch *Reiß*, S. 84 f., 89 ff.

533 Vgl. *Schreiber*, in: Bochumer Beiträge, S. 157, 161 ff., 166; *Schroth*, in: Roxin/Schroth, S. 550; *Prütting*, in: Status Familiae, S. 375, 379; *Sendler*, NJW 2001, 2148, 2148 ff., der anführt, dass das „Unrecht", welches dem Embryo beim Schwangerschaftsabbruch angetan wird, „unvergleichlich gewichtiger" sei, als bei der PID. In diesem Sinne auch bereits *Sternberg-Lieben*, NStZ 1988, 1, 3 f.

534 Für viele etwa *Mildenberger*, MedR 2002, 293, 294 ff.

535 *Ipsen*, NJW 2004, 268, 269.

536 Vgl. *Ipsen*, NJW 2004, 268, 269.

Embryo in vivo unterscheiden und deshalb bei einem Embryo in vivo nicht – in dem Maße – vorhanden sind, durch das Embryonenschutzgesetz besonders geschützt. Dieser besondere Schutz wird etwa durch das Verbot verbrauchender Embryonenforschung und missbräuchlicher Verwendung jeglicher Art gewährleistet. Ein Erzeugen und Verwenden von Embryonen darf nur zum Ziel haben, eine Schwangerschaft herbeizuführen, die Veräußerung und der Handel mit Embryonen ist, genauso wie ein Klonen des Embryos, verboten und dem Entstehen von gespaltenen Mutterschaften wird vorgebeugt.[537] Andererseits ist auch der Embryo in vivo für Untersuchungen und Eingriffe *verfügbar*, wie die oben angesprochenen Verhütungsmittel, die Pränataldiagnostik und die Möglichkeit des Schwangerschaftsabbruchs zeigen.[538] Dies ist also kein exklusiver Zustand des Embryos in vitro.[539] Warum sollte also beim extrakorporalen Embryo nicht das gleiche oder zumindest ein ähnliches Maß an Eingriffen möglich sein? Denn die Konfliktsituation ist, zumindest wenn man eine Präimplantationsdiagnostik zur Erkennung von befürchteten Krankheiten einsetzt, in beiden Fällen vergleichbar, im Rahmen der Präimplantationsdiagnostik nur zeitlich vorverlagert bzw. antizipiert.[540] Sowohl im Fall einer Präimplantationsdiagnostik zur Erkennung von erwarteten Krankheiten als auch im Fall einer Pränataldiagnostik besteht ein schwerer, höchstpersönlicher Gewissenskonflikt der Eltern, der eine weitreichende Entscheidung erfordert, die weder im einen noch im anderen Fall leichtfertig von den (potentiellen) Eltern gefällt wird und eine Gefahr für die psychische Gesundheit vor allem der (potentiellen) Mutter darstellt.[541]

Und auch wenn man die Präimplantationsdiagnostik als von § 1 Abs. 1 Nr. 2 oder § 2 Abs. 1 ESchG als erfasst ansehen würde, so wäre, wie *Schroth* ausführt, eine analoge Anwendung des Rechtfertigungsgrundes aus § 218a Abs. 2 StGB angemessen.[542] Die sozial-medizinische Indikation bedeutet, wie oben bereits ausgeführt, dass, wenn bei dem Embryo eine Krankheit festgestellt wird und diese für die Frau eine psychisch schwer wiegende Beeinträchtigung darstellt,

---

537 Vgl. dazu insgesamt auch *Wuermeling*, ZfL 2006, 15, 15 f.

538 Ähnlich *Reiß*, HRRS 2010, 418, 420.

539 Vergleichbar insoweit *Reiß*, HRRS, 2010, 418, 420.

540 So auch *Reiß*, S. 84 f., 89 ff.; *Sendler*, NJW 2001, 2148, 2148 ff.; a.A. etwa *Mildenberger*, MedR 2002, 293, 298; *Henking*, ZRP 2012, 20, 22; *Renzikowski*, NJW 2001, 2753, 2757, der darauf abstellt, dass ein Verzicht auf die künstliche Befruchtung eine *„ebenso wirksame Alternative"* wie der Verzicht auf die Implantation eines Embryos nach PID sei, um einen Schwangerschaftsabbruch zu vermeiden.

541 Vgl. auch *Schroth*, NStZ 2009, 233, 236.

542 *Schroth*, in: Roxin/Schroth, S. 557.

die für sie in nicht zumutbarer Weise abgewendet werden kann, eine Spätabtreibung mit Einwilligung der Frau ohne zeitliches Limit möglich ist.[543] Bei einer Präimplantationsdiagnostik zur Erkennung von befürchteten Krankheiten liegt eine absolut vergleichbare Situation vor. Stellt sich bei einem Embryo im Rahmen einer Präimplantationsdiagnostik heraus, dass dieser schwerstgeschädigt ist, so muss, wenn eine Spätabtreibung zulässig wäre, erst recht die Nichtübertragung des Embryos in vitro zulässig sein.[544] Auch in dieser Konstellation drohen schwerwiegende gesundheitliche Beeinträchtigungen bei der (potentiellen) Mutter.[545] Die Präimplantationsdiagnostik bzw. die Nichtübertragung des Embryos wäre somit nicht rechtswidrig.

Der Embryo in vitro muss aufgrund seiner *Verfügbarkeit* besonders geschützt werden. Allerdings sollte sich dieser spezielle Schutz auf die Gefahren, die mit der besonderen Situation, der Zugänglichkeit des Embryos im Reagenzglas, verbunden sind, konzentrieren. Vor diesen speziellen Gefahren schützt das Embryonenschutzgesetz den extrakorporalen Embryo auch. Dies beinhaltet aber keinen absoluten umfassenden Schutz und dies gebietet kein generelles Verbot der Präimplantationsdiagnostik. Dies wäre vor dem Hintergrund der Wertungskonsistenz des Rechts und den Regeln der §§ 218 ff. StGB nicht zu rechtfertigen. Dennoch sollte die Präimplantationsdiagnostik in ihrem Anwendungsbereich auf die Erkennung von schwerwiegenden Krankheiten, für deren Vorliegen gewisse Anhaltspunkte vorhanden sind, beschränkt werden.

---

543 *Lackner/Kühl*, § 218a Rn. 11 ff.

544 *Schroth*, NStZ 2009, 233, 238.

545 *Schroth*, in: Roxin/Schroth, S. 557.

5. Teil BGH-Urteil

Der Bundesgerichtshof musste sich in seinem bereits mehrfach zitierten Grundsatzurteil vom 06.07.2010 (5 StR 386/09)[546] mit der Präimplantationsdiagnostik, Stand vor Einführung des § 3a ESchG, beschäftigen und hat geurteilt, dass diese, in den dem Fall zugrundeliegenden engen Grenzen,[547] nicht gegen das Embryonenschutzgesetz verstößt.[548] Das Urteil hat somit zumindest ein Stück der vorherrschenden Rechtsunsicherheit in diesem Bereich beendet. Vor allem aber war die Entscheidung Grund für die neu aufkommende Diskussion über die Präimplantationsdiagnostik und letztlich Auslöser für den Erlass des Gesetzes zur Regelung der Präimplantationsdiagnostik (PräimpG).

Angeklagt war ein Frauenarzt aus Berlin, der in drei vergleichbaren Fällen im Rahmen einer Kinderwunschbehandlung extrakorporal befruchtete Eizellen auf genetische Abweichungen hin untersucht hatte. Grund für die Diagnostik war jeweils eine Translokation einzelner Chromosomen eines Partners, sodass bei den Patientinnen jeweils ein signifikant erhöhtes Risiko vorlag, dass eine vom Samen des Partners befruchtete Eizelle genetische Defekte aufweisen würde, die das erhebliche Risiko von gravierenden genetischen Fehlverteilungen bei ihren Abkömmlingen und die hohe Wahrscheinlichkeit einer Totgeburt oder des Versterbens des Neugeborenen innerhalb weniger Tage nach der Geburt, zur Folge haben würden. Eine Patientin hatte bereits zwei Fehlgeburten erlitten und einen Schwangerschaftsabbruch vornehmen lassen. Der Arzt untersuchte dazu die (pluripotenten) Zellen von jeweils drei extrakorporal befruchteten Eizellen im Wege der sogenannten Blastozystenbiopsie. Nach Unterrichtung der Patientinnen und auf ihren ausdrücklichen Wunsch übertrug der Arzt in allen drei Fällen jeweils lediglich die unauffälligen, gesunden Embryonen. Die positiv getesteten Embryonen, bei denen die Patientinnen die Übertragung verweigerten, wurden nicht weiterkultiviert und starben ab.

546 Alternative Fundstellen: BGHSt 55, 206–220; MedR 2010, 844–848.

547 Das heißt eine Präimplantationsdiagnostik mittels Blastozystenbiospie zur Erkennung von schwerwiegenden Krankheiten, für die bei den Eltern eine genetische Disposition bestand.

548 Vor Erlass des Präimplantationsdiagnostikgesetz (PräimpG) vom 21.11.2011, in Kraft getreten am 08.12.2011 und somit vor Einführung von § 3a ESchG.

I. Die Begründung des Urteils

Der Bundesgerichtshof hat den angeklagte Arzt vom Vorwurf der missbräuchlichen Anwendung von Fortpflanzungstechniken nach § 1 Abs. 1 Nr. 2 ESchG und der missbräuchlichen Verwendung menschlicher Embryonen nach § 2 Abs. 1 ESchG in drei Fällen frei gesprochen. Der Leitsatz der Entscheidung lautet: „*Die nach extrakorporaler Befruchtung beabsichtigte Präimplantationsdiagnostik mittels Blastozystenbiopsie und anschließender Untersuchung der entnommenen pluripotenten Trophoblastzellen auf schwere genetische Schäden hin begründet keine Strafbarkeit nach § 1 Abs. 1 Nr. 2 ESchG. Deren Durchführung ist keine nach § 2 Abs. 1 ESchG strafbare Verwendung menschlicher Embryonen.*“

Der Senat hat also entschieden, dass die Präimplantationsdiagnostik im Rahmen von Kinderwunschbehandlungen bei genetisch vorbelasteten Paaren, genauer bei Translokationen einzelner Chromosomen eines Partners, die zu einem erheblichen Risiko von gravierenden genetischen Fehlverteilungen bei ihren Abkömmlingen führen, zur Feststellung von genetischen Schädigungen der Embryonen, die die hohe Wahrscheinlichkeit einer Totgeburt oder des Versterbens des Neugeborenen innerhalb weniger Tage nach der Geburt zur Folge haben, mittels Blastozystenbiopsie, straflos ist.

Anzumerken ist, dass es für das Gericht keinen Grund gab, auf § 1 Abs. 1 Nr. 5 ESchG einzugehen, nach dem bestraft wird, wer es unternimmt, mehr Eizellen einer Frau zu befruchten als ihr innerhalb eines Zyklus übertragen werden sollen. Denn der angeklagte Arzt hat jeweils nur drei Eizellen befruchtet und untersucht und wollte auch alle gesunden befruchteten Eizellen übertragen. Er hat somit nicht gegen § 1 Abs. 1 Nr. 5 ESchG verstoßen.

Als Reaktion auf das Urteil kann man des Öfteren lesen, dass es vom (rechtspolitischen) Ergebnis her überzeuge, aber in der juristischen Begründung Schwachstellen aufweise.[549] Die Begründung des Urteils soll näher untersucht werden. Da das Urteil dabei weitgehend der oben vertretenen Ansicht entspricht, soll ein besonderes Augenmerk auf die Abweichungen gelegt werden.

1. Strafbarkeit des Arztes nach § 1 Abs. 1 Nr. 2 ESchG

Der Bundesgerichtshof hat eine Strafbarkeit nach § 1 Abs. 1 Nr. 2 ESchG abgelehnt.

549 Vgl. etwa *Dederer*, MedR 2010, 819 ff.; *Schumann*, MedR 2010, 848 ff.; *Reiß*, HRRS 2010, 418 ff.; vgl. insgesamt auch *Brunhöber*, HRRS 2010, 412 ff.

Das Gericht löst den Fall zunächst genau in dem Sinne des oben gefundenen Ergebnisses.[550] Es führt bei Rz. 14 ff. aus, dass eine Strafbarkeit bei § 1 Abs. 1 Nr. 2 ESchG nicht eintritt, wenn der Handelnde eine Schwangerschaft bewirken will. In dem Urteil wird dabei herausgestellt, dass Absicht im Sinne von *dolus directus ersten Grades* gefordert ist und dass weitere Beweggründe oder eine objektive Bedingung dem Absichtserfordernis nicht entgegenstehen.[551] Der Angeklagte handelte, so der Bundesgerichtshof weiter, mit einer entsprechenden Absicht. Der Umstand, dass er bei einem positiven Befund von der Übertragung absehen wollte, stellt nach Ansicht des Senats seinen endgültig gefassten Handlungsentschluss in Bezug auf die Herbeiführung einer Schwangerschaft nicht in Frage, denn die genetische Untersuchung war nicht etwa der Zweck der Befruchtung.[552] Auch dass nach dem üblichen Vorgehen die Übertragung letztlich von der Einwilligung der Patientin abhing, ändert nach den Ausführungen im Urteil nichts daran. Der Bundesgerichtshof erteilte damit der Ansicht, dass die Entscheidung über die Herbeiführung der Schwangerschaft erst nach Abschluss der Untersuchung falle, eine Absage.[553]

Ab Rz. 18 weicht das Urteil allerdings etwas vom oben gefundenen Ergebnis ab. Es wird ausgeführt, dass der Wille des Angeklagten, im Rahmen der Präimplantationsdiagnostik den einzelnen Embryo bei positivem Befund nicht zu übertragen, nicht als alternative, zur Annahme der Strafbarkeit führende Absicht im Sinne von § 1 Abs. 1 Nr. 2 ESchG angesehen werden könne, sondern nur als ein unselbstständiges Zwischenziel („*Sie* [die Untersuchung] *wäre nicht durchgeführt worden, wenn nicht die Absicht der Herbeiführung der Schwangerschaft bestanden hätte.*“).[554] Das heißt, der Senat deutet hier bereits an, dass er es für möglich hält, dass eine weitere Absicht neben der Schwangerschaftsherbeiführungsabsicht bestehen kann, die zur Strafbarkeit führt. Dann führt das Gericht weiter aus, dass es von Rechtsprechung und Schrifttum anerkannt sei, dass auch Zwischenziele eine tatbestandsrelevante Absicht ausmachen können, aber durch Auslegung des jeweiligen Tatbestandes ermittelt werden müsse, ob der Absicht eine dem Deliktstypus prägende Bedeutung zu komme. Diese Auslegung sei insbesondere bei dem „Alternativabsichtsdelikt“ des § 1 Abs. 1 Nr. 2 ESchG wichtig, da es widersinnig wäre, wenn etwa die Gewinnerzielungsabsicht des Arztes

550 BGH, Urt. v. 06.07.2010, 5 StR 386/09, Rz. 14–18; NJW 2010, 2672, 2673.

551 BGH, Urt. v. 06.07.2010, 5 StR 386/09, Rz. 15.

552 BGH, Urt. v. 06.07.2010, 5 StR 386/09, Rz. 17.

553 BGH, Urt. v. 06.07.2010, 5 StR 386/09, Rz. 17.

554 BGH, Urt. v. 06.07.2010, 5 StR 386/09, Rz. 18, 19.

als Alternativabsicht die Strafbarkeit begründen würde.[555] Schließlich geht das Gericht davon aus, dass nach der Vorschrift kein Gebot bestehe, dass die extrakorporale Befruchtung ausschließlich der Herbeiführung einer Schwangerschaft dienen müsse.[556]

Im Rahmen der dann erfolgenden Auslegung, kommt der Bundesgerichtshof aber zu dem fraglichen Ergebnis, dass es durchaus Neben- oder Alternativabsichten geben könnte, die eine Strafbarkeit – trotz der bestehenden Absicht eine Schwangerschaft herbeizuführen – begründen könnten, auch wenn die Absicht, eine Präimplantationsdiagnostik durchzuführen, nicht dazu gehöre.[557]

Der Senat verkennt dabei, dass eine alternative Absicht bei § 1 Abs. 1 Nr. 2 ESchG unschädlich ist, wenn nur daneben die richtige Absicht der Herbeiführung einer Schwangerschaft besteht. Denn diese Absicht muss, wie bereits dargelegt, nicht ausschließlich verfolgt werden, führt aber bei ihrem Vorliegen zur Straflosigkeit. Auch wenn der Bundesgerichtshof hier dennoch zu dem Ergebnis kommt, dass der Plan eine Präimplantationsdiagnostik durchzuführen, nicht zur Strafbarkeit nach § 1 Abs. 1 Nr. 2 ESchG führt, geht er im Grunde von einer falschen Annahme aus. Somit muss das Gericht in der Folge erklären, warum die Absicht der Durchführung einer Präimplantationsdiagnostik keine die Strafbarkeit begründenden Alternativabsicht darstellt, obwohl dies nach seiner Ansicht grundsätzlich möglich wäre.

Das Urteil führt dazu aus, dass sich weder aus § 1 Abs. 1 Nr. 2 ESchG, auch nicht aus dem systematischen Gesamtzusammenhang des Embryonenschutzgesetzes, noch aus dem historischen Willen des Gesetzgebers mit hinreichender Bestimmtheit ein gesetzliches Verdikt gegen eine dem zu beurteilenden Fall entsprechende Präimplantationsdiagnostik entnehmen lasse.[558]

Dazu zieht der Senat entscheidend die vermeintlich *„in § 3 Satz 2 ESchG getroffene Wertentscheidung des Gesetzgebers“* heran.[559] Nach Aussage des Bundesgerichtshofs hat der Gesetzgeber, mit der in der Vorschrift normierten Ausnahme der aus dem Risiko einer geschlechtsgebundenen Erbkrankheit des Kindes resultierenden Konfliktlage der Eltern Rechnung getragen. Sodann werden in dem Urteil einige Passagen aus der Beschlussempfehlung und dem Bericht des Rechtsausschusses des Bundestages zitiert: *„Es könne »einem Ehepaar nicht*

555 BGH, Urt. v. 06.07.2010, 5 StR 386/09, Rz. 20.

556 BGH, Urt. v. 06.07.2010, 5 StR 386/09, Rz. 20.

557 BGH, Urt. v. 06.07.2010, 5 StR 386/09, Rz. 21; vgl. insoweit *Brunhöber*, HRRS 2010, 412, 414.

558 BGH, Urt. v. 06.07.2010, 5 StR 386/09, Rz. 21.

559 BGH, Urt. v. 06.07.2010, 5 StR 386/09, Rz. 25.

zugemutet werden«, »sehenden Auges das Risiko einzugehen«, »ein krankes Kind zu erhalten, wenn künftig die Möglichkeit bestehen sollte, durch Spermienselektion ein gesundes Kind zur Welt zu bringen«; darüber hinaus »bestehe die Gefahr, dass dann, wenn ein zu erzeugendes Kind mit einer zum Tode führenden geschlechtsgebundenen erblichen Krankheit belastet sei, eine Abtreibung vorgenommen werde« (Beschlussempfehlung und Bericht des Rechtsausschusses des Bundestages in BTDrucks. 11/8057 S. 15)."[560] Es wird weiter ausgeführt, dass in Fällen wie dem verfahrensgegenständlichen eine gleichgelagerte Konfliktsituation gegeben sei, da hier nämlich ebenfalls die Gefahr eines schwerkranken oder nicht lebensfähigen Kindes oder, nach einer ärztlicherseits strikt angezeigten Pränataldiagnostik, ein Schwangerschaftsabbruch, unter Umständen nach § 218a Abs. 2 StGB, drohe. Der Gesetzgeber hätte, nach Ansicht des Bundesgerichtshofs, in Anbetracht der Wertentscheidung aus § 3 Satz 2 ESchG, die Präimplantationsdiagnostik an pluripotenten Zellen zur Verminderung der genannten Risiken nicht verboten, wenn diese Methode damals schon zur Verfügung gestanden hätte.[561] Deshalb sei der Regelung in § 3 Satz 2 ESchG auch kein Ausschlusscharakter im Hinblick auf die Untersuchung und die Übertragung von Embryonen beizumessen. Schließlich merkt das Gericht an, dass eine bewusste legislatorische Entscheidung in Bezug auf Sachverhalte außerhalb des unmittelbaren Regelungsbereichs der Vorschrift durch den Gesetzgeber damit nicht erfolgte.[562]

Die Auslegung des Senats überzeugt größtenteils, verkennt aber den Inhalt der Wertentscheidung aus § 3 Satz 2 ESchG bzw. verkennt, dass diese Wertentscheidung nicht ohne weiteres auf die Präimplantationsdiagnostik übertragen werden kann. § 3 Satz 2 ESchG betrifft, wie oben unter „4. Teil II. 3." ausgeführt, die Spermienselektion und demnach einen anderen, früheren Zeitpunkt als die Präimplantationsdiagnostik, nämlich einen Zeitpunkt, wo noch kein schützenswerter Embryo entstanden ist.[563] So beziehen sich die Aussagen aus der Beschlussempfehlung eindeutig auf die Möglichkeit „*durch Spermienselektion ein gesundes Kind zur Welt zu bringen*".[564] Der Bundesgerichtshof führt selbst bei Rz. 27 aus, dass „*eine bewusste legislatorische Entscheidung in Bezug auf Sachverhalte außerhalb des unmittelbaren Regelungsbereichs von § 3 Satz 2 ESchG nicht erfolgt*" ist.[565] Der Gesetzgeber hat in § 3 ESchG – bewusst – keine Aussage zur

---

560 BGH, Urt. v. 06.07.2010, 5 StR 386/09, Rz. 25.

561 BGH, Urt. v. 06.07.2010, 5 StR 386/09, Rz. 26.

562 BGH, Urt. v. 06.07.2010, 5 StR 386/09, Rz. 27.

563 Vgl. insoweit auch *Dederer*, MedR 2010, 819, 820; *Reiß*, HRRS 2010, 418, 419 f.

564 BT-Drs. 11/8057 S. 15.

565 BGH, Urt. v. 06.07.2010, 5 StR 386/09, Rz. 27.

Präimplantationsdiagnostik und zu einem Embryo als Objekt getroffen, sondern, mit dem Wortlaut als absolute Grenze der Auslegung, nur zur Spermatozoenselektion.[566] Demnach kann die Wertentscheidung aus § 3 Satz 2 ESchG, die eben nur die Spermien und ihre Selektion betrifft, nicht entgegen dem Wortlaut auf den Embryo und die Präimplantationsdiagnostik übertragen werden.[567]

Des Weiteren zieht der Senat das Gendiagnostikgesetz heran und führt richtig aus, dass sich aus diesem ebenfalls kein Verbot der Präimplantationsdiagnostik ergeben kann, da der Gesetzgeber die Problematik ausdrücklich aus dem Anwendungsbereich des Gendiagnostikgesetzes herausgenommen habe.[568] *Dederer* merkt dazu kritisch an, dass das Gericht wohl das Gendiagnostikgesetz heranziehe, aber das Stammzellgesetz völlig übersehe.[569] Allerdings kommt *Dederer* im Rahmen seiner Ausführungen zu dem Ergebnis, dass sich auch aus dem Stammzellgesetz, in dem die PID nicht ausdrücklich geregelt sei, und aus dessen Entstehungsgeschichte, also den Entwurfsbegründungen aus 2002 und 2008[570], ebenfalls keine eindeutigen Schlüsse ziehen lassen würden.[571]

Kritisch sind schließlich die Bemühungen des Bundesgerichtshofs bei Rz. 29 zu bewerten, sein Ergebnis in den rechtspolitisch gewollten Rahmen zu rücken. Das Gericht führt aus, dass seine Auslegung des § 1 Abs. 1 Nr. 2 ESchG nicht dazu führe, dass die Präimplantationsdiagnostik unbegrenzt möglich sei, sondern eben nur zu dem Zweck der Untersuchung auf schwerwiegende genetische Schäden zur Vermeidung der gewichtigen genannten Gefahren. Hingegen sei eine Geschlechtswahl oder die gezielte Wahl von bestimmten Immunitätsmustern nicht möglich, da dies eine die Strafbarkeit begründende Alternativabsicht darstellen würde.[572] Das rechtspolitische Ziel dieser Ausführungen ist nachzuvollziehen und anzuerkennen. Allerdings ändert es nichts daran, dass die Begründung des Senats hier nicht zu überzeugen vermag. Besteht die Absicht, eine Schwangerschaft herbeizuführen, so sind andere Absichten unschädlich und können nicht zur Strafbarkeit führen.

---

566 Vgl. insoweit auch *Höfling*, in FAKomm-MedR, ESchG § 3 Rn. 3.

567 Vgl. insoweit auch *Reiß*, HRRS 2010, 418, 419 f.; *Dederer*, MedR 2010, 819, 820; *Höfling*, in FAKomm-MedR, ESchG § 3 Rn. 3.

568 Vgl. § 2 Abs. 1 GenDG; BT-Drs. 16/10532 S. 20; BGH, Urt. v. 06.07.2010, 5 StR 386/09, Rz. 28.

569 *Dederer*, MedR 2010, 819.

570 2002 wurde das StZG verabschiedet, 2008 novelliert.

571 *Dederer*, MedR 2010, 819 f.

572 BGH, Urt. v. 06.07.2010, 5 StR 386/09, Rz. 29.

Festzuhalten bleibt, dass sich bei der Bewertung des § 1 Abs. 1 Nr. 2 ESchG, trotz des richtigen Ergebnisses, in der Begründung des Urteils einige Schwachstellen auftun. Dies sieht der Senat wohl selbst ein und appelliert an den Gesetzgeber, dass eine eindeutige gesetzliche Regelung der Materie wünschenswert wäre.[573]

2. Strafbarkeit des Arztes nach § 2 Abs. 1 ESchG

Der Bundesgerichtshof hat auch eine Strafbarkeit nach § 2 Abs. 1 ESchG abgelehnt.

Zuerst widmet sich der Senat der Zellentnahme.[574] Er führt im Sinne des obigen Ergebnisses aus, dass die Zellentnahme durch den Angeklagten kein *Verwenden* der Embryonen, sondern lediglich der pluripotenten Zellen darstelle. Als Begründung stellt das Gericht darauf ab, dass das Merkmal des Verwendens, das grundsätzlich als zweckgerichteter Gebrauch zu verstehen sei, um mit dem Übermaßverbot unvereinbare und vom Gesetzgeber gewiss nicht gewollte Strafbarkeiten zu vermeiden, eingeschränkt werden müsse. Diese Einschränkung könne allerdings nicht allein mit dem in § 2 Abs. 1 ESchG ebenfalls vorausgesetzten Alternativzweck der Nichterhaltung des Embryos vorgenommen werden, da ansonsten dennoch Verhaltensweisen, wie das schlichte Beobachten des Embryos beispielsweise zu Lernzwecken, strafbar wären. Die Eingrenzung habe, wie das Gericht weiter ausführt, anhand des Zwecks der Vorschrift und der (Wert-) Entscheidungen des Embryonenschutzgesetzes zu erfolgen.[575] § 2 Abs. 1 ESchG habe, ausweislich der amtlichen Überschrift, zum Zweck, eine missbräuchliche Verwendung von Embryonen zu verhindern und solle gewährleisten, dass Embryonen nicht zum Objekt fremdnütziger Zwecke, vor allem durch Embryonenforschung und Abspaltung und Untersuchung totipotenter Zellen, gemacht werden, wie sich aus dem Regierungsentwurf und dem Kabinettsbericht ergebe.[576] Daraus folgt nach Ansicht des Gerichtshofs, dass die Blastozystenbiopsie, durch die der Embryo nicht „*zu Zwecken außerhalb des Gesamtvorgangs der extrakorporalen Befruchtung instrumentalisiert*“ und durch die der Embryo nicht gefährdet werde, diesen Zwecken der Vorschrift nicht zuwider laufe. Der Gesetzgeber habe, so das Urteil weiter, die Möglichkeit einer Biopsie an pluripotenten Zellen, die den Embryo nicht beeinträchtige, nicht im Blick gehabt und darüber

573 BGH, Urt. v. 06.07.2010, 5 StR 386/09, Rz. 29.

574 BGH, Urt. v. 06.07.2010, 5 StR 386/09, Rz. 32 ff.

575 BGH, Urt. v. 06.07.2010, 5 StR 386/09, Rz. 33.

576 BGH, Urt. v. 06.07.2010, 5 StR 386/09, Rz. 34.

hinaus gebe es keine Anhaltspunkte dafür, dass der Gesetzgeber diese andernfalls verboten hätte.[577] Bis hier sind die Bewertung des Bundesgerichtshofs und das obige Ergebnis weitgehend gleich.

Das Gericht folgert aus dem bisher Gesagten weiter, dass die zu beantwortende Frage, ob die Blastozystenbiopsie ein „missbräuchliches Verwenden" des Embryos darstelle, schließlich noch unter Einbeziehung der mit dem Embryonenschutzgesetzes insgesamt verfolgten Ziele zu bewerten sei.[578] Der Senat stellt dabei erneut auf die – vermeintliche – Wertentscheidung des § 3 Satz 2 ESchG mit dem Ergebnis ab, dass die den Embryo selbst nicht schädigende Blastozystenbiopsie zur Vermeidung der oben bereits erwähnten Konfliktlage vom Embryonenschutzgesetz nicht als missbräuchliche Verwendung angesehen werde und somit das *„weite Merkmal des Verwendens um die hier zu beurteilende Blastozystenbiopsie zu reduzieren"* sei.[579]

Die Kritik an der „Wertentscheidung" aus § 3 Satz 2 ESchG ist dieselbe wie schon oben.

Zuletzt befasst sich der Bundesgerichtshof mit dem *Stehenlassen* und dessen Folge, dem Absterben und Verwerfen der Embryonen mit positivem Befund. Auch dies verstößt nach seiner Ansicht nicht gegen § 2 Abs. 1 ESchG.

Das Gericht geht in seiner Prüfung bei Rz. 37 ff. davon aus, dass der Schwerpunkt der Vorwerfbarkeit des Verhaltens darin liegt, dass die Embryonen nicht weiter versorgt wurden und somit als ein Unterlassen erhaltender Maßnahmen zu bewerten sei, woran auch die abschließende *„aktive"* Vernichtung der Embryonen, die nicht als „Verwenden" im Sinne der Vorschrift angesehen werden könne, nichts zu ändern vermöge.[580] Hier ist der Senat bei der Bestimmung der gebotenen und unterlassenden Handlung etwas ungenau und stellt nicht klar heraus, dass es entscheidend auf die unterbliebene Übertragung auf die Frau ankommt.

Weiter führt das Gericht aus, dass es dahin stehen könne, ob eine Garantenstellung des Arztes gegenüber dem Embryo bestehe und die Entsprechensklausel des § 13 Abs. 1 StGB erfüllt sei, was seiner Meinung nach eher zweifelhaft ist, da zumindest die Übertragung des Embryos auf die Frau, gegen deren Willen und aufgrund der drohenden Strafbarkeit nach § 4 Abs. 1 ESchG und § 223 StGB, für

---

577 BGH, Urt. v. 06.07.2010, 5 StR 386/09, Rz. 35.
578 BGH, Urt. v. 06.07.2010, 5 StR 386/09, Rz. 36.
579 BGH, Urt. v. 06.07.2010, 5 StR 386/09, Rz. 36.
580 BGH, Urt. v. 06.07.2010, 5 StR 386/09, Rz. 38.

den Arzt weder möglich noch zumutbar sei.[581] Gleichfalls bestehe keine Pflicht zur unbegrenzten Kryokonservierung nach dem Embryonenschutzgesetz.[582]

Das Gericht geht damit fehlerhaft, ohne genauer darauf einzugehen, davon aus, dass die Übertragung des positiv getesteten Embryos auf die Frau für den Mediziner unmöglich und unzumutbar sei.

Der Bundesgerichtshof begründet sein Ergebnis im Hinblick auf die Strafbarkeit nach § 2 Abs. 1 ESchG größtenteils angemessen und korrekt, stellt allerdings auch bei § 2 Abs. 1 ESchG wieder auf die vermeintliche und insoweit verfehlte Wertentscheidung des Gesetzgebers aus § 3 Satz 2 ESchG ab und ist bei der Bewertung des „Stehenlassens“ des Embryos ungenau.

II. Bewertung des Urteils

Dem Bundesgerichtshof ist eine angemessene und von der Begründung her in großen Teilen überzeugende Lösung gelungen, die lediglich einige kleinere zu kritisierende Stellen aufweist, die allerdings, da sie nichts an der Richtigkeit des konkreten Ergebnisses ändern, zu vernachlässigen sind und die Entscheidung insgesamt demnach nicht in Frage stellen.[583]

Dem Senat kommt dabei allerdings zugute, dass der konkret zu entscheidende Fall das „Musterbeispiel für eine zulässige bzw. zuzulassende Präimplantationsdiagnostik“ darstellt (eine Präimplantationsdiagnostik zur Erkennung von schweren genetischen Erbkrankheiten, für die bei den Eltern eine genetische Disposition vorliegt). Gerade für solche Fälle wurde von den Befürwortern die Zulässigkeit der Präimplantationsdiagnostik gefordert und auch die Gegner konnten der Zulässigkeit einer Präimplantationsdiagnostik unter solchen Umständen nur schwerlich etwas entgegnen. Argumentiert wurde von den Gegnern größtenteils nicht etwa damit, dass die Präimplantationsdiagnostik in diesen engen Grenzen nicht zuzulassen sei, sondern mit befürchteten Ausweitungen des Anwendungsbereichs, also mit dem sogenannten Dammbruch-Argument.

Wie das Urteil ausgefallen wäre, wenn ein anderer Sachverhalt zugrunde gelegen hätte, bleibt fraglich. Zwar führt das Gericht bei Rz. 29 in seinem obiter dictum an, dass seiner Meinung nach eine Präimplantationsdiagnostik etwa zum Zwecke der gezielten Auswahl von bestimmten Immunitätsmustern nach § 1 Abs. 1 Nr. 2 ESchG verboten sei. Allerdings überzeugt diese Auslegung,

---

581 BGH, Urt. v. 06.07.2010, 5 StR 386/09, Rz. 38.

582 BGH, Urt. v. 06.07.2010, 5 StR 386/09, Rz. 38.

583 In diesem Sinne auch *Schroth*, NJW 2010, 2676 f.; ähnlich auch *Schumann*, MedR 2010, 848, 849 f.; *Brunhöber*, HRRS 2010, 412 ff.; vgl. insgesamt auch *Lee*, S. 39 ff., 51 ff.

unabhängig von dem nachvollziehbaren Wunsch eines solchen Ergebnisses, nicht. Denn dieses Ergebnis kann nach richtiger Auslegung nicht auf § 1 Abs. 1 Nr. 2 ESchG gestützt werden,[584] sondern würde die Grenzen der noch zulässigen Auslegung überstrapazieren und den Anwendungsbereich der Vorschrift auf Verhaltensweisen ausdehnen, die nicht mehr unter die Vorschrift subsumiert werden können und damit eine unzulässige Analogie bedeuten. Auch für den Fall, dass die Präimplantationsdiagnostik beispielsweise zur Erkennung von leichteren Erbkrankheiten eingesetzt werden soll, bleibt unklar, wie das Gericht entschieden hätte. Es besteht ein Zwiespalt zwischen einem angemessenen und rechtspolitisch gewollten Ergebnis und dem, was nach Auslegung der Vorschriften tatsächlich strafrechtlich verboten ist.[585] Diese Frage ist seit der Einführung des § 3a ESchG, der die Präimplantationsdiagnostik ausdrücklich regelt, aber ohnehin überholt.

Im Ergebnis bleibt festzuhalten, dass der Bundesgerichtshof mit seiner Entscheidung wohl einen zulässigen Fall der Präimplantationsdiagnostik, nicht aber die Grenzen der Zulässigkeit der Präimplantationsdiagnostik aufzeigen konnte. Aufgrund des konkret zu beurteilenden Falles musste er dies aber auch nicht. Seine diesbezüglichen Bemühungen beschränken sich somit auch nur auf ein obiter dictum, welches lediglich rechtspolitisch angemessen, nicht aber juristisch überzeugend ausfiel. Auch wenn der Senat mit dem Urteil ein Stück mehr Rechtssicherheit gebracht hat, bestanden weiterhin Unsicherheiten, gerade in Bezug auf die Grenzen einer zulässigen Behandlung. Eine gesetzliche Regelung der Präimplantationsdiagnostik war, wie es das Urteil selbst bei Rz. 29 fordert, dennoch dringend erforderlich.[586]

---

584 Vgl. das gefundene Ergebnis unter 4. Teil II. 1.

585 Vgl. dazu insgesamt die Ergebnisse des 4. Teils.

586 In ihrer Anmerkung zum Urteil führt *Brunhöber* treffend aus: „*Auch diejenigen, die die PID für unzulässig halten, müssen sich an den wichtigen Grundsatz halten, dass strafbar nur ist, was gesetzlich und ausdrücklich untersagt ist. Dies gilt in einer freiheitlichen Demokratie auch dann, wenn gute moralische Gründe oder gar grundrechtliche Schutzpflichten für ein Verbot sprechen. Darüber hinaus sind einseitige Lösungen bei komplizierten Interessenlagen selten überzeugend. Ein Interessenausgleich scheint eher bei einer differenzierten Regelung möglich. Deshalb ist es zu befürworten, die PID unter eng begrenzten Voraussetzungen für Paare mit genetischem Risiko und bei medizinisch-sozialer Indikation zuzulassen. In diese Richtung weist das Urteil. Eine umfassende Regelung kann aber nur der Gesetzgeber treffen.*“ (HRRS 2010, 412, 417).

6. Teil § 3a ESchG – Präimplantationsdiagnostik

Durch das Gesetz zur Regelung der Präimplantationsdiagnostik[587] vom 21. November 2011, wurde zum 8. Dezember 2011 der neue Paragraph 3a in das Embryonenschutzgesetz eingefügt.[588] Die Präimplantationsdiagnostik ist danach grundsätzlich verboten, aber in Ausnahmefällen zugelassen und kann unter den genannten Bedingungen rechtmäßig durchgeführt werden.

§ 3a ESchG lautet:

„(1) *Wer Zellen eines Embryos in vitro vor seinem intrauterinen Transfer genetisch untersucht (Präimplantationsdiagnostik), wird mit Freiheitsstrafe bis zu einem Jahr oder mit Geldstrafe bestraft.*

(2) *Besteht auf Grund der genetischen Disposition der Frau, von der die Eizelle stammt, oder des Mannes, von dem die Samenzelle stammt, oder von beiden für deren Nachkommen das hohe Risiko einer schwerwiegenden Erbkrankheit, handelt nicht rechtswidrig, wer zur Herbeiführung einer Schwangerschaft mit schriftlicher Einwilligung der Frau, von der die Eizelle stammt, nach dem allgemein anerkannten Stand der medizinischen Wissenschaft und Technik Zellen des Embryos in vitro vor dem intrauterinen Transfer auf die Gefahr dieser Krankheit genetisch untersucht. Nicht rechtswidrig handelt auch, wer eine Präimplantationsdiagnostik mit schriftlicher Einwilligung der Frau, von der die Eizelle stammt, zur Feststellung einer schwerwiegenden Schädigung des Embryos vornimmt, die mit hoher Wahrscheinlichkeit zu einer Tot- oder Fehlgeburt führen wird.*

(3) *Eine Präimplantationsdiagnostik nach Absatz 2 darf nur*

1. *nach Aufklärung und Beratung zu den medizinischen, psychischen und sozialen Folgen der von der Frau gewünschten genetischen Untersuchung von Zellen der Embryonen, wobei die Aufklärung vor der Einholung der Einwilligung zu erfolgen hat,*
2. *nachdem eine interdisziplinär zusammengesetzte Ethikkommission an den zugelassenen Zentren für Präimplantationsdiagnostik die Einhaltung der Voraussetzungen des Absatzes 2 geprüft und eine zustimmende Bewertung abgegeben hat und*
3. *durch einen hierfür qualifizierten Arzt in für die Präimplantationsdiagnostik zugelassenen Zentren, die über die für die Durchführung der Maßnahmen der Präimplantationsdiagnostik notwendigen diagnostischen, medizinischen und technischen Möglichkeiten verfügen,*

vorgenommen werden. Die im Rahmen der Präimplantationsdiagnostik durchgeführten Maßnahmen, einschließlich der von den Ethikkommissionen abgelehnten Fälle, werden von den zugelassenen Zentren an eine Zentralstelle in anonymisierter Form gemeldet und

587 Kurz: Präimplantationsdiagnostikgesetz – PräimpG.

588 Im Bundesgesetzblatt am 24. November verkündet, BGBl. 2011, Teil 1 Nr. 58, S. 2228.

dort dokumentiert. Die Bundesregierung bestimmt durch Rechtsverordnung mit Zustimmung des Bundesrates das Nähere

1. *zu der Anzahl und den Voraussetzungen für die Zulassung von Zentren, in denen die Präimplantationsdiagnostik durchgeführt werden darf, einschließlich der Qualifikation der dort tätigen Ärzte und der Dauer der Zulassung,*
2. *zur Einrichtung, Zusammensetzung, Verfahrensweise und Finanzierung der Ethikkommissionen für Präimplantationsdiagnostik,*
3. *zur Einrichtung und Ausgestaltung der Zentralstelle, der die Dokumentation von im Rahmen der Präimplantationsdiagnostik durchgeführten Maßnahmen obliegt,*
4. *zu den Anforderungen an die Meldung von im Rahmen der Präimplantationsdiagnostik durchgeführten Maßnahmen an die Zentralstelle und den Anforderungen an die Dokumentation.*

(4) Ordnungswidrig handelt, wer entgegen Absatz 3 Satz 1 eine Präimplantationsdiagnostik vornimmt. Die Ordnungswidrigkeit kann mit einer Geldbuße bis zu fünfzigtausend Euro geahndet werden.

(5) Kein Arzt ist verpflichtet, eine Maßnahme nach Absatz 2 durchzuführen oder an ihr mitzuwirken. Aus der Nichtmitwirkung darf kein Nachteil für den Betreffenden erwachsen.

(6) Die Bundesregierung erstellt alle vier Jahre einen Bericht über die Erfahrungen mit der Präimplantationsdiagnostik. Der Bericht enthält auf der Grundlage der zentralen Dokumentation und anonymisierter Daten die Zahl der jährlich durchgeführten Maßnahmen sowie eine wissenschaftliche Auswertung.“

I. Einleitung – Gang des Verfahrens

Die bisherige Prüfung hat ergeben, dass die Präimplantationsdiagnostik an pluripotenten Embryonalzellen nach dem Embryonenschutzgesetz, Stand vor Einführung des § 3a ESchG, nahezu unbeschränkt zulässig war.[589] Auch der Bundesgerichtshof konnte mit seiner Entscheidung zur Präimplantationsdiagnostik[590] lediglich einen zulässigen Fall der Diagnostik, nicht aber die Grenzen der Zulässigkeit der Präimplantationsdiagnostik aufzeigen. Nach dem Urteil des Bundesgerichtshofs wurde allerdings die öffentliche Diskussion um die Präimplantationsdiagnostik neu belebt. Der Gesetzgeber musste tätig werden, um die Grenzen der Zulässigkeit der Präimplantationsdiagnostik zu bestimmen

589 Verboten ist die Präimplantationsdiagnostik hingegen grundsätzlich an totipotenten Embryonalzellen, vgl. § 2 Abs. 1 und § 6 Abs. 1 jeweils i.V.m. § 8 ESchG (siehe 4. Teil III. 1. und 3.). Außerdem darf das Entstehen von überzähligen Embryonen nicht billigend in Kauf genommen werden, vgl. § 1 Abs. 1 Nr. 5 ESchG (siehe 4. Teil II. 2.), und im Anschluss an die Präimplantationsdiagnostik dürfen nicht mehr als drei Embryonen auf die Frau übertragen werden, vgl. § 1 Abs. 1 Nr. 3 ESchG (siehe 4. Teil II. 2.).

590 BGH 5 StR 386/09 vom 06.07.2010; MedR 2010, 844.

und den Zustand der vorherrschenden Rechtsunsicherheit in diesem Bereich zu beenden.

Bevor aber der Gesetzgeber tätig wurde, legte am 8. März 2011 zunächst der Deutsche Ethikrat einen Beitrag zur Diskussion vor.[591] Der Deutsche Ethikrat wollte es nach eigenen Angaben nicht bei einem Verweis auf ältere Beiträge, nämlich den Schlussbericht der Enquete-Kommission „Recht und Ethik der modernen Medizin“ [592] aus dem Jahre 2002 und der Stellungnahme des Nationalen Ethikrates[593] zur Präimplantationsdiagnostik[594] aus 2003 belassen, sondern „*im Hinblick auf die bevorstehenden parlamentarischen Beratungen unter Berücksichtigung inzwischen eingetretener Entwicklungen und Erkenntnisse zum Thema PID eine eigene Stellungnahme*“ vorlegen.[595] Die Bundesregierung legte diese Stellungnahme dem Bundestag als Unterrichtung vor.[596]

Es wurden drei Gesetzentwürfe eingebracht. Der erste Gesetzentwurf („Entwurf eines Gesetzes zum Verbot der Präimplantationsdiagnostik“) wurde von der Abgeordneten *Göring-Eckardt* et al. vorgelegt und sah ein absolutes Verbot der Präimplantationsdiagnostik vor.[597] Die Zulassung der Präimplantationsdiagnostik sei, so der Entwurf, nicht mit der Verfassung und den Grundrechten vereinbar. Durch ein absolutes Verbot würde die Rechtslage, die vor dem BGH-Urteil zur Präimplantationsdiagnostik bestand, nämlich eben die Strafbarkeit der Präimplantationsdiagnostik, wiederhergestellt werden.[598]

Der zweite „Entwurf eines Gesetzes zur Regelung der Präimplantationsdiagnostik“, der von der Abgeordneten *Flach* et al. eingebracht wurde, sah eine begrenzte Zulassung der Präimplantationsdiagnostik vor, wenn ein oder beide Elternteile die Veranlagung für eine schwerwiegende Erbkrankheit in sich tragen oder mit einer Tot- oder Fehlgeburt zu rechnen ist.[599] Ein absolutes Verbot sei nach diesem Entwurf nicht mit der Verfassung zu vereinbaren.[600]

---

591 Deutscher Ethikrat, BT-Drs. 17/5210; vgl. insgesamt zum Gang des Verfahrens ausführlich *Hübner/Pühler*, MedR 2011, 789, 790 ff.

592 Enquete-Kommission, Schlussbericht, BT-Drs. 14/9020.

593 Den Nationalen Ethikrat gab es von 2001 bis 2008. Er war der Vorläufer des Deutschen Ethikrates (ab 2008).

594 Nationaler Ethikrat, Genetische Diagnostik vor und während der Schwangerschaft, Stellungnahme 2003.

595 Deutscher Ethikrat, BT-Drs. 17/5210, S. 3.

596 BT-Drs. 17/5210.

597 BT-Drs. 17/5450.

598 BT-Drs. 17/5450, S. 6 ff.

599 BT-Drs. 17/5451, S. 2 ff.

600 BT-Drs. 17/5451, S. 2 ff.

Der dritte „Entwurf eines Gesetzes zur begrenzten Zulassung der Präimplantationsdiagnostik“[601] wurde von dem Abgeordneten *Röspel* et al. eingebracht. Dieser sah eine sehr eng begrenzte Zulassung der Präimplantationsdiagnostik nur in Fällen vor, in denen bei den Eltern eine Disposition für eine Krankheit vorliegt, die die (Über-) Lebensfähigkeit des Embryos betrifft, die also mit hoher Wahrscheinlichkeit zu einer Fehl- oder Totgeburt oder zum Tod des Kindes im ersten Lebensjahr führt.[602]

Die drei eingebrachten Gesetzentwürfe wurden sodann in erster Lesung beraten. Danach wurden sie zunächst zur weiteren Beratung federführend an den Ausschuss für Gesundheit und an weitere Ausschüsse, nämlich den Rechtsausschuss, den Ausschuss für Familie, Senioren, Frauen und Jugend und den Ausschuss für Bildung, Forschung und Technikfolgenabschätzung, überwiesen. Im Gesundheitsausschuss fand im Rahmen der Diskussion eine öffentliche Anhörung von Sachverständigen statt. Der Gesundheitsausschuss beschloss sodann am zweiten und dritten Gesetzentwurf Änderungen. Im Juli wurden schließlich die drei Gesetzentwürfe und die Beschlussempfehlung und der Bericht des Ausschusses für Gesundheit[603] in zweiter und dritter Lesung beraten. Der „Entwurf eines Gesetzes zur Regelung der Präimplantationsdiagnostik“ (zweiter Gesetzentwurf) wurde letztendlich vom Bundestag durch Abstimmung vom 07. Juli 2011 in der durch den Gesundheitsausschuss geänderten Fassung mit 326 gegen 260 Stimmen bei 8 Enthaltungen angenommen.

Das vom Bundestag beschlossene Gesetz wurde sodann am 2. September 2011 dem Bundesrat vorgelegt[604] und passierte diesen mit Beschluss vom 23. September 2011 ohne Änderung.[605]

---

601 BT-Drs. 17/5452.

602 BT-Drs. 17/5452, S. 2 ff.

603 Beschlussempfehlung und Bericht des Ausschusses für Gesundheit (14. Ausschuss), BT-Drs. 17/6400, 30.06.2011.

604 BR-Drs. 480/11, abzurufen unter: http://www.bundesrat.de/SharedDocs/Drucksachen/2011/0401-500/480-11,templateId=raw,property=publicationFile.pdf/480-11.pdf (zuletzt abgerufen am 12.09.2012).

605 BR-Drs. 480/11B: *„Der Bundesrat hat in seiner 886. Sitzung am 23. September 2011 beschlossen, zu dem von Deutschen Bundestag am 7. Juli 2011 verabschiedeten Gesetz einen Antrag gemäß Artikel 77 Absatz 2 des Grundgesetzes nicht zu stellen.“*, abzurufen unter: http://gesetzgebung.beck.de/sites/gesetzgebung.beck.de/files/br-drs480-11%28B%29.pdf (zuletzt abgerufen am 12.09.2012); vgl. insgesamt auch *Hübner/Pühler*, MedR 2011, 789, 790 ff.

Der durch das Präimplantationsdiagnostikgesetz vom 21. November 2011 ins Embryonenschutzgesetz neu eingefügte § 3a ESchG trat am 8. Dezember 2011 in Kraft.[606]

Die Vorschrift dient, ausweislich der Begründung des Gesetzentwurfs, dem Ziel, eine ausdrückliche gesetzliche Grundlage für die eng begrenzte Anwendung der Präimplantationsdiagnostik in Deutschland zu schaffen.[607] Sie ist dabei, wie der Gesetzentwurf weiter ausführt, im Rahmen der der Behandlung zugrunde liegenden Konfliktsituation, eine Entscheidung zugunsten der betroffenen Frau.[608] Dennoch soll die Durchführung der Präimplantationsdiagnostik eine Einzelfallentscheidung bleiben.[609] Ob die Ziele des Gesetzgebers mit § 3a ESchG erreicht wurden und ob die Vorschrift insgesamt „geglückt" ist, wird in der Folge untersucht.

II. Der Aufbau der neuen Vorschrift

Die Präimplantationsdiagnostik ist nach § 3a ESchG grundsätzlich verboten, aber in Ausnahmefällen zugelassen und kann unter den genannten Bedingungen rechtmäßig durchgeführt werden.

In Absatz 1 der Vorschrift ist das grundsätzliche und strafbewehrte Verbot der Präimplantationsdiagnostik geregelt. Außerdem enthält § 3a Abs. 1 ESchG noch die Legaldefinition der Präimplantationsdiagnostik und erläutert diese als die genetische Untersuchung von Zellen eines Embryos in vitro vor seinem intrauterinen Transfer.

In Absatz 2 sind die materiellen Voraussetzungen, unter denen die Präimplantationsdiagnostik rechtmäßig durchgeführt werden kann, genannt. Es sind zwei Alternativen, in denen vom grundsätzlichen Verbot der Präimplantationsdiagnostik eine Ausnahme gemacht wird, vorgesehen. Auch in Absatz 2 werden wieder – statt eines Verweises auf Absatz 1 – die Merkmale einer Präimplantationsdiagnostik, die in Absatz 1 die Legaldefinition bilden, neben weiteren Merkmalen einzeln aufgezählt.

In § 3 a Abs. 3 Satz 1 ESchG sind weitere formelle Voraussetzungen für die Durchführung der Präimplantationsdiagnostik genannt. Absatz 3 Satz 2 enthält

606 BGBl. I S. 2228; vgl. insgesamt *Lück*, S. 85 ff., der in seiner Arbeit einen eigenen Ansatz der strafrechtlichen Neugestaltung der PID vorlegt.

607 BT-Drs. 17/5451, S. 9.

608 BT-Drs. 17/5451, S. 9.

609 BT-Drs. 17/5451, S. 9.

eine Melde- und Dokumentationspflicht und in Satz 3 ist eine Rechtsverordnungsermächtigung der Bundesregierung enthalten.

Absatz 4 der Vorschrift legt fest, dass ein Verstoß gegen die formellen Voraussetzungen aus Absatz 3 Satz 1 als Ordnungswidrigkeit geahndet werden kann. Absatz 5 enthält die sogenannte Gewissensklausel, die aussagt, dass kein Arzt verpflichtet werden kann, an einer Präimplantationsdiagnostik mitzuwirken und dem Arzt aus der Weigerung auch kein Nachteil erwachsen darf. Absatz 6 schließlich erlegt der Bundesregierung die Pflicht auf, alle vier Jahre einen Bericht über die Erfahrungen der Präimplantationsdiagnostik zu erstellen.

III. Analyse der neuen Vorschrift

Zunächst gilt es zu hinterfragen, warum der Gesetzgeber die Präimplantationsdiagnostik mit § 3a ESchG grundsätzlich verboten und nur ausnahmsweise in engen Voraussetzungen zugelassen hat.

Der Gesetzgeber wurde bei Erlass des neuen § 3a ESchG von ähnlichen Motiven geleitet und hatte die gleichen gesetzgeberischen Rahmenbedingungen zu beachten wie schon der historische Gesetzgeber des Embryonenschutzgesetzes im Jahre 1990. Der damalige Gesetzgeber musste, wie oben bereits unter „4. Teil, I." angeführt, auf die Risiken und Gefahren, die durch die neuen technischen Möglichkeiten zur extrakorporalen Befruchtung und die Fortschritte in der Humangenetik entstanden, reagieren.[610] Dazu musste er die Grenzen der Anwendung von In-Vitro-Fertilisation und Gentechnologie beim Menschen rechtlich festlegen, wobei strafrechtliche Verbote nur dort vorgesehen wurden, wo sie unter Berücksichtigung der Wertentscheidung der Verfassung zum Schutz besonders hochrangiger Rechtsgüter unverzichtbar erschienen.[611] Der Gesetzgeber des § 3a ESchG musste auf die Fortschritte im Bereich der Präimplantationsdiagnostik und die Möglichkeit, diese auch an nicht mehr totipotenten Embryonalzellen durchzuführen, reagieren. Er hat es als erforderlich angesehen, die Voraussetzungen und Verfahren der Präimplantationsdiagnostik zu regeln. Einschränkend führt der Gesetzgeber jedoch an, dass *„die Notwendigkeit, die PID gesetzlich zu regeln, (...) allerdings nur so weit* [reicht], *wie es die Legitimierung des Grundrechtseingriffs gebietet.*"[612] Auch für ihn gilt, dass strafrechtliche Verbote, als ultima-ratio, nur dann vorgesehen werden dürfen, wenn es zum Schutz von besonders

610 *Keller*, in: Lenckner FS, S. 480 ff.; *Günther* in: Günther/Taupitz/Kaiser, Vor § 1 Rn. 1; Taupitz, in: Günther/Taupitz/Kaiser, Einf. B Rn. 3

611 BT-Drs. 11/5460, S. 1, 6, 7.

612 BT-Drs. 17/5451, S. 8.

hochrangigen Rechtsgütern unverzichtbar erscheint. Der Gesetzgeber von damals wie der von heute musste dabei weitreichende Entscheidungen in einem grundrechtssensiblen Bereich treffen und dabei kollidierende Verfassungswerte gegeneinander abwägen.[613] Dabei verfügt der Gesetzgeber über einen weiten Gestaltungsspielraum, unterliegt jedoch den Grenzen der Verfassung.[614]

Auf dieser Grundlage bezweckt § 3a ESchG einen angemessenen Ausgleich zwischen dem Schutz des Embryos[615] und den Rechten der sonstigen Betroffenen zu erreichen.[616] Bei dieser Abwägung zwischen den „Ängsten und Nöten der *Betroffenen und ethischen Bedenken wegen der Nichtimplantation eines schwer geschädigten Embryos*“ hat der Gesetzgeber dem Selbstbestimmungsrecht der Frau den Vorrang eingeräumt.[617] Denn gerade im Bereich der persönlichen Lebensgestaltung, in dem regulative Eingriffe besonderer Rechtfertigung bedürfen, bringt eine begrenzte Zulassung der Präimplantationsdiagnostik den individuellen Freiheitsanspruch auf der einen und den Schutz allgemeiner Rechtsgüter auf der anderen Seite am ehesten zu einem gerechten Ausgleich.[618] „*Denn eine derartige Zulassung ermöglicht den Paaren, die eine PID wahrnehmen wollen, die verantwortungsvolle Ausübung ihres Grundrechts auf Fortpflanzungsfreiheit, ohne dass damit die moralische Position derjenigen, die die PID strikt ablehnen, abgewertet oder für unhaltbar erklärt würde.*“[619] Angesichts der Hochwertigkeit der betroffenen Rechtsgüter (Lebens- und Würdeschutz des Embryos[620]) musste nach Ansicht des Gesetzgebers die Präimplantationsdiagnostik dabei aber dennoch eng begrenzt werden.[621] Ein absolutes Verbot hätte demgegenüber aber gegen das Verhältnismäßigkeitsgebot verstoßen.[622]

---

613 BT-Drs. 11/5460, S. 6; BT-Drs. 17/5451, S. 8 f.

614 BT-Drs. 17/5451, S. 8.

615 Vgl. dazu Teil 3 (Status des Embryos).

616 BT-Drs. 17/5451, S. 9.

617 BT-Drs. 17/5451, S. 9.

618 BT-Drs. 17/5451, S. 8 f.

619 BT-Drs. 17/5451, S. 8 f.

620 Siehe dazu Teil 3 der Arbeit.

621 BT-Drs. 17/5451, S. 8.

622 BT-Drs. 17/5451, S. 8; vgl. dazu insbesondere auch das Urteil des EGMR vom 28.08.2012 (Az. 54270/10) zum kompletten Verbot der Präimplantationsdiagnostik nach italienischem Recht. Der EGMR hat in seinem ersten Orientierungssatz ausgeführt, dass der Schutz des Privatlebens und der Familie nach Art. 8 EMRK sehr weit zu fassen sei und auch das Recht auf Zugang zu Fortpflanzungstechniken umfasse. Die PID zur Erkennung eines Gendefektes, dessen Träger beide Elternteile sind, falle demnach unter den Schutz des Art. 8 EMRK. In dem zweiten Orientierungssatz des

Deshalb hat der Gesetzgeber mit § 3a ESchG die Präimplantationsdiagnostik unter eng begrenzten Voraussetzungen zugelassen. In der Folge sollen § 3a ESchG und seine genauen Voraussetzungen näher untersucht werden.

1. § 3a Abs. 1 ESchG

Der erste Absatz der neuen Vorschrift 3a des Embryonenschutzgesetzes enthält das grundsätzliche Verbot der Präimplantationsdiagnostik. Wer gegen dieses Verbot verstößt, wird mit Freiheitsstrafe bis zu einem Jahr oder mit Geldstrafe bestraft. Es handelt sich somit um ein Vergehen im Sinne von § 12 Abs. 2 StGB. Dies zeigt die gesetzgeberische Grundentscheidung dafür, dass der Durchführung einer Präimplantationsdiagnostik Ausnahmencharakter beizumessen ist und es sich dabei keinesfalls um eine Regeluntersuchung handeln soll.[623] Die Präimplantationsdiagnostik ist grundsätzlich verboten.

§ 3a Abs. 1 ESchG definiert die Präimplantationsdiagnostik als die genetische Untersuchung von Zellen eines Embryos in vitro vor seinem intrauterinen Transfer. Diese Definition enthält keine zeitliche, an dem Entwicklungstand des Embryos orientierte Komponente, also keine Angaben dazu, ob die zu untersuchenden Zellen toti- oder pluripotent sind.[624] Dies ist auch nicht erforderlich. Denn Absatz 1 enthält nicht die Definition einer zulässigen Präimplantationsdiagnostik, sondern regelt das grundsätzliche Verbot der Präimplantationsdiagnostik und dieses gilt sowohl für die Untersuchung von totipotenten Embryonalzellen, als auch für die Untersuchung von pluripotenten Zellen nach Verlust der Totipotenz.

Frister und *Lehmann* gehen in ihrem Beitrag davon aus, dass lediglich die genetische Untersuchung pluripotenter Zellen § 3a Abs. 1 ESchG unterfalle.[625] Dies ergebe sich aus der Fiktion des § 8 ESchG, die besagt, dass totipotente Zellen des Embryos selbst als Embryonen gelten.[626] Daraus folge, dass die

---

Urteils führt das Gericht aus, dass das komplette Verbot der PID nach italienischem Recht gegen Art. 8 EMRK verstoße. Da es den Eltern nach italienischem Recht [wie auch nach deutschem Recht] unbenommen ist, ein Kind zu zeugen, dieses dann pränatal-gendiagnostisch untersuchen und im Falle der Feststellung eines Gendefekts abtreiben zu lassen, fehle es für das Verbot der Präimplantationsdiagnostik sowohl an der Verhältnismäßigkeit als auch an einem vernünftigen Zweck. Ein absolutes Verbot der PID in Deutschland hätte zur gleichen Situation geführt.

623 BT-Drs. 17/5451, S. 10.

624 Vgl. dazu auch *Hübner/Pühler*, MedR 2011, 789, 794.

625 *Frister/Lehmann*, JZ 2012, 659, 660.

626 *Frister/Lehmann*, JZ 2012, 659, 660.

Präimplantationsdiagnostik durch Untersuchung totipotenter Zellen nach wie vor durch die schon bisher geltenden Straftatbestände des Embryonenschutzgesetzes und eben nicht durch § 3a Abs. 1 ESchG erfasst sei.[627] Richtig daran ist, dass die Präimplantationsdiagnostik an totipotenten Zellen § 2 Abs. 1 und § 6 Abs. 1 jeweils in Verbindung mit § 8 Abs. 1 ESchG verwirklicht und somit bereits nach diesen Vorschriften verboten ist. Ungenau ist allerdings der Rückschluss, dass daraus zwangsläufig folge, dass § 3a Abs. 1 ESchG nur die Präimplantationsdiagnostik an pluripotenten Zellen erfasse, da kein Exklusivitätsverhältnis zwischen den einzelnen Strafnormen besteht. Vielmehr handelt es sich dabei um ein Konkurrenzproblem. Denn die Strafandrohung des § 3a Abs. 1 ESchG, Freiheitsstrafe bis zu einem Jahr, fällt im Vergleich zu der angedrohten Freiheitsstrafe von § 2 Abs. 1 ESchG, bis zu drei Jahren, und der von § 6 Abs. 1, bis zu fünf Jahren, gering aus. Der Verstoß gegen § 2 und § 6 ESchG geht deshalb dem Verstoß gegen § 3a ESchG vor. Daraus ergibt sich auch, dass die Präimplantationsdiagnostik an totipotenten Zellen, also der Verstoß gegen § 2 Abs. 1 und § 6 Abs. 1, jeweils i.V.m. § 8 Abs. 1 ESchG, nicht nach § 3a Abs. 2 gerechtfertigt sein kann.

Klarstellend wird in der Definition der Präimplantationsdiagnostik festgehalten, dass die genetische Untersuchung, wie schon im Begriff der Prä*implantations*diagnostik angelegt, selbstverständlich nur als solche zu bezeichnen ist, wenn sie den Zweck verfolgt, den Embryo zu transplantieren, also letztlich eine Schwangerschaft herbeizuführen, da die genetische Untersuchung vor dem beabsichtigten *intrauterinen Transfer* erfolgen muss. Aus dieser eigentlich banalen Feststellung folgt, dass das spezielle Verbot aus § 3a Abs. 1 ESchG nicht jegliche genetische Untersuchung erfasst und verbietet, sondern nur solche genetischen Untersuchungen, die im Rahmen einer ärztlichen Behandlung mit dem Ziel der Schwangerschaftsherbeiführung durchgeführt werden.[628] Erfolgt die genetische Untersuchung zu anderen, etwa zu Forschungszwecken, so ist ein Verbot in anderen Vorschriften des Embryonenschutzgesetzes, etwa in § 1 Abs. 1 Nr. 2 oder § 2 Abs. 1 ESchG, zu suchen.[629]

In Bezug auf die einzelnen Tatbestandsmerkmale kann auf die obigen Ausführungen verwiesen werden. Der subjektive Tatbestand setzt Vorsatz voraus.

Aus § 23 Abs. 1 StGB ergibt sich, dass der Versuch der Tatbestandsverwirklichung von § 3a ESchG, der nicht speziell geregelt ist, nicht mit Strafe bedroht ist, da es sich lediglich um ein Vergehen handelt.

---

627 *Frister/Lehmann*, JZ 2012, 659, 660.

628 So auch *Frister/Lehmann*, JZ 2012, 659, 660.

629 Vgl. die obigen Ausführungen unter Teil 4.

2. § 3a Abs. 2 ESchG

§ 3a Abs. 2 ESchG enthält die materiellen Voraussetzungen für die Durchführung einer – ausnahmsweise – nicht rechtswidrigen Präimplantationsdiagnostik. Als gesetzgeberischer Anknüpfungspunkt für § 3a Abs. 2 ESchG diente dabei ausweislich der Begründung des Gesetzentwurfs § 218a Abs. 2 StGB.[630]

Die Präimplantationsdiagnostik muss nach Absatz 2 zum einen der Herbeiführung einer Schwangerschaft dienen. Zum anderen muss sie mit schriftlicher Einwilligung der Frau, von der die Eizelle stammt, erfolgen. Außerdem muss die Diagnostik nach dem allgemein anerkannten Stand der medizinischen Wissenschaft und Technik, also *lege artis* durchgeführt werden. Schließlich muss eine der genannten Indikationen aus Satz 1 oder Satz 2 vorliegen. Die Ausnahme vom Verbot der Präimplantationsdiagnostik gilt einerseits für den Fall, dass aufgrund von genetischen Dispositionen des Paares, also entweder der Frau, von der die Eizelle stammt, des Mannes, vom dem die Samenzelle stammt oder von beiden, für deren Nachkommen das hohe Risiko einer schwerwiegenden Erbkrankheit besteht (Satz 1). Andererseits kann die Präimplantationsdiagnostik rechtmäßig durchgeführt werden, wenn eine schwerwiegende Schädigung des Embryos, die mit hoher Wahrscheinlichkeit zu einer Tot- oder Fehlgeburt führen wird, festgestellt werden soll (Satz 2).

a) § 3a Abs. 2 Satz 1 ESchG

Der Rechtfertigungsgrund aus § 3a Abs. 2 Satz 1 ESchG hat folgende Voraussetzungen:

(1) Ziel der Behandlung

§ 3a Abs. 2 stellt zunächst ausdrücklich klar, dass die Präimplantationsdiagnostik *„zur Herbeiführung einer Schwangerschaft"* und *„vor dem intrauterinen Transfer"* erfolgen muss. Der einzig erlaubte Zweck der Behandlung (Implantation/ Schwangerschaft) wird also gleich ausdrücklich doppelt genannt. Grund dafür ist, laut Gesetzesbegründung, dass der Gesetzgeber die Präimplantationsdiagnostik vom Sinn des Behandlungsverfahrens her in drei Teile einteilt, nämlich die In-vitro-Fertilisation, die genetische Untersuchung und die Implantationsentscheidung.[631] Mit der doppelten Formulierung soll ausdrücklich festgehalten werden, dass der Arzt die beiden ersten Schritte, also die In-Vitro-Fertilisation

630 BT-Drs. 17/5451, S. 10.
631 BT-Drs. 17/5451, S. 10.

und die anschließende genetische Untersuchung, jeweils nur mit der Absicht durchführen darf, einen Embryo zu implantieren.[632] § 3a ESchG fügt sich mit dieser Voraussetzung in das Gesamtsystem des Embryonenschutzgesetzes ein, denn die Vorschrift nimmt damit das von § 1 Abs. 1 Nr. 2 ESchG normierte und einzig erlaubte Ziel einer künstlichen Befruchtung, die Herbeiführung einer Schwangerschaft, auf.[633]

Die gleich doppelte Normierung des Behandlungszieles hat allerdings, wenn man es genau nimmt, nur Klarstellungsfunktion. Denn eigentlich ist diese Voraussetzung überflüssig, da Absatz 1 der Vorschrift überhaupt nur einschlägig ist, wenn Ziel der Behandlung der Transfer des Embryos ist. Ist dies nicht der Fall, bedarf es keiner Rechtfertigung nach Absatz 2, da der Straftatbestand nach Absatz 1 schon nicht greift, sondern etwa § 1 Abs. 1 Nr. 2 und § 2 Abs. 1 ESchG.

(2) Entwicklungsstand des Embryos

In Absatz 2 der Vorschrift wird nicht ausdrücklich von der (Durchführung einer) Präimplantationsdiagnostik gesprochen, sondern es werden nochmals die einzelnen Merkmale der Definition aus Absatz 1 aufgegriffen, ohne dabei auf Absatz 1 zu verweisen. Auch in Absatz 2 wird die Beschreibung der Präimplantationsdiagnostik nicht durch eine zeitliche, am Entwicklungsstand des Embryos orientierte Komponente ergänzt. Hier wäre eine solche Ergänzung aber durchaus sinnvoll gewesen, wenn auch nur zur Klarstellung. Dass eine verbrauchende Untersuchung von totipotenten Zellen eines extrakorporalen Embryos verboten ist, ergibt sich aus § 2 Abs. 1 und § 6 Abs. 1, jeweils in Verbindung mit § 8 Abs. 1 ESchG. Es bedarf somit nicht zwingend der ausdrücklichen Erwähnung in § 3a Abs. 2 ESchG, dass die Präimplantationsdiagnostik nur an nicht mehr totipotenten Zellen des Embryos durchgeführt werden darf.

(3) Schriftliche Einwilligung

Außerdem setzt § 3a Abs. 2 ESchG weiter voraus, dass die Frau, von der die Eizelle stammt, eine schriftliche Einwilligung in die genetische Untersuchung der Zellen des Embryos erteilen muss. Eine Einwilligung in eine medizinische Behandlung, die sich als körperlicher Eingriff und damit als Körperverletzung im strafrechtlichen Sinne darstellt, ist im Medizinrecht stets zu fordern und wird

632 So die Begründung des Gesetzentwurfs, BT-Drs. 17/5451, S. 10.
633 Vgl. insoweit auch *Czerner*, MedR 2011, 783, 785 f., 788 f.

mittlerweile wohl auch immer, wenn möglich, schriftlich eingeholt.[634] Die Frau muss insoweit eine Einwilligung in die Eizellentnahme und in die spätere Übertragung des Embryos erteilen. Die in § 3a Abs. 2 Satz 1 ESchG geforderte schriftliche Einwilligung bezieht sich allerdings auf die genetische Untersuchung der Zellen des extrakorporalen Embryos, sodass der Grund der Einwilligung nicht ein körperlicher Eingriff bei der Frau ist, sondern die möglichen medizinischen und psychosozialen Folgen der Untersuchung.[635] Die schriftliche Einwilligung soll sicherstellen, dass sich die Frau über Risiken, Wesen, Tragweite und Erfolgsrate der Untersuchung im Klaren ist und so eine verantwortungsvolle und gewissenhafte Entscheidung treffen kann.[636] Die Einwilligung ist daher ausdrücklich gefordert und zwingend schriftlich zu erteilen. Außerdem muss die Einwilligung selbstverständlich zeitlich vor der genetischen Untersuchung erteilt werden.[637] Die Einwilligung kann dabei nur wirksam erteilt werden, wenn die Frau zuvor über alle Risiken und Folgen der Untersuchungen aufgeklärt wurde.[638]

Der Mann, vom dem die Samenzelle stammt, muss nicht in die genetische Untersuchung einwilligen. Allerdings ist seine – nicht zwingend schriftliche – Einwilligung, wie selbstverständlich auch die der Frau, bereits für die vorherige künstliche Befruchtung erforderlich, wie sich aus § 4 Abs. 1 Nr. 1 ESchG ergibt. § 4 Abs. 1 Nr. 2 ESchG verlangt aber für die Übertragung eines Embryos auf dic Frau ebenfalls wieder nur deren Einwilligung, was mit dem Selbstbestimmungsrecht sowie dem Schutz der körperliche Unversehrtheit der Frau, in deren Körper mit der Transplantation eingegriffen wird, zu erklären ist.[639] § 3a ESchG wird sich insoweit an § 4 ESchG orientiert haben.

---

634 Vgl. zur Einwilligung und Aufklärung § 8 MBO-Ä ((Muster-) Berufsordnung der in Deutschland tätigen Ärztinnen und Ärzte), abzurufen unter: http://www.bundesaerztekammer.de/page.asp?his=1.100.1143#_ftnref2 (zuletzt aufgerufen am 21.11.2012).

635 Gesetzentwurf, BT-Drs. 17/5451, S. 9.

636 Gesetzentwurf, BT-Drs. 17/5451, S. 9.

637 § 8 MBO-Ä.

638 Vgl. insoweit § 8 MBO-Ä. Mehr zur Aufklärung im Rahmen von § 3a ESchG unter „3."

639 Zu bemerken ist, dass die Übertragung eines Embryos ohne Einwilligung der Frau bereits eine Körperverletzung und Nötigung (§§ 223, 240 StGB) darstellen würde, sodass eine besondere Normierung in § 4 ESchG nicht nötig gewesen wäre (*Taupitz*, in: Günther/Taupitz/Kaiser, § 4 Rn. 16).

(4) Lex artis

Die Präimplantationsdiagnostik muss gemäß Absatz 2 der Vorschrift weiterhin *„nach dem allgemein anerkannten Stand der medizinischen Wissenschaft und Technik“* durchgeführt werden. Die Behandlung muss also der lex artis entsprechen. Dass die Voraussetzung hier ausdrücklich objektives Tatbestandsmerkmal ist, ist wiederum rein deklaratorisch.[640] Wie die Behandlung durchzuführen ist, damit sie dem allgemein anerkannten Stand der medizinischen Wissenschaft und Technik entspricht, sollte die Bundesärztekammer in Leitlinien, Empfehlungen oder ähnlichem festlegen.[641]

(5) Indikation nach Satz 1

Eine Rechtfertigung nach § 3a Abs. 2 Satz 1 ESchG erfordert als medizinische Indikation, dass aufgrund der genetischen Disposition der Frau, von der die Eizelle stammt und/oder des Mannes, vom dem die Samenzelle stammt, für deren Nachkommen das hohe Risiko einer schwerwiegenden Erbkrankheit besteht.

(a) Erbkrankheit

Unter die in Bezug genommenen Erbkrankheiten fallen monogen bedingte Erkrankungen und erblich bedingte Chromosomenstörungen.[642] Eine monogen vererbte Krankheitsanlage ist eine Mutation, die sich lediglich in einem einzelnen Gen lokalisieren lässt und die bei dem Träger zu einer genetischen Erkrankung führen kann.[643] Bei den Chromosomenstörungen gibt es numerische und strukturelle.[644] Außerdem gibt es erblich und nicht erblich bedingte Chromosomenstörungen, wobei hier natürlich die erblich bedingten gemeint sind.[645]

Für weitere Einzelheiten kann auf den 2. Teil II. 1. der Arbeit verwiesen werden.

---

640 Denn diese Voraussetzung ist im Zusammenhang mit der Einwilligung zu sehen, da die Einwilligung wohl nur eine Behandlung lege artis umfasst.

641 Vgl. *Frister/Lehmann*, JZ 2012, 659, 662; Begründung des Gesetzentwurfs, BT-Drs. 17/5451, S. 10. Die Bundesregierung hat in der Präimplantationsdiagnostikverordnung vom 21.02.2013 (BGBl. I 2013, 323–326) nichts dazu ausgeführt.

642 Vgl. dazu die Begründung des Gesetzentwurfs, BT-Drs. 17/5451, S. 10 und insgesamt oben „2. Teil II. 1.“

643 Deutscher Ethikrat, BT-Drs. 17/5210, S. 5.

644 Stellungnahme Nationaler Ethikrates – Genetische Untersuchungen vor und während der Schwangerschaft, 2003, S. 38; BÄK, Memorandum PID, S. 3.

645 *Kunz-Schmidt*, NJ 2011, 231, 232.

(b) Hohes genetisches Risiko des Paares

Als hohes genetisches Risiko des Paares für ihre Nachkommen ist eine hohe Wahrscheinlichkeit gemeint, die vom üblichen Risiko der deutschen Bevölkerung abweicht.[646] Dies ist bei einer genetischen Einschätzung laut Gesetzesbegründung nach den allgemeinen Regeln der Vererbungslehre bei einer Wahrscheinlichkeit von 25 bis 50 % anzunehmen.[647] Dies entspricht der ganz normalen Wahrscheinlichkeit der Vererbung bei rezessivem bzw. dominantem Erbgang, sodass im Ergebnis jede schwerwiegende monogene Erbkrankheit erfasst wird, da bei diesen immer mindestens ein Risiko von 25 % besteht.[648] Ob das hohe genetische Risiko für die Nachkommen lediglich aufgrund einer Disposition bei einem oder bei beiden Partnern vorliegt, spielt keine Rolle.

(c) Schwerwiegende Erbkrankheit

Außerdem muss die befürchtete genetische Erbkrankheit *schwerwiegend* sein. Der Gesetzgeber hat, um einer Diskriminierung vorzubeugen, bewusst auf eine Auflistung schwerwiegender Erbkrankheiten im Sinne eines Krankheitskatalogs verzichtet.[649] Ein weiterer Grund für den Verzicht könnte freilich darin begründet sein, dass allein die Zahl monogen bedingter Erbkrankheiten sehr hoch ist und bisher bereits einige Tausend charakterisiert sind.[650] Außerdem soll die Entscheidung, in welchen eng definierten Fällen eine Präimplantationsdiagnostik zulässig ist, in jedem Einzelfall gesondert erfolgen.[651]

In den Gesetzesmaterialien findet sich ebenfalls kein Beispiel einer schwerwiegenden Krankheit, sondern es wird auf den insoweit gleichen Wortlaut bei § 3 Satz 2 ESchG verwiesen.[652] In § 3 Satz ESchG ist die Rede von einer „*Erkrankung an einer Muskeldystrophie vom Typ Duchenne oder einer ähnlich schwerwiegenden geschlechtsgebundenen Erbkrankheit*". Zusätzlich muss die Krankheit aber nach § 3 Satz 2 ESchG von einer „*nach Landesrecht zuständigen Stelle als entsprechend schwerwiegend anerkannt worden*" sein. Einen solchen Katalog scheint es

646 BT-Drs. 17/5451, S. 10.

647 BT-Drs. 17/5451, S. 10; gemeint sein kann natürlich nur, dass *ab* einer Wahrscheinlichkeit von 25 bis 50 % ein hohes genetisches Risiko vorliegt. Andernfalls hieße das, dass eine Wahrscheinlichkeit von 25 bis 50 %, nicht aber eine Wahrscheinlichkeit von mehr als 50 %, als hohes genetisches Risiko angesehen werde.

648 *Pelchen/Häberle*, in: Erbs/Kohlhaas, ESchG § 3a Rn. 7.

649 BT-Drs. 17/5451, S. 9; so auch *Henking*, ZRP 2012, 20, 21.

650 Deutscher Ethikrat, BT-Drs. 17/5210, S. 6.

651 BT-Drs. 17/5451, S. 9.

652 BT-Drs. 17/5451, S. 10.

jedoch noch in keinem Bundesland zu geben.[653] Somit ist der Verweis auf § 3 Satz 2 ESchG bei der Bestimmung der Schwere einer Erbkrankheit nicht allzu hilfreich.

In den Gesetzesmaterialen sind allerdings verschiedene Kriterien aufgezählt, anhand derer man eine schwerwiegende von einer nicht schwerwiegenden Erbkrankheit unterscheiden muss. Aus der Formulierung der Gesetzesbegründung ist ersichtlich, dass es sich bei den genannten Kriterien nicht um einen abschließenden Katalog handelt und die Kriterien nicht zwingend kumulativ vorliegen müssen, sondern dass eine Gesamtbewertung der Krankheit im Einzelfall unter Beachtung der genannten und weiteren, ähnlichen Kriterien erfolgen muss.[654] Demnach sind schwerwiegende Erbkrankheiten *insbesondere* solche, die sich durch eine geringe Lebenserwartung *oder* Schwere des Krankheitsbildes *und* schlechte Behandelbarkeit von anderen Krankheiten wesentlich unterscheiden.[655]

Nach der Gesetzesbegründung orientiert sich § 3a Abs. 2 ESchG an § 218a Abs. 2 StGB, so dass sich die Frage aufdrängt, ob bei der Bewertung der Schwere der Krankheit auch die „*gegenwärtigen und zukünftigen Lebensverhältnisse*“[656] der Frau berücksichtigt werden dürfen. § 3a Abs. 2 ESchG stellt aber eindeutig und ausschließlich auf die Krankheit und nicht auf eine sozial-medizinische Komponente ab und entspricht daher eher der mittlerweile weggefallenen embryopathischen Indikation, sodass ein Abstellen auf die Situation der Frau ausscheidet.[657]

Als schwerwiegende Krankheit im Sinne von § 3a Abs. 2 ESchG könnten prinzipiell auch solche Krankheiten bewertet werden, die sich erst nach dem 18. Lebensjahr manifestieren, denn ein Verbot von genetischen Untersuchungen, die auf die Feststellung von solchen Krankheiten des Embryos abzielen, ist nicht vorgesehen.[658] Dies ist bemerkenswert, da der Gesetzgeber erst kürzlich in § 15

653 Vgl. *Müller-Terpitz*, in: Spickhoff, ESchG § 3 Rn. 3; *Taupitz*, in Günther/Taupitz/Kaiser, § 3 Fn. 58.

654 So auch *Frister/Lehmann*, JZ 2012, 659, 660.

655 BT-Drs. 17/5451, S. 10; der genaue Wortlaut: „*»Schwerwiegend« sind diese insbesondere, wenn sie sich durch eine geringe Lebenserwartung oder Schwere des Krankheitsbildes und schlechter Behandelbarkeit von anderen Erbkrankheiten wesentlich unterscheiden.*“

656 So die Formulierung aus § 218a Abs. 2 StGB.

657 So auch *Henking*, ZRP 2012, 20, 21.

658 *Frister/Lehmann*, JZ 2012, 659, 660 f.; *Henking*, ZRP 2012, 20, 22.

Abs. 2 GenDG[659] vorgeburtliche genetische Untersuchungen im Rahmen einer Pränataluntersuchung mit dieser Zwecksetzung ausdrücklich ausgeschlossen hat.[660] Ein Grund dafür, dass eine solche Ausnahme nicht im ESchG vorgesehen ist, könnte sein, dass die starre Altersgrenze aus § 15 Abs. 2 GenDG umstritten ist, da ihr medizinischer Wert eher zweifelhaft ist und sich Krankheiten nicht an strikte Altersgrenzen halten, diese also auch vor dem 18. Lebensjahr ausbrechen können.[661]

(d) Genetische Disposition

§ 3a Abs. 2 Satz 1 ESchG rechtfertigt nur die genetische Untersuchung auf die Gefahr von Erbkrankheiten, für die bei der Frau und/oder dem Mann aufgrund einer *genetischen Disposition* ein hohes Risiko besteht. Die Untersuchung darf demnach nicht darauf abzielen, andere mögliche Krankheiten zu untersuchen, für die keine genetische Vorbelastung bzw. Anfälligkeit der Eltern besteht, seien sie noch so schwerwiegend. Dieses Erfordernis soll verhindern, dass die Präimplantationsdiagnostik zu einer uferlosen Regeluntersuchung auch ohne speziellen Anlass wird.

b) § 3a Abs. 2 Satz 2 ESchG

§ 3a Abs. 2 Satz 2 ESchG stellt zur Rechtfertigung der Präimplantationsdiagnostik folgende Voraussetzungen auf:

(1) Allgemeines

Der Rechtfertigungsgrund aus § 3a Abs. 2 Satz 2 ESchG fordert seinem Wortlaut nach lediglich die schriftliche Einwilligung der Frau[662], von der die Eizelle stammt und nennt als Zweck der Präimplantationsdiagnostik die Feststellung einer schwerwiegenden Schädigung des Embryos, die mit hoher Wahrscheinlichkeit zu einer Tot- oder Fehlgeburt führen wird.

---

659 Das Gendiagnostikgesetz vom 31. Juli 2009 ist erst am 1. Februar 2010 in Kraft getreten.

660 § 15 Abs. 2 GenDG lautet: „*Eine vorgeburtliche genetische Untersuchung, die darauf abzielt, genetische Eigenschaften des Embryos oder des Fötus für eine Erkrankung festzustellen, die nach dem allgemein anerkannten Stand der medizinischen Wissenschaft und Technik erst nach Vollendung des 18. Lebensjahres ausbricht, darf nicht vorgenommen werden.*“

661 *Kunz-Schmidt*, NJ 2011, 231, 238; *Frister/Lehmann*, JZ 2012, 659, 660 f.

662 Insofern kann auf das zu § 3a Abs. 2 Satz 1 ESchG ausgeführt verwiesen werden.

Diese Formulierung ist leicht irreführend, denn auch wenn in Satz 2 nicht wortwörtlich darauf verwiesen wird, so muss auch hier Ziel der Präimplantationsdiagnostik letztendlich die Transplantation eines Embryos sein. Dies ergibt sich allerdings bereits aus § 3a Abs. 1 ESchG, der, wie oben festgestellt, ohnehin nur bei entsprechender Absicht einschlägig ist und darüber hinaus auch daraus, dass in § 3a Abs. 2 Satz 2 mit dem Begriff der Präimplantationsdiagnostik auf die Legaldefinition aus Absatz 1 verwiesen wird.

In Bezug auf die schriftliche Einwilligung gilt das zu § 3a Abs. 2 Satz 1 ESchG Ausgeführte entsprechend.

Hinsichtlich des Entwicklungsstandes des Embryos gilt bei Satz 2, der nunmehr von der *Präimplantationsdiagnostik* spricht und somit auf die Definition aus Abs. 1 verweist, das bereits zu § 3a Abs. 1 und Abs. 2 Satz 1 ESchG Gesagte.

Die Untersuchung nach Satz 2 muss darüber hinaus ebenfalls nach dem allgemein anerkannten Stand der Wissenschaft und Technik durchgeführt werden.

(2) Schwerwiegende Schädigung des Embryos – hohe Wahrscheinlichkeit einer Tot- oder Fehlgeburt

Die Untersuchung muss der Feststellung einer schwerwiegenden Schädigung des Embryos, die mit hoher Wahrscheinlichkeit zu einer Tot- oder Fehlgeburt führen wird, dienen. Damit sind insbesondere bestimmte Chromosomenanomalien gemeint, die die häufigste Ursache von Fehl- oder Totgeburten darstellen.[663] Von einer Fehlgeburt spricht man, wenn eine Schwangerschaft endet, bevor der sich entwickelnde Embryo oder Fetus lebensfähig ist.[664] Eine Totgeburt[665] ist hingegen die Geburt eines toten Fetus, mit einem Geburtsgewicht von mindestens 500 Gramm oder einem Schwangerschaftsalter von mindestens 22 vollendeten Wochen.[666]

Was unter der *hohen Wahrscheinlichkeit* einer Tot- oder Fehlgeburt zu verstehen ist, wird in der Begründung des Gesetzentwurfs nicht erörtert. Ein Blick auf die entsprechenden Ausführungen zu dem hohen Risiko aus Satz 1, das dort mit 25 bis 50 % beschrieben ist, hilft hier nicht unbedingt weiter, da sich dort das hohe Risiko an den Vererbungsregeln bei rezessivem und dominantem

663 Begründung des Gesetzentwurfs, BT-Drs. 17/5451, S. 10. So die nicht erblich bedingten Chromosomenstörungen; die erblich bedingten Chromosomenstörungen fallen unter § 3a Abs. 2 Satz 1 ESchG.

664 BT-Drs. 17/5451, S. 10; das „Kind" wird bis zur 12. Schwangerschaftswoche Embryo und danach Fetus genannt.

665 Auch: intrauteriner Fruchttod.

666 Begründung des Gesetzentwurfs, BT-Drs. 17/5451, S. 10.

Erbgang orientiert. Dies stellt für die *hohe Wahrscheinlichkeit* nach Satz 2 eher keinen geeigneten Anknüpfungspunkt dar, da es hier nicht um erblich bedingte Erkrankungen geht. Allerdings wird in Satz 1 als weiteres Kriterium einer hohen Wahrscheinlichkeit die wesentliche Abweichung vom üblichen Risiko der Bevölkerung der Bundesrepublik Deutschland genannt. Dies könnte ein geeignetes Kriterium sein. Fraglich bleibt allerdings, zu welcher Größe man die Wahrscheinlichkeit der Tot- oder Fehlgeburt in Relation zu setzen hat.[667] In Betracht kommt entweder die Wahrscheinlichkeit einer Tot- oder Fehlgeburt zum allgemeinen Durchschnitt aller Schwangerschaften in Deutschland oder aber nur zum Durchschnitt bei Vorliegen einer schwerwiegenden Schädigung in Bezug zu setzen.[668] Naheliegend ist es, die hohe Wahrscheinlichkeit in Relation mit der durchschnittlichen Tot- und Fehlgeburtenrate in Deutschland zu setzen.

Als schwerwiegende Schädigung wird zumindest alles zu zählen sein, was zu einer Tot- oder Fehlgeburt führen kann. Das bedeutet, dass die beiden Voraussetzungen der *hohen Wahrscheinlichkeit einer Tot- oder Fehlgeburt* und der *schwerwiegenden Schädigung* eng miteinander verknüpft sind. Denn eine Schädigung, die mit hoher Wahrscheinlichkeit zu einer Tot- oder Fehlgeburt führt, wird man wohl als schwerwiegend bezeichnen müssen. Ist damit die Wahrscheinlichkeit des Vorliegens einer schwerwiegenden Schädigung hoch, so ist auch die Wahrscheinlichkeit, dass die Schädigung zu einer Tot- oder Fehlgeburt führt, hoch.[669]

Es stellt sich daher die Frage, ob der Schweregrad der Schädigung überhaupt eine eigene Bedeutung hat. Dazu müsste es nichtschwerwiegende Schädigungen geben, die mit einer hohen Wahrscheinlichkeit zu einer Tot- oder Fehlgeburt führen würden. Diese Schädigungen würden aber, wenn sie tatsächlich mit hoher Wahrscheinlichkeit zu einer Tot- oder Fehlgeburt führten, dann doch wohl wieder als „schwerwiegend“ zu bezeichnen sein. Nun könnte man auch umgekehrt fragen, ob denn die Voraussetzung der hohen Wahrscheinlichkeit eine eigene Bedeutung neben der schwerwiegenden Krankheit hat. Dazu müsste es wiederum eine schwerwiegende Schädigung des Embryos geben, die entweder gar nicht oder nicht mit einer hohen Wahrscheinlichkeit zu einer Tot- oder Fehlgeburt führt. Das ist davon abhängig, wo man die Grenze zieht, ab wann eine Schädigung als schwerwiegend gilt.

Der Schweregrad der Schädigung ist also kein Filter, der neben der hohen Wahrscheinlichkeit von eigenem Nutzen wäre und ist somit überflüssig.

---

667 Vgl. *Pelchen/Häberle*, in: Erbs/Kohlhaas, ESchG § 3a Rn. 10.

668 Vgl. *Pelchen/Häberle*, in: Erbs/Kohlhaas, ESchG § 3a Rn. 10.

669 Was wiederum als „hoch“ zu bezeichnen ist, muss, wie soeben ausgeführt, in Relation mit dem deutschen Durchschnitt gesetzt werden.

Da die beiden Voraussetzungen aber nach dem Wortlaut der Vorschrift ohnehin kumulativ vorzuliegen haben, ist es naheliegend, die Grenze der schwerwiegenden Schädigung dort zu ziehen, wo aufgrund der Schädigung die hohe Wahrscheinlichkeit einer Tot- oder Fehlgeburt besteht.

Daraus folgt, dass die beiden Voraussetzungen als eine Einheit zu verstehen sind: Schädigungen sind schwerwiegend, wenn sie mit hoher Wahrscheinlichkeit zu einer Tot- oder Fehlgeburt führen.

Anzumerken ist noch, dass damit die Untersuchung auf das sogenannte Down-Syndrom, wie *Henking* anführt, keine Präimplantationsdiagnostik nach § 3a Abs. 2 S. 2 ESchG rechtfertigen kann. Denn die Trisomie 21 ist in der Regel keine schwerwiegende Schädigung, die mit hoher Wahrscheinlichkeit zu einer Tot- oder Fehlgeburt führt. Außerdem stellt das erhöhte Alter der Frau allein keine taugliche Indikation im Sinne des § 3a ESchG dar.[670] Dies ist insofern bemerkenswert, als dass der Gesetzgeber als Anknüpfungspunkt für § 3a ESchG § 218a Abs. 2 gewählt hat und das erhöhte Alter der Frau, wie auch *Henking* bemerkt, die Hauptindikation für eine Pränataldiagnostik ist und die Trisomie 21, als die wohl bekannteste und häufigste Chromosomenaberration[671], in 90% der Fälle zu einem Schwangerschaftsabbruch nach § 218a Abs. 2 StGB führt.[672]

(3) Weitergehende Indikation – „Vorgeschichte“

Satz 2 fordert im Gegensatz zu Satz 1 keine *„genetische Disposition“* der Eltern, was darin begründet liegt, dass Satz 2 eine Präimplantationsdiagnostik in Fällen ermöglichen soll, in denen der Grund der wahrscheinlichen Tot- oder Fehlgeburt nicht in chromosomalen Veränderungen bei den Eltern liegt.[673] Die Formulierung (bzw. gerade das Fehlen einer entsprechenden Ausformulierung) ist jedoch problematisch, da man daraus folgern kann, dass eine Präimplantationsdiagnostik nach § 3a Abs. 2 Satz 2 ESchG bei allen reproduktionsmedizinischen Maßnahmen möglich ist, da keine Einschränkung im Wortlaut erkennbar und eine schwerwiegende Schädigung eines Embryos, die mit hoher Wahrscheinlichkeit

670 Vgl. dazu insgesamt auch *Henking*, ZRP 2012, 20, 22.

671 Vgl. Deutscher Ethikrat, BT-Drs. 17/5210, S. 6.

672 *Henking*, ZRP 2012, 20, 22. Der Grund für diese Unterschiede liegt freilich darin, dass bei § 218a Abs. 2 StGB eine medizinisch-soziale Indikation normiert ist, wohingegen bei § 3a Abs. 2 ESchG nur auf die Krankheit des Embryos und nicht auf die Folgen der Krankheit für die Frau abgestellt wird.

673 Vgl. dazu die Begründung des Gesetzentwurfs, BT-Drs. 17/5451, S. 10.

zu einer Tot- oder Fehlgeburt führen wird, grundsätzlich bei jeder Schwangerschaft möglich ist, wenn auch nur mit einer *geringen* Wahrscheinlichkeit.[674]

Fraglich ist, ob dies richtig sein kann, oder ob auch hier eine weitergehende Indikation vorliegen muss, die die Annahme begründet, dass eine schwerwiegende Schädigung vorliegt, die mit hoher Wahrscheinlichkeit zu einer Tot- oder Fehlgeburt führt und so den Anwendungsbereich einschränkt. Denn auch wenn es in § 3a Abs. 2 Satz 2 nicht um Erbkrankheiten, für die bei den Eltern genetisch Dispositionen vorliegen, geht, sondern um anderweitige Schädigungen des Embryos, insbesondere Chromosomenanomalien, ohne dass chromosomale Veränderungen bei den Eltern vorliegen, so könnte doch auch für Satz 2 als einschränkendes Kriterium eben eine „Vorgeschichte" bei der Frau und/oder dem Mann zu fordern sein, die Anhaltspunkte für ein mögliches Vorhandensein solcher schwerwiegenden Schädigungen liefert.[675] Dieses etwaige Erfordernis kann allerdings nicht mit dem Argument gefordert werden, dass Satz 1 und Satz 2 zusammengelesen werden müssten und die *„genetische Disposition"*, wie auch die anderen nicht ausdrücklich in Satz 2 genannten Voraussetzungen (Schwangerschaftsherbeiführungsabsicht, Behandlung nach der lex artis) aus Satz 1 auch für Satz 2 gälten. Es könnten allerdings andere zwingende Gründe für das Erfordernis dieser Voraussetzungen sprechen (wie auch für die anderen weiteren Voraussetzungen).[676]

Für ein einschränkendes Kriterium einer „Vorgeschichte" spricht, dass anderenfalls der Weg für eine Präimplantationsdiagnostik als Regel- und Vorsorgeuntersuchung für jeden eröffnet wäre, was eindeutig dem erklärten Willen des Gesetzgebers und evident dem Sinn und Zweck der Vorschrift widerspräche. Der Gesetzgeber wollte mit § 3a Abs. 2 ESchG, wie es auch in Satz 1 zum Ausdruck gekommen ist, die Präimplantationsdiagnostik nur in *Ausnahmefällen* zulassen.[677]

674 So auch *Frister/Lehmann*, JZ 2012, 659, 662.

675 Vgl. dazu auch *Frister/Lehmann*, JZ 2012, 659, 662.

676 Die Voraussetzung der handlungsleitenden Absicht der Herbeiführung einer Schwangerschaft ergibt sich, wie oben festgestellt, bereits aus § 3a Abs. 1 ESchG, der ansonsten schon nicht einschlägig wäre (und zusätzlich aus den §§ 1 Abs. 1 Nr. 2 und 2 Abs. 1 ESchG). Die ungeschriebene Voraussetzung, dass die Behandlung nach dem allgemein anerkannten Stand der medizinischen Wissenschaft und Technik zu erfolgen hat, ergibt sich bereits aus dem Erfordernis der Einwilligung, die wohl nur eine lex artis Behandlung umfasst. Einzig die schriftliche Einwilligung wurde in § 3a Abs. 2 Satz 2 ESchG extra erneut erwähnt, was insofern schlüssig ist, da sich wohl das Erfordernis einer Einwilligung aus den allgemein anerkannten Grundsätzen ergibt, nicht jedoch die ausdrücklich geforderte Schriftform der Einwilligung.

677 Begründung des Gesetzentwurfs, BT-Drs. 17/5451, S. 2.

Er wollte Paaren mit genetischer Vorbelastung und *Paaren, die bereits ein schwer krankes oder bereits verstorbenes Kind haben oder die bereits einen Schwangerschaftsabbruch nach erfolgter Pränataldiagnostik haben vornehmen* lassen, so die Möglichkeit eröffnen, ein gesundes Kind zu bekommen.[678] Weiter führt der Gesetzgeber in seiner Begründung des Gesetzentwurfs zu § 3a ESchG aus, dass die *Untersuchung* von künstlich erzeugten Embryonen vor der Transplantation *auf* Erbkrankheiten oder *Schädigungen, die zu einer Fehl- bzw. Totgeburt führen könnten, nur in bestimmten Fällen medizinisch vertretbar sei.*[679] Außerdem diene der Gesetzentwurf dem Ziel, die gesetzliche Grundlage für eine *eng begrenzte Anwendung der Präimplantationsdiagnostik* zu schaffen.[680] Weiterhin sei über die Durchführung der Präimplantationsdiagnostik in jedem Einzelfall gesondert zu entscheiden, und ein solcher Einzelfall liege vor, wenn ein extra dafür geschulter Arzt attestiert, dass (...) eine *Fehl- bzw. Totgeburt zu erwarten sei.*[681]

Diese Ausführungen zeigen deutlich auf, dass der Gesetzgeber keinesfalls mit § 3a Abs. 2 Satz 2 ESchG eine Rechtfertigung der Präimplantationsdiagnostik schaffen wollte, die ohne jeglichen Anhaltpunkt, also in jedem beliebigen Fall und damit unbeschränkt möglich wäre. Gerade die Beschränkung der Präimplantationsdiagnostik auf einige eng begrenzte Fälle ist der Sinn und Zweck des § 3a ESchG.

Man könnte also insoweit zu dem Ergebnis kommen, dass der unzureichende Wortlaut von § 3a Abs. 2 Satz 2 ESchG teleologisch ergänzt und eine medizinisch begründete Annahme, dass eine schwerwiegenden Schädigung des Embryos zu erwarten ist, die mit hoher Wahrscheinlichkeit zu einer Tot- oder Fehlgeburt führt, gefordert werden muss. Diese Annahme kann auf einer Vorgeschichte bei den Eltern beruhen, die bestimmte Anhaltpunkte für das Vorliegen einer schwerwiegenden Schädigung des Embryos liefert, die mit hoher Wahrscheinlichkeit zu einer Tot- oder Fehlgeburt führt.[682] Solche Anhaltpunkte können, wie oben schon erwähnt, etwa sein, dass die Eltern bereits ein schwer krankes oder bereits verstorbenes Kind haben oder die Eltern zuvor schon einen oder mehrere Schwangerschaftsabbrüche nach erfolgter Pränataldiagnostik haben durchführen lassen.[683] Auch nicht erblich bedingte Chromosomenanomalien bei den

---

678 Begründung des Gesetzentwurfs, BT-Drs. 17/5451, S. 2, 8.

679 BT-Drs. 17/5451, S. 8.

680 BT-Drs. 17/5451, S. 9.

681 BT-Drs. 17/5451, S. 9.

682 So auch *Frister/Lehmann*, JZ 2012, 659, 662 f.

683 Vgl. dazu BT-Drs. 17/5451, S. 2, 8.

Eltern oder bereits mehrfach erfolglos gebliebene Versuche einer künstlichen Befruchtung, könnten als Indiz herangezogen werden.[684]

Allerdings liefert der Wortlaut von § 3a Abs. 2 Satz 2 ESchG, als äußerste Grenze der Auslegung,[685] keinerlei Anhaltpunkt für eine einschränkende Auslegung des Rechtfertigungsgrundes. Die Garantiefunktion des Strafrechts aus Art. 103 Abs. 2 GG gilt in Form des Analogieverbots auch für strafgesetzlich geregelte Rechtfertigungsgründe des Nebenstrafrechts.[686] Denn für den Täter ist es gleichgültig, ob der Bereich des Strafbaren durch gesetzesüberschreitende richterliche Ausdehnung eines Tatbestandes oder durch eine den Gesetzeswortlaut unterschreitende Einengung eines Rechtfertigungsgrundes erzielt wird.[687] Die teleologische Reduktion des Wortlautes und daraus folgend das Erfordernis einer Indikation auch bei § 3a Abs. 2 Satz 2 ESchG würde eine Auslegung zu Lasten des Täters darstellen und gegen Art. 103 Abs. 2 GG verstoßen. Eine solche Auslegung ist demnach, auch wenn zwingende Gründe dafür sprechen, wegen Art. 103 Abs. 2 GG nicht zulässig.

Auch wenn der Gesetzgeber nach seinem eindeutigen Willen mit § 3a Abs. 2 ESchG das Ziel verfolgt hat, die Präimplantationsdiagnostik nur in wenigen eng begrenzten Fällen zuzulassen, so hat er bei § 3a Abs. 2 Satz 2 versäumt, die Präimplantationsdiagnostik zu begrenzen. Dem Gesetzgeber ist insoweit ein nicht unerheblicher Fehler bei der Ausgestaltung des § 3a Abs. 2 ESchG unterlaufen.

Nach § 3a Abs. 2 Satz 2 ESchG ist aufgrund des eindeutigen Wortlauts somit die Durchführung einer Präimplantationsdiagnostik ohne das Vorliegen einer Vorgeschichte als Beschränkung, die die ärztliche Annahme begründet, dass eine schwerwiegende Schädigung, die mit hoher Wahrscheinlichkeit zu einer Tot- oder Fehlgeburt führt, vorliegt, möglich, auch wenn dies dem ausdrücklich im Gesetzentwurf erklärten Willen des Gesetzgebers zuwiderläuft.

(4) Embryonen- /Aneuploidie-Screenings

§ 3a Abs. 2 Satz 2 ESchG fordert keine besondere Indikation und unterscheidet sich so deutlich von § 3a Abs. 2 Satz 1 ESchG. Die in Satz 1 geforderte „*genetische Disposition*“ beschränkt den Anwendungsbereich auf eine bestimmte Erbkrankheit, die zumindest als Anlage bei einem der Eltern vorliegt. Satz 2 ist nicht auf

684 *Frister/Lehmann*, JZ 2012, 659, 662.

685 Vgl. BVerfGE 92, 12, 18; *Eser/Hecker*, in: Schönke/Schröder, § 1 Rn. 1 ff., 20, 25 ff.

686 Umstr.; so aber *Leckner/Sternberg-Lieben*, in: Schönke/Schröder, Vorb. zu den §§ 32 ff., Rn. 25; *Paeffgen*, in: Kindhäuser/Neumann/Paeffgen, Strafgesetzbuch, Vorb. zu §§ 32 ff. Rn. 57 ff., 59 ff.

687 *Leckner/Sternberg-Lieben*, aaO.

eine Krankheit bezogen, sondern, was die mögliche Schädigung angeht, unbeschränkt. Die Suche nach einer Schädigung ist damit nicht vorgezeichnet. Der Embryo wird also auf alle möglichen Schädigungen hin untersucht, die mit hoher Wahrscheinlichkeit zu einer Tot- oder Fehlgeburt führen werden. Dies sind, wie oben bereits festgestellt, insbesondere Chromosomenanomalien.[688]

Um diese zu diagnostizieren, wird in der Regel ein Aneuploidie-Screening eingesetzt.[689] Mit diesem Screening, auch Präimplantations-Screening genannt, wird nach chromosomalen Veränderungen beim Embryo gesucht, auch ohne dass ein spezifisches Risiko bei den Eltern bekannt ist.[690] Daraus ergibt sich, dass durch § 3a Abs. 2 Satz 2 ESchG auch eben ein solches Aneuploidie-Screening gerechtfertigt sein kann.[691]

Allerdings gibt es Stimmen, die der Durchführung von Aneuploidie-Screenings kritisch gegenüberstehen.[692] So hat etwa die Leopoldina in ihrer Ad-Hoc-Stellungnahme zur Präimplantationsdiagnostik ausdrücklich empfohlen, Aneuploidie-Screenings zu verbieten.[693] Grund für die Kritik ist, dass der medizinische Nutzen von Aneuploidie-Screenings in der Wissenschaft umstritten ist.[694] Studien aus dem Ausland haben ergeben, dass weder die Schwangerschafts- noch die Fehlgeburtsraten durch diese Screenings verbessert wurden.[695]

Damit eine Untersuchung nach § 3a Abs. 2 ESchG gerechtfertigt sein kann, muss sie auch nach Satz 2 dem allgemein anerkannten Stand der medizinischen Wissenschaft und Technik entsprechen.[696] Ist aber das Aneuploidie-Screening, durch Studien belegt, ohne Vorteil für die Behandlung oder dieser zumindest umstritten, so stellt sich die Frage, ob ein Aneuploidie-Screening noch dem

---

688 Vgl. BT-Drs. 17/5451, S. 10; vgl. auch *Tolmein*, GuP 2011, 161, 162.

689 Deutscher Ethikrat, BT-Drs. 17/5210, S. 7 und Glossar S. 55.

690 *Kunz-Schmidt*, NJ 2011, 231, 232; Deutscher Ethikrat, BT-Drs. 17/5210, S. 7 und Glossar S. 55.

691 So auch *Henking*, ZRP 2012, 20, 22; *Frister/Lehmann*, JZ 2012, 659, 663; *Kunz-Schmidt*, NJ 2011, 231, 238.

692 Etwa Bioethikkommission Rheinland Pfalz, PID Stellungnahme 2011, S. 9.

693 Leopoldina, Ad-hoc-Stellungnahme – PID, 2011, S. 3, 27. So auch die Bioethikkommission Rheinland Pfalz, aaO., S. 9., die ausführt, dass Aneuploidie-Screenings in Deutschland nach derzeitigem Erkenntnisstand nicht durchgeführt werden sollten.

694 *Frister/Lehmann*, JZ 2012, 659, 663.

695 BÄK, Memorandum PID, S. 4; *Henking*, ZRP 2012, 20, 22; jeweils mit Verweis auf wissenschaftliche Studien aus dem Ausland in den Fußnoten. Für die Gründe von diesem Ergebnis vgl. auch: Deutscher Ethikrat, BT-Drs. 17/5210, S. 7; *Frister/Lehmann*, JZ 2012, 659, 663.

696 Siehe oben unter „(1)".

allgemein anerkannten Stand der Wissenschaft und Technik entspricht.[697] Verneint man diese Frage, so müsste man auch eine Rechtfertigung von Präimplantations-Screenings nach § 3a Abs. 2 Satz 2 ESchG insgesamt ablehnen.[698]

Frister und *Lehmann* weisen allerdings darauf hin, dass es zu neueren, in Deutschland ausschließlich zulässigen Methoden des Aneuploidie-Screenings, durchgeführt an im Blastozystenstadium entnommenen Throphoblastzellen, noch keine aussagekräftigen Studien gibt.[699] Rein theoretisch erlauben Screenings im Blastozystenstadium eine bessere Prognose der Entwicklungsfähigkeit von Embryonen als die oben kritisierten, durchgeführt im Blastomerenstadium.[700] Dies liegt einerseits daran, dass der Blastozyste mehr Zellen entnommen werden können, damit auch mehr Zellen für die Untersuchung zur Verfügung stehen und somit das Ergebnis auf eine breitere Grundlage gestellt werden kann.[701] Andererseits weisen die Zellen der Blastomere etwa zu 40% unterschiedliche Chromosomenmuster, sogenannte Mosaikstrukturen, auf, sodass die Diagnose einer einzelnen Zelle keinen Schluss auf die übrigen Zellen zulässt.[702] Da diese „Mosaik"-Embryonen allerdings bei der Entwicklung zum Blastozystenstadium teilweise absterben, weisen in diesem Stadium weit weniger Zellen eine solche Mosaikstruktur auf, so dass Fehlinterpretationen unwahrscheinlicher werden.[703]

Ob ein Aneuploidie-Screening durch § 3a Abs. 2 Satz 2 ESchG gerechtfertigt sein kann, hängt also davon ab, ob durch dieses positive Ergebnisse erzielt werden und ein solches Screening damit dem allgemein anerkannten Stand der Wissenschaft und Technik entspricht.

c) Arztvorbehalt

Die Präimplantationsdiagnostik muss, um rechtmäßig durchgeführt werden zu können, außerdem von einem Arzt vorgenommen werden. Dieses strafbewehrte Erfordernis ergibt sich nicht unmittelbar aus § 3a Abs. 2 ESchG, der nur von

697 *Frister/Lehmann*, ZRP 2012, 659, 663.

698 *Frister/Lehmann*, ZRP 2012, 659, 663.

699 Im Ausland wird / wurde die Untersuchung zumeist an im Blastomerenstadium entnommenen, also noch totipotenten Zellen, durchgeführt, was in Deutschland ohnehin verboten ist; die Untersuchung von lediglich pluripotenten Throphoblastzellen ist nach deutschem Recht hingegen nicht verboten; *Frister/Lehmann*, ZRP 2012, 659, 663.

700 Deutscher Ethikrat, BT-Drs. 17/5210, S. 10.

701 *Frister/Lehmann*, ZRP 2012, 659, 663.

702 Deutscher Ethikrat, BT-Drs. 17/5210, S. 7.

703 Deutscher Ethikrat, BT-Drs. 17/5210, S. 10; *Frister/Lehmann*, ZRP 2012, 659, 663.

„*wer*" spricht, sondern aus § 9 Nr. 2 und § 11 Abs. 1 Nr. 2 ESchG, die ebenfalls durch das Präimplantationsdiagnostikgesetz eingeführt bzw. angepasst wurden.

Nach § 9 Nr. 2 ESchG darf nur ein Arzt die Präimplantationsdiagnostik vornehmen und nach § 11 Abs. 1 Nr. 2 ESchG wird mit Freiheitsstrafe bis zu einem Jahr oder mit Geldstrafe bestraft, wer, ohne Arzt zu sein, entgegen § 9 Nr. 2 eine Präimplantationsdiagnostik vornimmt.

3. § 3a Abs. 3 Satz 1 und Abs. 4 ESchG

§ 3a Abs. 3 Satz 1 ESchG regelt weitere formelle Voraussetzungen für die Durchführung einer Präimplantationsdiagnostik, die allerdings nicht die Rechtfertigung eines Verstoßes gegen das Verbot des § 3a Abs. 1 ESchG betreffen. Wer eine nach § 3a Abs. 2 ESchG gerechtfertigte Präimplantationsdiagnostik vornimmt, ohne diese formellen Voraussetzungen kumulativ einzuhalten, bleibt dennoch gerechtfertigt, handelt aber nach § 3a Abs. 4 ESchG ordnungswidrig, was mit einer Geldbuße bis zu fünfzigtausend Euro geahndet werden kann (vgl. auch § 1 OWiG). Voraussetzung für die Ahndung einer Ordnungswidrigkeit ist nach § 10 OWiG ein vorsätzliches Handeln, außer wenn das Gesetz fahrlässiges Handeln ausdrücklich mit Geldbuße bedroht. Dies ist bei § 3a Abs. 4 ESchG nicht der Fall, sodass hier Vorsatz zu verlangen ist.[704]

a) Beratungspflicht

Gemäß § 3a Abs. 3 Satz 1 Nr. 1 ESchG darf eine Präimplantationsdiagnostik nach Absatz 2 nur nach Aufklärung und Beratung der Frau durchgeführt werden, wobei die Aufklärung ausdrücklich vor Einholung der Einwilligung (nach Absatz 2) zu erfolgen hat. Die Aufklärung/Beratung hat nach § 3a Abs. 3 Satz 1 Nr. 1 ESchG zu den medizinischen, psychischen und sozialen Folgen der genetischen Untersuchung von Zellen des Embryos zu erfolgen.[705] Die Beratung soll dabei ausweislich der Gesetzesbegründung über Wesen, Tragweite und Erfolgsraten der genetischen Untersuchung aufklären und so den Paaren helfen,

704 *Pelchen/Häberle*, in: Erbs/Kohlhaas, ESchG § 3a Rn. 14.

705 In der ursprünglichen Fassung des § 3a Abs. 3 ESchG, vor Änderung durch den Gesundheitsausschuss (BT-Drs. 17/6400), hieß es noch „*medizinische und psychosoziale Beratung*" (siehe BT-Drs. 17/5451, S. 4). Durch diese geringfügige sprachliche Änderung wird sich allerdings inhaltlich nichts geändert haben, sodass man auch bei der Gesetz gewordenen Fassung des § 3a Abs. 3 ESchG davon ausgehen kann, dass insoweit die psychische und die soziale Beratung als Einheit zu verstehen sind.

eine verantwortungsvolle und gewissenhafte Entscheidung zu treffen.[706] Der Gesetzgeber hat sich bei der Pflicht zum Beratungsgespräch insoweit wohl an den Regeln zum Schwangerschaftsabbruch und insbesondere § 9 Abs. 1 GenDG orientiert.[707]

Äußerst kritisch äußert sich *Henking* zu der „*doppelten Beratungspflicht*".[708] Da die medizinische Beratung ohnehin dem allgemeinen Grundsatz im Medizinrecht entspreche und die Zielrichtung der psychosozialen Beratung diffus sei, da sie lediglich dem Lebensschutz des Embryos dienen könne, etwa wie im Rahmen der Pränataldiagnostik beim Embryo in utero, im Falle einer Beratung vor einer Präimplantationsdiagnostik aber noch gar kein Embryo erzeugt wurde und die Beratung wohl nicht lediglich auf ein Unterlassen eben dieser Untersuchung abzielen könne, sei die Vorschrift überflüssig.[709] *Henking* ist insoweit zuzustimmen, als dass sich bereits aus dem Erfordernis der Einwilligung in Absatz 2 ergibt, dass dieser eine Aufklärung und Beratung vorauszugehen hat.[710] Sie verkennt allerdings, dass die Vorschrift den Inhalt der Aufklärung und Beratung, auf deren Grundlage die Einwilligung zu erfolgen hat, konkretisiert.

Eine eigenständige Bedeutung kann die bußgeldbewehrte Vorschrift aus § 3a Abs. 3 Satz 1 Nr. 1 ESchG dennoch nur für den Fall haben, dass eine Frau, die sich vor der Behandlung anderweitig über die Risiken und Folgen der Präimplantationsdiagnostik informiert hat, trotz unterlassener Aufklärung wirksam in die Untersuchung eingewilligt hat.[711] Denn anderenfalls wäre bereits die erteilte Einwilligung unwirksam, mit der Folge, dass die Präimplantationsdiagnostik nicht rechtmäßig durchgeführt werden konnte und nach § 3a Abs. 1 ESchG strafbar ist. Gemäß § 21 Abs. 1 Satz 1 OWiG geht aber die Straftat (Verstoß gegen § 3a Abs. 1 ESchG) der Ordnungswidrigkeit (Verstoß gegen § 3a Abs. 4 i.V.m. Abs. 3 Satz 1 Nr. 1 ESchG) vor, wenn eine Handlung gleichzeitig

706 Begründung des Gesetzentwurfs, BT-Drs. 17/5451, S. 9.

707 Nach der Begründung des Gesetzentwurfs sollte eine entsprechende Beratung den Paaren auch nach Vorliegen des Untersuchungsergebnisses der Präimplantationsdiagnostik angeboten werden (BT-Drs. 17/5451, S. 9). Da dieser Gedanke aber keinen Einzug in die Vorschrift gefunden hat, ist ein Unterlassen dieser „Nachberatung" nicht als Ordnungswidrigkeit mit einem Bußgeld belegt.

708 *Henking*, ZRP 2012, 20, 22.

709 *Henking*, ZRP 2012, 20, 22.

710 Vgl. § 8 MBO-Ä.

711 *Frister/Lehmann*, JZ 2012, 659, 665.

gegen beides verstößt.[712] In einem solchen Fall findet also lediglich das Strafgesetz Anwendung.

b) Votum der Ethikkommission

Eine Präimplantationsdiagnostik nach § 3a Abs. 2 ESchG darf als weitere Voraussetzung erst nach einem positiven Votum einer interdisziplinär zusammengesetzten Ethikkommission an einem zugelassenen Zentrum für Präimplantationsdiagnostik durchgeführt werden (§ 3a Abs. 3 Satz 1 Nr. 2 ESchG).[713] Das Nähere zur Zusammensetzung, Anzahl, Voraussetzungen usw. der zu schaffenden Ethikkommissionen und Präimplantationsdiagnostik-Zentren muss durch Rechtsverordnung der Bundesregierung mit Zustimmung des Bundesrates nach § 3a Abs. 3 Satz 3 ESchG geregelt werden.[714] Die am 21. Februar 2013 (gültig ab dem 21.02. 2014) erlassene Präimplantationsdiagnostikverordnung regelt dies in „§ 3 Voraussetzungen für die Zulassung von Zentren" und „§ 4 Ethikkommissionen für Präimplantationsdiagnostik".[715]

Die Ethikkommission prüft gemäß § 3a Abs. 3 Satz 1 Nr. 2 ESchG die Einhaltung der Voraussetzungen des Absatzes 2. Damit hat die Ethikkommission keine ethische oder moralische Bewertung der Umstände vorzunehmen, sondern muss die Zulassung bzw. Rechtfertigung der Präimplantationsdiagnostik anhand der Voraussetzungen des § 3a Abs. 2 ESchG rechtlich prüfen.[716] Daraus folgt, dass die Ethikkommission, wenn sie zu dem Ergebnis kommt, dass die Voraussetzungen des Absatzes 2 erfüllt sind, eine zustimmende Bewertung abgeben muss.

Der Gesetzgeber hat bei § 3a Abs. 2 Satz 2 ESchG, wie oben festgestellt, jedoch einen Fehler gemacht, da er es versäumt hat, den Rechtfertigungsgrund auf Fälle zu beschränken, bei denen aufgrund einer gewissen Vorgeschichte mit einer

---

712 Vgl. *Pelchen/Häberle*, in: Erbs/Kohlhaas, ESchG § 3a Rn. 14; *Frister/Lehmann*, JZ 2012, 659, 665.

713 Voraussetzung dafür ist natürlich, dass solche Ethikkommissionen und solche Zentren vorhandenen sind, was bisher nicht der Fall ist (Stand April 2013). Allerdings wurde am 21.02.2013 die Präimplantationsdiagnostikverordnung der Bundesregierung erlassen, die ab dem 21.02.2014 gültig ist (BGBl. I 2013, 323–326). Damit haben die Länder nunmehr eine Grundlage für die Schaffung von PID-Zentren und Ethikkommissionen. Vgl. dazu auch unten „5. § 3a Abs. 3 Satz 3 ESchG".

714 Vgl. dazu unten: „5. § 3a Abs. 3 Satz 3 ESchG"; Näher dazu auch *Hübner/Pühler*, MedR 2011, 789, 795 f., die die Ethikkommission als eine Kommission sui generis bezeichnen und sich für die Bezeichnung als PID-Kommission aussprechen

715 BGBl. I 2013, 323 (Nr. 9).

716 Vgl. *Frister/Lehmann*, JZ 2012, 659, 665.

schwerwiegenden Schädigung medizinisch zu rechnen ist.[717] Die Folge ist, dass der Antrag auf Zulassung einer Präimplantationsdiagnostik nach § 3a Abs. 2 Satz 2 ESchG unbeschränkt von jedem gestellt werden kann. Dies widerspricht dem vorgesehenen Ausnahmecharakter einer nicht rechtswidrigen Präimplantationsdiagnostik. Die Ethikkommission kann dennoch nicht etwa eigenmächtig die nicht gesetzlich normierte „Vorgeschichte" fordern oder aufgrund ethischer Bedenken die Zustimmung versagen, und so doch für eine Einschränkung der nach § 3a Abs. 2 Satz 2 ESchG zulässigen Fälle einer Präimplantationsdiagnostik sorgen. Und auch die am 21. Februar 2013 erlassende Rechtsverordnung, die ab dem 21. Februar 2014 gültig ist, kann das Gesetz nicht nachträglich ändern oder beschränken und der Ethikkommission vorgeben, eine „Vorgeschichte" zu verlangen.[718] Die Ermächtigung gemäß § 3a Abs. 3 Satz 2 ESchG bezieht sich ausdrücklich nur darauf, das Nähere zu den in Absatz 3 Satz 3 Nr. 1–4 genannten Punkten zu regeln. Sie kann aber nicht die Voraussetzungen einer zulässigen Präimplantationsdiagnostik nach § 3a Abs. 2 ESchG ändern.[719]

Gegen die Entscheidung der Ethikkommission ist der Verwaltungsrechtsweg eröffnet, denn das Verfahren zur Erlangung einer zustimmenden Bewertung stellt ein Verwaltungsverfahren und die Entscheidung über die Zustimmung einen Verwaltungsakt dar.[720] Deshalb war in dem Referentenentwurf zur Präimplantationsdiagnostikverordnung gegen die Entscheidung der Ethikkommission noch ausdrücklich die Möglichkeit von Widerspruch und Anfechtungsklage vorgesehen.[721] In der erlassenden Präimplantationsdiagnostikverordnung ist der

717 Siehe III. 2. b) (3).

718 So aber nach dem Wortlaut der PID-Verordnung in § 5 Abs. 2 Nr. 4 und § 6 Abs. 4 (BGBl. I 2013, 323–326).

719 Außerdem könnte der Gesetzgeber den Verordnungsgeber nicht dazu ermächtigen, das Gesetz zu ändern.

720 Vgl. Begründung der PID-Verordnung, BR-Drs. 717/12 (14.11.2012), S. 30, so auch schon das BMG, im Referentenentwurf zur Präimplantationsdiagnostikverordnung, S. 28.

721 Vgl. den Referentenentwurf zur Präimplantationsdiagnostikverordnung, S. 9, 28. Zu beachten ist allerdings, dass nach einer Anfechtungsklage wohl die ablehnende Bewertung aufgehoben wird, aber dadurch noch keine zustimmende Bewertung vorliegt. Näherliegend als statthafte Klageart ist deshalb die Verpflichtungsklage (in Form der Versagungsgegenklage) gemäß § 42 Abs. 1 VwGO, die die ablehnende Bewertung beseitigt und gleichzeitig die zustimmende Bewertung beantragt. So auch *Frister* und *Lehmann*, die annehmen, dass neben der Verpflichtungsklage bei Eilbedürftigkeit auch noch die einstweilige Anordnung zur Verfügung (§ 123 VwGO) steht [*Frister/Lehmann*, JZ 2012, 659, 665].

entsprechende Absatz weggefallen, was aber nichts an der Möglichkeit ändert, gegen die Entscheidung mit den entsprechenden Rechtsbehelfen vorzugehen.

c) *Qualifizierter Arzt / zugelassenes Zentrum*

Nach § 3a Abs. 3 Satz 1 Nr. 3 ESchG darf eine Präimplantationsdiagnostik nach Absatz 2 außerdem lediglich durch einen hierfür qualifizierten Arzt durchgeführt werden. Darüber hinaus dürfen die Maßnahmen nur in einem für die Präimplantationsdiagnostik zugelassenem Zentrum, das über die für die Durchführung der Präimplantationsdiagnostik notwendigen diagnostischen, medizinischen und technischen Möglichkeiten verfügt, vorgenommen werden.[722] Das Nähere zur Qualifikation der Ärzte und der Einrichtung und Ausstattung der Zentren muss auch hier wieder durch Rechtsverordnung geregelt werden.[723]

Zu beachten ist hier, dass, wie oben bereits erläutert, auch ohne diese Vorschrift für die Durchführung der Präimplantationsdiagnostik ein Arztvorbehalt besteht (§ 9 Nr. 2 und § 11 Abs. 1 Nr. 2 ESchG).[724] Wird die Präimplantationsdiagnostik demzufolge nicht von einem Arzt durchgeführt, besteht bereits eine Strafbarkeit nach § 11 Abs. 1 Nr. 2 i.V.m. § 9 Nr. 2 ESchG, die der Ordnungswidrigkeit aus § 3a Abs. 3 Satz 1 Nr. 3 ESchG gemäß § 21 Abs. 1 OWiG vorgeht.

Relevant kann die bußgeldbewehrte Vorschrift allerdings werden, wenn die Präimplantationsdiagnostik von einem nicht ausreichend qualifizierten Arzt oder an einem nicht zugelassenen Zentrum durchgeführt wird. In einem solchen Fall wäre aber genau zu prüfen, ob die Behandlung dennoch dem allgemein anerkannten Stand der medizinischen Wissenschaft und Technik entspricht (Voraussetzung der Rechtfertigung der Präimplantationsdiagnostik nach Absatz 2), da ansonsten wieder ausschließlich das Strafgesetz § 3a Abs. 1 ESchG anzuwenden wäre (§ 21 OWiG).[725]

4. § 3a Abs. 3 Satz 2 und Abs. 6 ESchG

In § 3a Abs. 3 Satz 2 ESchG wird den zugelassenen PID-Zentren eine Meldepflicht und der Zentralstelle eine Dokumentationspflicht auferlegt. Die PID-Zentren müssen alle Maßnahmen, die im Rahmen der Präimplantationsdiagnostik durchgeführt wurden, sowie die von der Ethikkommission abgelehnten Fälle, in

722 Näher dazu *Hübner/Pühler*, MedR 2011, 789, 794.

723 Vgl. dazu § 3 PID-Verordnung (BGBl. I 2013, 323–326); unten: „5. § 3a Abs. 3 Satz 3 ESchG".

724 Siehe oben unter „2. c)".

725 *Frister/Lehmann*, JZ 2012, 659, 665.

anonymisierter Form an eine Zentralstelle melden, die diese Daten dann dokumentiert. Diese Pflicht steht im Zusammenhang mit § 3a Abs. 6 ESchG, der die Bundesregierung verpflichtet, alle vier Jahre einen Bericht über die Erfahrungen mit der Präimplantationsdiagnostik zu erstellen. Der Erfahrungsbericht der Bundesregierung basiert dabei auf eben dieser zentralen Dokumentation der anonymisierten Daten bei der Zentralstelle und soll neben der jährlichen Anzahl der durchgeführten Maßnahmen noch eine wissenschaftliche Auswertung enthalten. Außerdem soll dieser Bericht nach dem Willen des Gesetzgebers von der Bundesregierung an den Bundestag weitergeleitet werden.[726] Die vorgegebene Zeitspanne von vier Jahren ist an die in der Regel übliche Dauer einer Legislaturperiode angelehnt und soll dem Parlament ermöglichen, langfristige Entwicklungen nachzuvollziehen.[727]

Das Nähere zur Einrichtung und Ausgestaltung der Zentralstelle sowie den Anforderungen an die Meldung und Dokumentation muss wiederum durch Rechtsverordnung geregelt werden.[728]

Die Melde- und Dokumentationspflicht ist nicht vom Verweis des Bußgeldtatbestandes des § 3a Abs. 4 ESchG umfasst, sodass ein Verstoß gegen diese Pflicht keine Ordnungswidrigkeit darstellt und nicht mit einer Geldbuße geahndet werden kann.[729]

5. § 3a Abs. 3 Satz 3 ESchG

§ 3a Abs. 3 Satz 3 ESchG enthält die bereits mehrfach erwähnte Ermächtigung der Bundesregierung zum Erlass einer Rechtsverordnung. Danach *bestimmt* die Bundesregierung durch Rechtsverordnung mit Zustimmung des Bundesrates[730] das Nähere zu den oben bereits angesprochenen formellen Voraussetzungen, wie etwa Anzahl, Voraussetzungen und Einrichtung der Ethikkommissionen und PID-Zentren (usw.).[731]

---

726 Begründung des Gesetzentwurfs, BT-Drs. 17/5451, S. 9.

727 Beschlussempfehlung und Bericht des Ausschusses für Gesundheit (14. Ausschuss), BT-Drs. 17/6400, S. 14.

728 Siehe dazu § 8 und § 9 PID-Verordnung (BGBl. I 2013, 323–326); unten „5. § 3a Abs. 3 Satz 3 ESchG".

729 *Frister/Lehmann*, JZ 2012, 659, 666.

730 Vgl. Art. 80 Abs. 2 GG.

731 Für eine Rechtsverordnungsermächtigung müssen die Voraussetzungen des Art. 80 GG eingehalten werden. Dazu müssen in dem Gesetz Inhalt, Zweck und Ausmaß der Ermächtigung genannt werden. Nach Art. 80 Abs. 2 GG bedarf die Rechtsverordnung der Bundesregierung in vorliegenden Fall der Zustimmung des Bundesrates.

Satz 3 enthält eine umfangreiche Aufzählung der zu regelnden Punkte in seinen Nummern 1 bis 4.[732] Nach Nr. 1 sollen in der Rechtsverordnung die Anzahl und Voraussetzungen für die Zulassung der PID-Zentren sowie die Qualifikation der dort tätigen Ärzte einschließlich der Dauer der Zulassung geregelt werden. Die Einrichtung, Zusammensetzung, Verfahrensweise und Finanzierung der Ethikkommissionen soll gemäß Nr. 2 geregelt werden. Da von Ethikkommissionen die Rede ist, ist beabsichtigt, dass es mehrere Kommissionen geben soll. Die Einrichtung und Ausgestaltung der Zentralstelle soll gemäß Nr. 3 geregelt werden. Die Nr. 4 führt schließlich aus, dass die Anforderungen an die Meldung der durchgeführten Maßnahmen an die Zentralstelle sowie die Anforderungen der Dokumentation durch die Rechtsverordnung geregelt werden soll.

Aus der Formulierung des Satzes 3 („*die Bundesregierung bestimmt* (...) *das Nähere*") und der Tatsache, dass ohne den Erlass einer solchen Verordnung die Präimplantationsdiagnostik faktisch nicht durchgeführt werden kann, da das vom Gesetz in § 3a Abs. 3 Satz 1 und 2 ESchG vorgegebene Verfahren, mangels Übergangsregelung, nicht eingehalten werden kann, ergibt sich, dass es sich bei der Verordnungsermächtigung nicht lediglich um eine Ermächtigung im Sinne eines Rechts zum Verordnungserlass, sondern vielmehr um eine echte Pflicht zum Erlass einer Verordnung handelt.[733] *Frister* und *Lehmann* führen aus, dass es sich deshalb nicht bloß um eine Verordnungsermächtigung, sondern um einen Regelungsauftrag handelt.[734]

Mittlerweile wurde die Verordnung zur Regelung der Präimplantationsdiagnostik (Präimplantationsdiagnostikverordnung) erlassen.[735] Gültig ist die Rechtsverordnung seit dem 21. Februar 2014.

Um dem Bestimmtheitsgebot aus Art. 80 Abs. 1 Satz 2 GG zu entsprechen, wurde § 3a Abs. 3 durch den Gesundheitsausschuss nochmals überarbeitet und dadurch umfangreicher und genauer. Vgl. insgesamt die Beschlussempfehlung und Bericht des Ausschusses für Gesundheit (14. Ausschuss), BT-Drs. 17/6400, S. 14; vgl. auch schon die Begründung des Gesetzentwurfs, BT-Drs. 17/5451, S. 10.

732 Beschlussempfehlung und Bericht des Ausschusses für Gesundheit (14. Ausschuss), BT-Drs. 17/6400, S. 14; vgl. auch schon die Begründung des Gesetzentwurfs, BT-Drs. 17/5451, S. 10.

733 So auch *Frister/Lehmann*, JZ 2012, 659, 666.

734 *Frister/Lehmann*, JZ 2012, 659, 666; mit Verweis auf *BVerwG*, NJW 2011, 405, 405 ff. und *BVerfG*, BVerfGE 13, 248, 254; 16, 332, 338.

735 BGBl I 2013, 323–326. Die PID-Verordnung wurde am 21.02.2013 erlassen.

6. § 3a Abs. 5 ESchG

Kein Arzt ist nach § 3a Abs. 5 Satz 1 ESchG verpflichtet, eine Maßnahme nach Absatz 2 vorzunehmen oder an ihr mitzuwirken. Diese sogenannte Gewissensklausel soll die Freiwilligkeit der Vornahme bzw. Teilnahme an einer Präimplantationsdiagnostik in besonderem Maße hervorheben und rechtlich absichern.[736] Grund dafür ist nach Ansicht des Gesetzgebers, dass auch nach der begrenzten Zulassung der Präimplantationsdiagnostik das Nichtimplantieren eines geschädigten Embryos für *viele* Ärzte und Eltern eine Frage des Gewissens bleiben wird und einem möglichen Trend in der Gesellschaft, wonach das gesetzliche Recht auf eine Präimplantationsdiagnostik einmal gewissermaßen zur Pflicht werden könnte, vorzubeugen ist.[737]

Dass niemand, also weder ein Arzt noch anderes Hilfspersonal, verpflichtet ist, an einer Präimplantationsdiagnostik mitzuwirken, ergibt sich allerdings bereits aus § 10 i.V.m. § 9 Nr. 2 ESchG.[738] Insofern ist die Regelung in § 3a Abs. 5 Satz 1 ESchG überflüssig.[739] Sie soll aber, wie oben bereits ausgeführt, die Freiwilligkeit in besonderem Maße hervorheben und ist somit – gewissermaßen ausdrücklich – deklaratorischer Natur.

Nach Absatz 5 Satz 2 darf darüber hinaus kein Nachteil für den Betreffenden aus der Nichtmitwirkung erwachsen. Auch die ausdrückliche Normierung des Nachteilsverbots wäre eigentlich nicht notwendig gewesen, folgt ein solches doch ebenfalls bereits mittelbar aus § 10 ESchG.[740] Auch insoweit ist von einem deklaratorischen Charakter der Vorschrift auszugehen.

Grundsätzlich richtet sich die Vorschrift an alle Ärzte.[741] Selbstredend kann jeder Arzt für sich entscheiden und auch an die Öffentlichkeit tragen, dass er keine Präimplantationsdiagnostik durchführen würde. Daraus dürfte ihm dann nach § 3a Abs. 5 ESchG auch kein Nachteil erwachsen. Hält man sich allerdings vor Augen, wer in einem konkreten Fall in der Regel tatsächlich Adressat der

---

736 Begründung des Gesetzentwurfs, BT-Drs. 17/5451, S. 11.

737 Begründung des Gesetzentwurfs, BT-Drs. 17/5451, S. 8.

738 § 10 ESchG sagt aus, dass „*niemand*" verpflichtet ist Maßnahmen nach § 9 ESchG vorzunehmen oder an ihnen mitzuwirken. § 9 Nr. 2 stellt nunmehr ausdrücklich auf die Präimplantationsdiagnostik ab. Vgl. *Taupitz*, in: Günther/Taupitz/Kaiser, § 10 Rn. 1; *Müller-Terpitz*, in: Spickhoff, ESchG § 10 Rn. 2.

739 So auch *Pelchen/Häberle*, in: Erbs/Kohlhaas, ESchG § 3a Rn. 15, § 10 Rn. 1.

740 *Pelchen/Häberle*, in: Erbs/Kohlhaas, ESchG § 3a Rn. 15, § 10 Rn. 1; *Frister/Lehmann*, JZ 2012, 659, 666.

741 Also an Ärzte jeder Fachrichtung. Über die allgemeine Regelung des § 10 ESchG ist auch das Hilfspersonal mitumfasst.

Gewissensklausel und des Nachteilsverbots aus § 3a Abs. 5 ESchG sein kann, stellt sich die Frage, inwieweit das Nachteilsverbot in diesen Fällen dann tatsächlich Geltung beanspruchen kann. Denn eine Präimplantationsdiagnostik darf nach § 3a Abs. 3 ESchG ohnehin nur von einem hierfür qualifizierten Arzt an einem zugelassenen PID-Zentrum vorgenommen werden.

Das bedeutet, dass in der Regel lediglich für die Durchführung einer Präimplantationsdiagnostik qualifizierte Ärzte an einem zugelassenen Zentrum oder Ärzte, die vor haben, in Zukunft dort tätig zu werden, tatsächlich die Mitwirkung an einer Präimplantationsdiagnostik ablehnen können, weil nur diese Personen auch die Möglichkeit der Vornahme haben.

Bei Personen aber, die an einem PID-Zentrum angestellt sind, erscheint es eher fraglich, ob und in welchem Umfang die Gewissensklausel und das Nachteilsverbot tatsächlich gelten können.[742] Denn die Vornahme oder irgendwie geartete Mitwirkung an Präimplantationsdiagnostiken wird bei diesen Personen den Kern der beruflichen Tätigkeit ausmachen und im Arbeitsvertrag verpflichtend festgehalten sein.[743] Zumindest wenn keine Möglichkeit besteht, die Person in einem anderen Bereich unterzubringen, etwa in einer anderen Abteilung einer größeren Klinik, kann wohl kaum eine Weiterbeschäftigung vom Arbeitgeber verlangt werden.[744]

Es zeigt sich, dass der Gesetzgeber bei § 3a Abs. 5 ESchG unüberlegt gearbeitet hat. Erstens sind die Gewissensklausel und das Nachteilsverbot wegen der allgemeinen Regeln (§ 10 und § 9 ESchG) überflüssig. Zweitens hat der Gesetzgeber bei der Aufnahme von § 3a Abs. 5 ESchG nicht bedacht, dass eine Präimplantationsdiagnostik nur durch hierfür qualifizierte Ärzte, die an zugelassen PID-Zentren arbeiten, durchgeführt werden darf. Dies zeigt auch die Formulierung in der Gesetzesbegründung, wonach ein Nichtimplantieren für *„viele Ärzte (…) eine Frage des Gewissens“* bleibt. Dies kann aber, außer in besonders gelagerten Ausnahmefällen, nicht grundsätzlich für Ärzte gelten, die an einem

742 Vgl. dazu auch *Pelchen/Häberle*, in: Erbs/Kohlhaas, ESchG § 3a Rn. 15; *Frister/Lehmann*, JZ 2012, 659, 666 f.; dieses Problem stellt sich dann nicht nur für Ärzte über § 3a Abs. 5, sondern auch für das Hilfspersonal über § 10 (i.V.m. § 9 Nr. 2) ESchG.

743 Weitergehend stellt sich die Frage nach der arbeitsrechtlichen Wirkung der Gewissenklausel und des Nachteilverbots auf den Arbeitsvertrag des Arztes bei einem PID-Zentrum.

744 Vgl. auch *Frister/Lehmann*, JZ 2012, 659, 666, die noch auf die Parallelproblematik beim Schwangerschaftsabbruch und § 12 Abs. 1 Schwangerschaftskonfliktgesetz hinweisen, die entsprechend gelöst wird; *Pelchen/Häberle*, in: Erbs/Kohlhaas, ESchG § 3a Rn. 15.

PID-Zentrum arbeiten und eigens für die Vornahme von Präimplantationsdiagnostiken eingestellt wurden. § 3a Abs. 5 ESchG wäre nur wirklich sinnvoll, wenn die Präimplantationsdiagnostik an allen Kliniken oder von jedem Arzt (oder Gynäkologen/Reproduktionsmediziner) durchgeführt werden könnte.

7. Besondere Probleme / Versäumnisse im Zusammenhang mit § 3a ESchG

Zuletzt werden noch einige Probleme im Zusammenhang mit § 3a ESchG behandelt, die durch den Gesetzgeber – bewusst oder aus Versehen – nicht geregelt wurden und für Schwierigkeiten im Umgang mit der Präimplantationsdiagnostik sorgen könnten.

a) Zufallsfunde (Überschussinformation)

Die Präimplantationsdiagnostik darf nur zur Erkennung von schwerwiegenden Erbkrankheiten und Schädigungen, die mit hoher Wahrscheinlichkeit zu einer Tot- oder Fehlgeburt führen können, angewendet werden.[745] In diesem Zusammenhang stellt sich das Problem der Zufallsfunde bzw. Überschussinformation.[746] Wie soll mit Untersuchungsergebnissen umgegangen werden, nach denen eigentlich nicht gesucht wurde und die selbst keine Berechtigung zur Untersuchung nach § 3a Abs. 2 ESchG gegeben hätten, also etwa der Befund einer nicht schwerwiegenden Erbkrankheit oder einer Schädigung, die nicht mit hoher Wahrscheinlichkeit zu einer Tot- oder Fehlgeburt führt?[747]

Zu erwarten sind solche Überschussinformationen insbesondere bei einer Untersuchung nach § 3a Abs. 2 Satz 2 ESchG, da in diesen Fällen, wie oben ausgeführt, nicht nach einer bestimmten, sondern nach allen möglichen Schädigungen gesucht wird (Aneuploidie-Screening) und deshalb typischerweise auch Schädigungen entdeckt werden können, die nicht zu einer Tot- oder Fehlgeburt führen, etwa der Trisomie 21.[748] Bei Untersuchungen nach § 3a Abs. 2 Satz 1 ESchG wird hingegen gezielt nach einer bestimmten Erbkrankheit gesucht, sodass hier in der Regel wohl keine Zufallsfunde zu erwarten sind.[749]

745 Siehe oben unter „2."

746 *Kunz-Schmidt*, NJ 2011, 231, 238; v. *Wietersheim*, S. 115 ff., 276.

747 *Pelchen/Häberle*, in: Erbs/Kohlhaas, ESchG § 3a Rn. 9.

748 Vgl. *Tolmein*, GuP 2011, 161, 163; *Frister/Lehmann*, JZ 2012, 659, 663 f.; siehe auch oben unter „2. b) (4)".

749 *Kunz-Schmidt*, NJ 2011, 231, 238.

Ergibt also die Untersuchung, dass der Embryo eine Schädigung aufweist, die nicht schwerwiegend ist und nicht mit hoher Wahrscheinlichkeit zu einer Tot- oder Fehlgeburt führt, stellt sich die Frage, ob diese Informationen der Frau unbeschränkt, beschränkt oder gar nicht mitgeteilt werden dürfen.[750]

§ 3a ESchG schweigt zu dem Umgang mit Überschussinformationen und auch in den Gesetzesmaterialen finden sich keine Ausführungen.[751] Man könnte daher meinen, dass der Gesetzgeber dieses Problem übersehen hat. Allerdings muss man feststellen, dass sowohl die Leopoldina in ihrer Ad-Hoc-Stellungnahme als auch der Deutsche Ethikrat in seiner Stellungnahme zur Präimplantationsdiagnostik, die dem Bundestag von der Bundesregierung als Unterrichtung im Gesetzgebungsprozess vorgelegt wurde[752], das Problem thematisieren.[753] Der Deutsche Ethikrat führt sogar ausdrücklich aus, dass „*eine klare gesetzliche Regelung (…) hier auch mit Blick auf denkbare haftungsrechtliche Konsequenzen unverzichtbar*" sei.[754]

Die Leopoldina umgeht das Problem bzw. kann es umgehen, da nach ihrer Empfehlung eine Präimplantationsdiagnostik nur im Hinblick auf definierte monokausale Risikoerhöhungen durchgeführt werden sollte, auf diese Weise ein Aneuploidie-Screening verboten wäre und demnach genetische Überschussinformationen erst gar nicht entstehen würden.[755]

Bei einer unbeschränkten Weitergabe der Information stellt sich das Problem, dass die engen Grenzen der Präimplantationsdiagnostik gewissermaßen umgangen werden könnten, da es der Frau frei steht, gemäß § 4 Abs. 2 ESchG die Übertragung des Embryos zu verweigern. Diese Entscheidung könnte sie dann auch aufgrund dieser Überschussinformationen, also etwa des Befundes einer Trisomie 21, treffen.

Der Deutsche Ethikrat führt in diesem Sinne zu dem Problem der Überschussinformationen folgendes aus: „*Es wäre widersprüchlich, die Durchführung der PID zwar eng zu begrenzen, die anlässlich einer PID mehr oder weniger zufällig erzielten Informationen dann aber ohne Begrenzung zur Grundlage einer*

750 *Pelchen/Häberle*, in: Erbs/Kohlhaas, ESchG § 3a Rn. 9.

751 Weder im Gesetzentwurf (BT-Drs. 17/5451), noch in der Beschlussempfehlung und Bericht des Ausschusses für Gesundheit (BT-Drs. 17/6400) findet sich etwas dazu.

752 Siehe oben unter „I."

753 Leopoldina, Ad-hoc-Stellungnahme – PID, 2011, S. 18; Deutscher Ethikrat, BT-Drs. 17/5210, S. 27, 32.

754 BT-Drs. 17/5210, S. 32; vgl. auch *Frister/Lehmann*, JZ 2012, 659, 663 f.

755 Leopoldina, Ad-hoc-Stellungnahme – PID, 2011, S. 18, 27.

Auswahl unter den Embryonen zu verwenden.“[756] Deshalb spricht sich der Ethikrat in seinem Mehrheitsvotum[757] dafür aus, die Weitergabe von Überschussinformationen an die Frau bzw. das Paar nur dann zu erlauben, wenn aufgrund der entdeckten Schädigung ein Schwangerschaftsabbruch nach § 218a Abs. 2 StGB (medizinisch-soziale Indikation) zulässig wäre.[758]

Diesem Vorschlag ist allerdings entgegenzuhalten, dass eine nur beschränkte Weitergabe, wie auch ein völliges Verbot der Weitergabe von Informationen, zumindest wenn sie die Gesundheit des Embryos betreffen, wohl zu einem unlösbaren Konflikt in dem Vertrauensverhältnis zwischen Arzt und Patient führen, darüber hinaus arzthaftungsrechtliche Probleme nach sich ziehen und außerdem einen schwerwiegenden Eingriff in das Selbstbestimmungsrecht der Frau darstellen würde.[759] *Frister* und *Lehmann* weisen zu Recht darauf hin, dass ein solcher Eingriff, unabhängig von der Frage, ob er überhaupt zu rechtfertigen wäre, zumindest einer ausdrücklichen gesetzlichen Grundlage bedürfte, die nicht in § 3a ESchG gesehen werden könne.[760]

Der Gesetzgeber hat, obwohl ihm das Problem der Überschussinformationen bekannt war, den Umgang mit diesen nicht geregelt. Dies spricht dafür, dass der Gesetzgeber die Weitergabe von Überschussinformationen nicht verbieten wollte und diese somit zulässig ist.[761] Anderenfalls hätte er dies, wie zum Beispiel in § 15 Abs. 1 Satz 2 GenDG, wo die Weitergabe der Überschussinformation des Geschlechts des Embryos, ausdrücklich beschränkt bzw. vor der zwölften Woche verboten ist, speziell normieren müssen.[762] Eine analoge Anwendung von § 3a ESchG, um so ein Verbot zu erreichen, scheidet wegen Art. 103 Abs. 2 GG aus. Außerdem würde es auch an einer planwidrigen Regelungslücke fehlen, da das Problem dem Gesetzgeber bekannt war. Die Weitergabe von Überschussinformationen ist somit zulässig, auch wenn dadurch die

756 Deutscher Ethikrat, BT-Drs. 17/5210, S. 32.

757 Das Votum für eine begrenzte Zulassung der PID hat 13 Stimmen, das Votum für ein gesetzliches Verbot der PID hat 11 Stimmen erhalten und eine Stimme war für ein Sondervotum.

758 BT-Drs. 17/5210, S. 27, 32; kritisch dazu das abweichende Votum des Deutschen Ethikrates (Votum für ein gesetzliches Verbot der PID), BT-Drs. 17/5210, S. 46 f.; ebenfalls kritisch: *Frister/Lehmann*, JZ 2012, 659, 664.

759 Vgl. etwa Deutscher Ethikrat, BT-Drs. 17/5210, S. 46 (Votum für ein gesetzliches Verbot der PID); *Kunz-Schmidt*, NJ 2011, 231, 238; *Frister/Lehmann*, JZ 2012, 659, 664; *Pelchen/Häberle*, in: Erbs/Kohlhaas, ESchG § 3a Rn. 9.

760 *Frister/Lehmann*, JZ 2012, 659, 664.

761 Vgl. *Pelchen/Häberle*, in: Erbs/Kohlhaas, ESchG § 3a Rn. 9.

762 *Pelchen/Häberle*, in: Erbs/Kohlhaas, ESchG § 3a Rn. 9.

engen Grenzen der Präimplantationsdiagnostik in gewisser Weise unterlaufen werden.[763]

Da aber eine Weitergabe auch nicht vorgeschrieben ist und damit dem Selbstbestimmungsrecht der Frau Rechnung getragen wird, erscheint es sinnvoll, die Entscheidung über den Umgang mit Überschussinformationen, wie auch schon in anderen Bereichen des Gendiagnostikgesetzes üblich,[764] in die Hände der Betroffenen, also der Frau bzw. des Paares, zu legen.[765] Diese sollten selbst entscheiden, ob ihnen diese Informationen mitgeteilt oder ob diese vernichtet werden sollen.

b) § 3a ESchG und die „Dreierregel“

Der neu ins Embryonenschutzgesetz eingefügte § 3a schweigt, wie die gesamten Gesetzesmaterialen[766] sowie das gesamte Präimplantationsdiagnostikgesetz vom 21. November 2011,[767] zur sogenannten „Dreierregel“.[768]

Der abgelehnte Gesetzentwurf des Abgeordneten Röspel, der eine sehr eng begrenzte Zulassung der Präimplantationsdiagnostik vorsah, greift das Problem der sogenannten „Dreierregel“ demgegenüber auf und sieht eine Änderung des § 1 Abs. 1 Nr. 5 ESchG vor.[769] So sollte § 1 Abs. 1 ESchG um folgenden Satz 2 ergänzt werden: *„Abweichend von Absatz 1 Nummer 5 wird nicht bestraft, wer im Rahmen von reproduktionsmedizinischen Behandlungen, in deren Verlauf eine Untersuchung nach § 3a Absatz 2 durchgeführt wird, auch mehr Eizellen einer Frau befruchtet, als ihr innerhalb eines Zyklus übertragen werden sollen.“*[770]

---

763 Vgl. *Frister/Lehmann*, JZ 2012, 659, 664; dieses Ergebnis könnte freilich auch der Grund dafür gewesen sein, dass der Gesetzgeber zu diesem Problem lieber geschwiegen hat, als die Zulässigkeit ausdrücklich zu erwähnen, was zu harscher Kritik geführt hätte.

764 Vgl. etwa § 8 Abs. 1 Satz 2, § 11 Abs. 3 und 4, § 15 Abs. 1 Satz 2 GenDG.

765 *Frister/Lehmann*, JZ 2012, 659, 664; vgl. auch *Kunz-Schmidt*, NJ 2011, 231, 238.

766 Weder im Gesetzentwurf (BT-Drs. 17/5451), noch in der Beschlussempfehlung und Bericht des Ausschusses für Gesundheit (BT-Drs. 17/6400) findet sich etwas dazu.

767 BGBl. I S. 2228.

768 Vgl. etwa *Hübner/Pühler*, MedR 2011, 789, 793; *Henking*, ZRP 2012, 20, 22; *Frister/Lehmann*, JZ 2012, 659, 664 f.; v. *Wietersheim*, S. 108 f., 275 ff.; vgl. zur Problematik der „Dreierregel“ insgesamt: 4. Teil II. 2. b) (1).

769 BT-Drs. 17/5452, S. 4, 8.

770 BT-Drs. 17/5452, S. 4.

Diesem Änderungs- bzw. Ergänzungsvorschlag liegt die Annahme zu Grunde, dass die Durchführung einer Präimplantationsdiagnostik aufgrund der Beschränkung aus § 1 Abs. 1 Nr. 5 ESchG kaum mehr sinnvoll möglich wäre.[771] Denn aus dem Zusammenspiel von § 1 Abs. 1 Nr. 5 und § 1 Abs. 1 Nr. 3 ESchG („Dreierregel") würde folgen, so die Annahme, dass nicht mehr Eizellen dem Unternehmen der Befruchtung ausgesetzt werden dürften, als der Frau auch Embryonen übertragen werden sollen, also maximal drei.[772] Eine Präimplantationsdiagnostik kann demgegenüber nur sinnvoll durchgeführt werden, wenn etwa sieben bis neun Eizellen dem Unternehmen der Befruchtung ausgesetzt werden.[773]

Frister und *Lehmann*, die dieses Problem ebenfalls sehen, versuchen es durch die eher fragwürdige Konstruktion zu lösen, die Rechtfertigung von § 3a Abs. 2 ESchG auch auf den ansonsten eigentlich einschlägigen § 1 Abs. 1 Nr. 5 ESchG zu erstrecken, da die gesetzliche Zulassung der Präimplantationsdiagnostik vorrangig vor § 1 Abs. 1 Nr. 5 sei.[774]

Die Annahme aus dem Gesetzentwurf von *Röspel* und die Konstruktion von *Frister* und *Lehmann* beruhen allerdings auf einer falschen Prämisse, nämlich, dass nach § 1 Abs. 1 Nr. 5 nicht mehr als drei Eizellen dem Unternehmen der Befruchtung ausgesetzt werden dürften. Die Konstruktion von *Frister* und *Lehmann* geht außerdem fälschlicherweise davon aus, dass die nunmehr (beschränkt) zulässige Präimplantationsdiagnostik durch keine der älteren Normen im Embryonenschutzgesetz beschränkt werden dürfte.[775]

Dass die von *Frister* und *Lehmann* zugrunde gelegte Auslegung des § 1 Abs. 1 Nr. 5 ESchG wie auch die Annahme von *Röspel* verfehlt ist, ist oben ausführlich dargelegt.[776] Die starre numerische Grenze von § 1 Abs. 1 Nr. 3 ESchG, die dort völlig angebracht ist, darf nicht auf § 1 Abs. 1 Nr. 5 ESchG übertragen werden. Richtig ausgelegt ergibt sich vielmehr, dass § 1 Abs. 1 Nr. 5 ESchG nicht die Anzahl der Befruchtungsunternehmen an sich, sondern, unabhängig von der Anzahl der Befruchtungsunternehmen, das bedingt vorsätzliche Unternehmen, mehr übertragbare Embryonen zu erzeugen, als der Frau innerhalb eines Zyklus auch tatsächlich übertragen werden sollen, verbietet. Nach § 1 Abs. 1 Nr. 5

771 BT-Drs. 17/5452, S. 8; so auch *Henking*, ZRP 2012, 20, 22.

772 BT-Drs. 17/5452, S. 8, siehe oben unter „4. Teil II. 2. b) (1)".

773 Vgl. etwa Deutscher Ethikrat, BT-Drs. 17/5210, S. 11; BÄK, Memorandum PID, S. 5; BT-Drs. 17/5452, S. 8; siehe auch oben unter 4. Teil II. 2.

774 *Frister/Lehmann*, JZ 2012, 659, 664 f.

775 *Frister/Lehmann*, JZ 2012, 659, 664 f.

776 Siehe oben unter 4. Teil II. 2. b) (1).

ESchG dürfen so viele Eizellen befruchtet werden, wie nach der Prognose des Arztes erforderlich sind, um so viele übertragungsfähige Embryonen zu erhalten, wie auch übertragen werden sollen, maximal aber drei.[777]

Aber selbst wenn man § 1 Abs. 1 Nr. 5 ESchG anders auslegen würde, wäre die Konklusion von *Frister* und *Lehmann*, dass die Zulässigkeit der Präimplantationsdiagnostik vorrangig vor den älteren Vorschriften des Embryonenschutzgesetzes, also auch vorrangig vor § 1 Abs. 1 Nr. 5 ESchG sei, falsch. Dieser Vorrang könnte lediglich gelten, wenn aufgrund von § 1 Abs. 1 Nr. 5 ESchG die Durchführung einer Präimplantationsdiagnostik gänzlich ausgeschlossen wäre und daher § 3a ESchG ohne den Vorrang vor § 1 Abs. 1 Nr. 5 ESchG überhaupt keine Geltung entfalten könnte. Dies wäre aber selbst bei der fälschlichen Auslegung, dass nach Nr. 5 nur drei Eizellen befruchtet werden dürften, nicht der Fall, da dadurch die Vornahme einer Präimplantationsdiagnostik lediglich beschränkt, nicht aber vollkommen ausgeschlossen wäre.

Eine Änderung des Embryonenschutzgesetzes im Hinblick auf die Dreierregel, so wie es der Gesetzentwurf des Abgeordneten *Röspel* vorsah, ist somit nicht erforderlich, wäre aber, wie in den Ausführungen zu § 1 Abs. 1 Nr. 5 ESchG bereits angemerkt, wünschenswert, um Rechtssicherheit zu schaffen.[778]

Obwohl dem Gesetzgeber das Problem um die „Dreierregel" und die für eine sinnvolle Präimplantationsdiagnostik erforderliche Anzahl von befruchteten Eizellen bekannt war,[779] hat er keine Stellung dazu genommen. Dies deutet darauf hin, dass der Gesetzgeber, der mit § 3a ESchG die Präimplantationsdiagnostik für die vorgesehenen Indikationen ja sinnvoll ermöglichen und zulassen wollte, § 1 Abs. 1 Nr. 5 ESchG ebenfalls so auslegt, dass danach mehr als drei Eizellen dem Unternehmen einer Befruchtung ausgesetzt werden dürfen. Denn ansonsten hätte der Gesetzgeber sein Ziel, die Präimplantationsdiagnostik in bestimmten Fällen sinnvoll zuzulassen, nicht konsequent verwirklicht.

777 Siehe oben unter „4. Teil II. 2. b)".

778 Ähnlich auch *Henking*, ZRP 2012, 20, 22, die darauf abstellt, dass es somit an der Rechtsprechung liege, dieses Problem verbindlich zu klären.

779 Denn der Deutsche Ethikrat beschäftigt sich in seiner Stellungnahme zur Präimplantationsdiagnostik, die dem Gesetzgeber im Gesetzgebungsprozess als Unterrichtung vorgelegt wurde, mit der Dreierregel (BT-Drs. 17/5210, S. 11), sodass zumindest aufgrund dessen eine Kenntnis des Gesetzgebers bejaht werden muss.

Es verbleibt aber dennoch eine gewisse Rechtsunsicherheit beim Anwender, die wohl erst durch ein erneutes Tätigwerden des Gesetzgebers oder die Gerichte ausgeräumt werden kann.[780] Der Gesetzgeber hat die Möglichkeit, in diesem Bereich für Rechtssicherheit zu sorgen, verstreichen lassen und die Verantwortung somit zunächst an die Rechtsprechung weitergeben.[781]

780 Vgl. *Hübner/Pühler*, MedR 2011, 789, 793 f.; *Henking*, ZRP 2012, 20, 22.

781 So auch *Henking*, die in ihrem Beitrag die Vermutung aufstellt, dass der Gesetzgeber diesem Problemfeld ganz bewusst aus dem Weg gehen wollte, ZRP 2012, 20, 22.

7. Teil Fazit

Die Präimplantationsdiagnostik kann, wie im 4. Teil der Arbeit untersucht, unter die „alten“ Vorschriften des Embryonenschutzgesetzes subsumiert werden. Allerdings ist die Präimplantationsdiagnostik danach nicht nur auf die Erkennung von schwerwiegenden Krankheiten und Schädigungen begrenzt, sondern erlaubt auch etwa die Untersuchung zur Erkennung leichter Krankheiten oder sonstiger genetischer Merkmale. Die Präimplantationsdiagnostik war demnach nahezu unbegrenzt möglich. Zudem ist die Auslegung der Vorschriften sehr umstritten. Und auch der Bundesgerichtshof konnte mit seinem Grundsatzurteil, wie bereits beschrieben, nicht die Grenzen der Zulässigkeit, sondern lediglich einen zulässigen Fall der Präimplantationsdiagnostik bestimmen. Es war demnach erforderlich, dass der Gesetzgeber gehandelt und das Präimplantationsdiagnostikgesetz erlassen hat, um die Präimplantationsdiagnostik zu begrenzen und um Rechtssicherheit zu schaffen.

§ 3a ESchG ist dem Grunde nach gut gelungen. Allerdings gibt es auch mehrere Kritikpunkte. Neben einigen kleineren oben angesprochenen „Schönheitsfehlern“[782], ist die neue Vorschrift nicht bis ins letzte Detail durchdacht, wie sich etwa an der Gewissensklausel in Absatz 5 der Vorschrift zeigt. Auch hat es der Gesetzgeber, was nicht nachzuvollziehen ist, versäumt, alle Problempunkte, die bereits vor Erlass des § 3a ESchG bekannt waren, auszuräumen. So wurde das Verhältnis der ausnahmsweise zulässigen Präimplantationsdiagnostik zu § 1 Abs. 1 Nr. 5 ESchG nicht geregelt. Auch das Problem der Zufallsfunde, das bereits im Rahmen des Gesetzgebungsverfahrens zur Sprache kam, wurde nicht behandelt.

Dies sind aber Unzulänglichkeiten, die den mit § 3a ESchG verfolgten Zweck, die Präimplantationsdiagnostik ausdrücklich zu regeln, nämlich grundsätzlich zu verbieten, aber in eng begrenzten Ausnahmefällen zu ermöglichen, nicht gefährdet. Denn § 1 Abs. 1 Nr. 5 ESchG verhindert nach richtiger Auslegung die sinnvolle und erfolgsversprechende Durchführung einer Präimplantationsdiagnostik nicht. Auch der nicht geregelte Umgang mit Überschussinformationen, der wohl dazu führen kann, dass die enge Begrenzung der zulässigen Präimplantationsdiagnostik unterlaufen wird, gefährdet den verfolgten Zweck nicht, da

782 Bei diesen „Schönheitsfehlern“ handelt es sich um kleinere Ungenauigkeiten oder überflüssige und nicht durchdachte Teile der Vorschrift, vgl. etwa 6. Teil III. 2. a) (1), (2), b) (2), (4), 3. a).

dies nur in nicht planbaren Einzelfällen erfolgen kann. Und die Gewissenklausel betrifft ohnehin lediglich einen Nebenschauplatz.

Ein wirklich gravierender Fehler, der auch durch Auslegung nicht zu beheben ist und den mit der Vorschrift verfolgten Zweck gefährden kann, ist dem Gesetzgeber bei § 3a Abs. 2 Satz 2 ESchG unterlaufen. Denn die fehlende Beschränkung in Absatz 2 Satz 2, die eben keine „Vorgeschichte" im Sinne einer engeren Indikation fordert, nach der mit einer schwerwiegenden Schädigung medizinisch zu rechnen ist, läuft der gewollten Beschränkung der zulässigen Präimplantationsdiagnostik auf eng begrenzte Fälle, zuwider. Es bleibt abzuwarten, wie in der Praxis, insbesondere durch die Ethikkommissionen, mit der fehlenden Beschränkung und entsprechenden Anträgen, die eine Durchführung der Präimplantationsdiagnostik ohne „Vorgeschichte" verlangen, umgegangen wird. Auch wenn zu erwarten ist, dass die Vorschrift de facto so behandelt werden wird, als ob eine entsprechende Vorgeschichte verlangt worden wäre, wird es spätestens dann interessant, wenn eine Patientin, deren Antrag auf Durchführung einer Präimplantationsdiagnostik abgelehnt wird, gegen die Versagung aufgrund des insoweit eindeutigen Wortlauts des § 3a Absatz 2 Satz 2 ESchG klagt.

www.ingramcontent.com/pod-product-compliance
Ingram Content Group UK Ltd.
Pitfield, Milton Keynes, MK11 3LW, UK
UKHW021903290926
8980IPUK00015B/1030

9 783631 676851